Korije Egzèsis

Answer Key

Pawòl Lakay "Second Edition"

*Haitian-Creole Language
and Culture for
Beginner and Intermediate Learners*

Frenand Léger

Educa Vision Inc.

Title   : Korije Egzèsis Pawòl Lakay "Second Edition"
Autor   : Frenand Leger
Cover design : Louise Canuto
Revision   : Natalia Lovera, Agar Mardy

© Copyright 2018, EDUCA Vision Inc. Coconut Creek Florida

All rights reserved. No part of this book may be reproduced or transmitted in any form or by any means, electronic or mechanical, including photocopying, recording or by information storage or retrieval system except by a reviewer who may quote brief passages in a review to be printed in a magazine or a newspaper without permission in writing from the author.

For more information, please contact:

Educa Vision Inc.
2725 NW 19th Street, Pompano Beach, FL 33069
Telephone: (954) 968-7433 E-mail: educa@aol.com
Web: www.educavision.com

Table of Contents

Chapit Avangou 6

Chapit Premye 19

Chapit De 37

Chapit Twa 55

Chapit Kat 76

Chapit Senk 96

Chapit Sis 113

Chapit Sèt 130

Chapit Uit 150

TRANSCRIPTION OF AUDIO MATERIALS AND ANSWER KEY FOR THE EXERCISES

Pawòl Lakay comes with three hours of recorded audio materials on three CDs. The CDs include recordings of all dialogues, phonetic materials and aural/oral exercises in the textbook. The aural/oral activities on the CDs correspond to the listening sections marked in the textbook with an audio icon as well as the indication of the CD and the track to listen to. When it is necessary, audio materials from the CDs also appear in the textbook in form of text so students can listen and read them simultaneously. For instance, all dialogues, poems, songs and pronunciation exercises recorded on the CDs also appear in their written form in the textbook. Since these materials are already in the textbook, they are not transcribed here. Audio materials on the CDs transcribed here are only those that do not appear in the textbook. Many aural/oral exercises such as the dictations, for example, are transcribed here because they do not appear in the body of the textbook for pedagogical reasons. To link exercises from the textbook to their audio transcription counterparts here, use information provided on the chapter, lesson number and title as well as the CD number and track.

Each section of *Pawòl Lakay* also contains a series of well-sequenced in-class written activities (*Annou pratike*) that provide a full range of practice for learners. The written activities are designed to help learners develop language skills in all four skills and other aspects such as vocabulary, grammar, spelling, culture, etc. The following answer key for each written activity is provided to facilitate the work of the instructors and to help learners verify, understand, review and reinforce what they have learned.

CHAPIT AVANGOU
Premye kontak ak lang kreyòl la

Answer key for exercises in Leson 1: *Onè, Respè!*

I. Ki moun sa a?   Kijan li rele?

ANNOU PRATIKE

A. Complete the following conversations between these two persons.

 - Bonjou madam. - **Bonjou mesye**	 - ***Kouman ou ye*** - Mwen pa pi mal.	 - ***Kijan ou rele ?*** - Mwen rele Andre.

II. Personal Pronouns

ANNOU PRATIKE

A. Pwonon pèsonèl - Fill in the blanks with the correct form of the personal pronoun.

Person/number	Kreyòl	Short forms	English
Singular	**mwen**	m	I, me, my
Singular	**ou**	w	You, you, your
Singular	li	l	He, she, it, him, her, his, its
Plural	**nou**	n	We, us, our
Plural	**nou**	n	You, you, your
Plural	**yo**	y	They, them, their

B. **Pwonon sijè** - Substitute the underlined noun in each sentence with the correct corresponding subject pronoun. Follow the examples below.

Example 1: <u>Adriyen</u> se yon ti gason. → **Answer**: <u>Li</u> se yon ti gason.
Example 2: <u>Wozlò ak Mari</u> se madmwazèl. → **Answer**: <u>Yo</u> se madmwazèl.

1. <u>Li</u> se yon timoun.
2. <u>Li</u> pa pi mal.
3. <u>Li</u> se yon ti fi.
4. <u>Yo</u> granmoun.
5. <u>Li</u> byen.

C. **Nou se Ayisyen?** Ask whether the following people are Haitian or not.

Example: Your instructor: ***Ou se ayisyen? OR Li se ayisyen?***

1. <u>Li</u> se ayisyen ?
2. <u>Yo</u> se ayisyen ?
3. <u>Mwen</u> se ayisyen ?
4. <u>Yo</u> se ayisyen ?
5. <u>Li</u> se ayisyen ?
6. <u>Yo</u> se ayisyen ?
7. <u>Li</u> se ayisyen ?
8. <u>Nou</u> se ayisyen ?

III. The Kreyòl alphabet and sound system

CD 1-7 – ANNOU PRATIKE

Write down the missing letter (s) in the following words.

Example: ___onjou → **Answer**: <u>B</u>onjou

1. bonswa
2. kijan
3. Madam
4. Tidam
5. Manzè
6. Kouman
7. Madmwazèl
8. Dam
9. rele
10. Manmzèl
11. Ti gason
12. Timoun
13. Ti fi
14. Mesye

IV. Konparezon lenguistik

ANNOU PRATIKE

A. **Identify parts of speech.** Circle the correct answer in the following sentences:

1. Which one is <u>not</u> a noun? • music – **red** – desk – health – book	10. Which one is an adjective? • dossier – air – loan – **pretty** – she
2. Which one is a noun? • needed – yellow – **idea** - they – then	11. Which one is <u>not</u> a conjunction? • or – and –but – **not** – so
3. Which one is <u>not</u> an adverb? • quickly – bad – **work** – worst – good	12. Which one is a conjunction? • one – hair – **although** – man – only
4. Which one is an adverb?	13. Which one is <u>not</u> a preposition?

• carry – black – pen – **_slowly_** – the	• to – **_buy_** –at – by – under
5. Which one is <u>not</u> a determinant? • the – a –**_thus_** – her – their	14. Which one is a preposition? • is – rare – **_from_** – lady – have
6. Which one is a determinant? • pink – call - **_its_** - them – therefore	15. Which one is <u>not</u> a pronoun? • they – she –it – **_for_** – them
7. Which one is <u>not</u> a verb? • eat – played – working – busy – **_son_**	16. Which one is a pronoun? • there – **_we_** – might – did – apt
8. Which one is a verb? • This – airplane – **_learn_** – an – my	17. Which one is <u>not</u> an interjection ? • oups –ah – **_more_** – hmm – ouch
9. Which one is <u>not</u> an adjective? • blue – smart–fine – **_yes_** – correct	18. Which one is an interjection? • dear –**_oh_** – era – fair – less

B. **Languages in Haiti.** Name the part of speech of the underlined words in each of the following sentences.

1. <u>languages</u> : noun ; <u>and</u> : conjunction
2. <u>the</u> on: Determinant
3. <u>approximately</u> : adverb ; <u>formal</u> : adjective
4. <u>It</u> : pronoun; <u>granted</u>: verb; <u>to</u> : preposition
5. <u>While</u> : conjunction; <u>mostly</u>: adverb ; <u>from</u> : preposition

C. **Parts of speech** - Identify the part of speech of the underlined word in each of the following Kreyòl sentences.

1. <u>Mesye</u> : Noun	6. <u>O!</u> : interjection
2. <u>ou</u> : pronoun	7. <u>sou</u> :preposition
3. <u>mal</u> : adjective	8. <u>yon</u> : determinant
4. <u>rele</u> : verb	9. <u>bèl</u> : adjective
5. <u>E</u> : conjunction	10. <u>rankontre</u> : verb

Answer key for exercises in Leson 2: *Li rele Wozlò Petitòm!*

I. Kite m prezante w !

ANNOU PRATIKE

A. Make a list of all the new words that you do not understand. Use your dictionary to search for their meanings or ask your instructor. Then, try to translate the conversations into English.

Example: MENNAJ   →   **Answer:** BOYFRIEND OR GIRLFRIEND
- Sa se mennaj mwen, Anri.   - *This is my boyfriend Anri.*

- Hi Wozlò. Hi Filip. - Hi Malèn. - This is my boy friend, Anri. - Nice to meet you, Anri. - It's a pleasure to meet you guys. Malèn talks about you all the time.	- Wozlò, we have to go now ? - Okay Malèn. Tell everybody I say hi. - Please, do the same for me. - Filip, see you around bother. - Alright Anri. See you!

II. Personal object pronouns

ANNOU PRATIKE

A. Identify the subject and the object in the following sentences. Underline the subject with one line and the object with two. Some of the sentences do not have an object.

Examples: - Anri renmen Malèn. → **Answer:** - <u>Anri</u> renmen <u><u>Malèn</u></u>.
- Mwen byen wi. → **Answer:** - <u>Mwen</u> byen wi.
- Wozlò kontan. → **Answer:** - <u>Wozlò</u> kontan.

1. <u>Anri</u> renmen <u><u>Malèn ak Wozlò</u></u>.
2. <u>Wozlò</u> rankontre <u><u>Malèn</u></u>.
3. Bon ! <u>M</u> prale wi.
4. <u>Mwen</u> kontan wè <u><u>w</u></u> anpil wi.
5. <u>Mwen</u> menm tou.
6. <u>Malèn</u> fè konesans <u><u>Filip</u></u>.
7. <u>Mwen</u> byen kontan rankontre <u><u>w</u></u>.
8. <u>N</u> a wè tande
9. <u>Tout moun</u> anfòm.
10. Kouman <u>ou</u> ye?

B. Replace the underlined noun(s) in the following sentences with a subject or an object pronoun (*mwen, ou, li, nou, yo*).

Examples: - Mwen rankontre <u>Filip</u>. → **Answer:** - Mwen rankontre <u>li</u>
Anri renmen <u>Malèn ak Wozlò</u>. → **Answer:** - Anri renmen <u>yo</u>.

1. Wozlò rankontre <u>l</u>.
2. Bon ! <u>Li</u> prale wi.
3. <u>Yo</u> renmen Filip.
4. <u>Li</u> kontan anpil.
5. Kouman <u>yo</u> ye?
6. Filip salye <u>yo</u>.

C. **Reponn kesyon yo.** – Use the correct form of a pronoun(s) to answer the following questions. Answers must be in the affirmative.

Examples: - Kouman <u>Chal</u> ye? → **Answer:** - <u>Li</u> byen wi.

1. <u>Li</u> renmen Filip.
2. <u>Li</u> byen.
3. <u>Yo</u> renmen <u>l</u>?
4. Anri rankontre <u>l</u>?"
5. <u>Yo</u> anfòm?
6. <u>Li</u> pa pi mal.

III. The Kreyòl alphabet and sound system

🔊 **CD 1- 10 – Yon ti dikte** - Your instructor will slowly dictate five short Kreyòl sentences. Listen carefully and fill in the blanks with the missing segments.

Example: *You hear* → Kouman _____ ye Jodi____?
You write → Kouman <u>ou</u> ye Jodi <u>a</u>?

1. Kouman ou ye jodi a?
2. M pa pi mal non.
3. Kijan ou rele ?
4. Mwen rele Wozlò. E ou menm ?
5. Ban m nouvèl ou non.
6. M ap boule wi.

IV. Annou Koute

🔊 **CD 1- 11–** *Some Famous Haitians:*

A. Wyclef Jean se yon **mizisyen** ayisyen ki konn jwe mizik rap. Li soti **Kwadèboukè**. Kounye a, l ap viv Ozetazini.
B. Toussaint Louverture se te yon **revolisyonè** nan tan lakoloni. Li te soti **Breda**. Toussaint se te yon moun enpòtan ki t ap defann dwa esklav yo.
C. Mannon Sanon soti nan vil **Pòtoprens**. Se te yon gwo **foutbolè**. Li te rive bay ekip foutbòl peyi lalmay gòl nan koup dimonn 1974.
D. Jacques Stephen Alexis soti nan vil **Gonayiv**. Li se youn nan pi gwo **ekriven** womansye ayisyen. Li ekri anpil woman nan lang franse.
E. Emeline Michel soti nan vil **Gonayiv**. Se yon **chantèz** Ayisyèn. Li chante anpil bèl mizik an kreyòl ak franse.

Answer key for exercises in Leson 3: *Konbyen twa mwens kat fè?*

I. N ap konte soti nan zewo rive nan ventnèf.

ANNOU PRATIKE

A. **Ann konte.** Fill the blanks in the following lists with the logical numbers. This is an oral activity. You must say the number aloud when you fill the blanks.

1. 1, 2, _**3**_, 4, 5, 6, 7, _**8**_, 9, _**10**_, 11, 12, 13, 14 _**15**_, 16 17, 18, 19, _**20**_.
2. 2, 4, 6, _**7**_, 10, 12, 14 _**15**_, 18, 20, 22, _**21**_, 26, 28 _**29**_.
3. 0, 5, _**6**_, 15, _**16**_, 25 _**26**_.
4. 3, 6, _**7**_, 12, 15, 18, _**19**_, 24, 27, _**28**_, 30.

B. **Ann ekri chif yo.** Write the following numbers in Kreyòl. Change figures into words and words into figures. Pay attention to the accent marks when writing the numbers as words.

Example: 14: → *katòz*   or   **Example** : douz: → *12*
3: → *twa*   nèf: → *9*
8: → *uit*   en: → *1*
17: → *disèt*   dizwit: → *18*
15: → *kenz*   trèz: → *13*
10: → *dis*   ven: → *20*

EXERCISE C - CD 1- 13 – Annou fè kèk ti kalkil. You will hear a series of additions and subtractions read by your instructor. Write the correct answer down using figures.

Example: You hear → 12 + 4 fè konbyen?
              You write → 16

You hear → 12 + 4 fè konbyen?
           You write → 16

| a) 5 + 7 = 12 | b) 10 + 3 = 13 | c) 9 – 5 = 14 | d) 18 - 9 = 27 |
| e) 2 + 3 = 5 | f) 11 +13 = 24 | g) 23 – 3 = 26 | h) 29 – 6 = 35 |

✦ **ANNOU TCHEKE SI NOU KONPRANN DYALÒG LA**

➢ **Answer the following questions in English according to the dialogue.**

1. What is Wozlò's last name? → **Petitòm.**
2. How old is Wozlò? → **19 years old.**
3. What is the name of the street where Wozlò lives? → **ri Chavàn**.
4. What is the name of the city where Wozlò lives? → **Petyonvil**.
5. Is Wozlò Bahamian, American or Haitian? → **Haitian**.

ANNOU PRATIKE

A. **Ki enfòmasyon?** What personal information is Aleksi giving?

   Example: Ayiti.   →   Se peyi (*country*) li.

   1. Se non li.   5. Se nasyonalite li.
   2. Se siyati li.   6. Se vil kote li te fèt.
   3. Se adrès li.   7. Se nimewo telefòn li.
   4. Se imel li.   8. Se laj li.

B. **E ou menm?** Answer the following questions in Kreyòl.
   1. Mwen rele ....   5. Nasyonalite mwen se...
   2. Mwen se....   6. Vil kote mwen te fèt la se...
   3. Adrès mwen se....   7. Nimewo telefòn mwen se...
   4. Imel mwen se ...   8. Laj mwen se.../mwen gen...

II. How to use the short form of the personal pronouns

ANNOU PRATIKE

A. Use the contracted form of the pronouns to transform the following sentences using the verb marker « ap».

Example: Nou ... kenbe. → **Answer**: N ap kenbe.
1. N ap pale.
2. L ap boule.
3. W ap manje.
4. Y ap kenbe.
5. M ap rankontre Jan.

B. Use the contracted form of the pronouns when possible to complete the following sentences.
Example: Kouman _____ (*you*) ye? → **Answer**: Kouman <u>w</u> ye?

1. Ban m nouvèl **ou** (*you*).
2. Kijan **yo** (*they*) ye?
3. **M** (*I*) rankontre Toma.
4. **Yo** (*they*) renmen Wozlò.
5. Wozlò manyen **yo** (*them*).
6. Jak vann **mwen** (*me*) yon liv.
7. Malèn fè konesans **li**(*him*).
8. Anri salye **l** (*her*).

C. Pwonon anfatik. Use the correct form of the emphatic pronouns to complete the following statements. The emphatic pronoun you use must replace the noun or the pronoun in parenthesis as in the example below.

Example: E _____ (*Malèn*)? → **Answer**: E <u>li-menm</u>?

1. (*Filip*) <u>li-menm</u> renmen Wozlò.
2. <u>Yo-menm</u> (*they*), yo renmen Malèn.
3. Se <u>ou-menm</u> (*you*) ki kontan.
4. <u>Mwen-menm</u> (*I*) m rele Anita.
5. E <u>nou-menm</u> (*we*) kisa n ap fè?
6. (*Wozlò*) <u>li-menm</u> renmen Filip.

D. Siyati (last name). Respond to the following questions using the correct form of the emphatic pronouns. In the responses, everybody's last name should be *Petitòm*.

Example : Siyati Lina se Pyè. E Wozlò?
Answer: Siyati Wozlò li menm se Petitòm.

1. Siyati Chal li menm se Petitòm.
2. Siyati Chal ak Andre yo menm se Petitòm.
3. Siyati nou menm se Petitòm.
4. Siyati Mimoz ak Mari yo menm se Petitòm.
5. Siyati Adriyen ak Anayiz yo menm se Petitòm.
6. Siyati mwen menm se Petitòm.

III. The oral vowels and the accent mark

CD 1- 16 – Write down the vowel sound that is missing in the following words.

Example: B___ jou → Answer: B**on**jou

1. Bonswa
2. Kijan
3. Madam
4. Tidam
5. Manzè
6. Kouman
7. Madmwazèl
8. Dam
9. rele
10. Manmzèl
11. Ti gason
12. Timoun
13. Ti fi
14. Mesye

CD 1- 17 – Yon ti dikte. Listen to the following Kreyòl sentences and write down the missing oral vowel segments.

Example: *You hear* → Mar___ nan l___ri a.
You write → Mar**i** nan l**a**ri a.

1. Mari nan lari a.
2. Fifi ap kouri vit.
3. Loulou lèd kou koukou.
4. Ti gason an wòklò anpil.
5. Tonton an ap pale kaka.
6. Vètè sou fè a ki atè a.
7. Poupou fifi dlololo.
8. Wòch Lòlò a pèdi nan fò a.
9. Tidjo fè gwo lobo ak toto.
10. Bekàn Ànmari pran pàn.
11. Ti fi a bèl kou lakansyèl.

Answer key for exercises in Leson 4: *Nan klas la*

I. Premye jou klas kreyòl la

ANNOU PRATIKE

A. **Kisa k sou tab la?** What is/isn't on the table?
Example: Sa k sou tab la? → Answer: Gen yon liv. OR Pa gen chifon.

1. Gen yon liv.
2. Pa gen chifon.
3. Gen yon plim.
4. Gen yon kreyon.
5. Gen yon liv.
6. Gen yon òdinatè.
7. Pa gen gòm.
8. Gen yon kaye.
9. Gen yon valiz.
10. Gen yon règ.

13

B. **Kisa k gen nan klas la?** Say *wi* OR *non* when asked about what is in the classroom.

<u>**ANSWERS VARY FOR THIS OPEN QUESTION EXERCISE**</u>

C. **Kisa ou bezwen?** What do you need to do the following things?
Example: Pou m gade fim… → **Answer:** M bezwen yon televizyon.

1. M bezwen yon liv.
2. M bezwen yon chifon.
3. M bezwen yon plim.
4. M bezwen yon chèz.
5. M bezwen yon liv.
6. M bezwen yon gòm.
7. M bezwen yon makè/ lakrè.
8. M bezwen yon radyo.

D. **Kisa sa ye?** Point at 10 different items around the classroom and ask a classmate to identify them. Write your partner's responses on the spaces below.

Example:
- *Student 1:* Kisa sa ye? → *Student 2:* Se yon biwo.

<u>**ANSWERS VARY FOR THIS OPEN QUESTION EXERCISE**</u>

ANNOU TCHEKE SI NOU KONPRANN DYALÒG LA

➢ **Answer the following questions in English according to the dialogue.**

1. What was the first thing that the teacher asked Adriyen to do? → *What is he doing?*
2. What was the second thing that the teacher asked Adriyen to do? → *to sit and to shut his mouth (to stop talking).*
3. Did Adriyen understand what the teacher asked him to do? → *No, Adriyen did not understand what the teacher asked him to do.*
4. What was the last thing the teacher told Adriyen? → *The teacher asked Adriyen to leave the classroom.*

ANNOU PRATIKE

A. **Ki kote?** Is your instructor telling you to do these things in class or at home?

Example: Koute byen. → **Answer:** in class

1. In class.
2. In class.
3. At home
4. In class.
5. At home/In class
6. In class
7. At home
8. In class.
9. In class.
10. In class.
11. In class.
12. In class.

14

B. **Nan klas la.** Match the two columns to make up instructions that your instructor might give you in class.

    Example: Koute.... ... radio a byen. → **Answer:** Koute radio a byen.
1. **Koute radio a byen**
2. Louvri liv nou pou fè egzèsis B.

3. Depoze plim nou sou biwo a.
4. Ale sou tablo a.
5. Ekri fraz yo nan kaye nou.
6. Fèmen pòt la.
7. Pran kreyon nou.
8. Fè egzèsis C nan paj 28.
9. Efase tablo a.

C. **Konplete lojikman.** In how many logical ways can you complete the following commands.

    Example: Fèmen.... → **possible answers:** - Fèmen liv nou. ; Fèmen kaye nou.
                                                                                                         - Fèmen pòt la.

    ANSWERS VARY FOR THIS OPEN QUESTION EXERCISE

D. **Ann pale.** Turn to your classmate and give her/him instructions using to the following words, as in the example.

    Example: Kaye → **possible answers:** - Louvri kaye ou.
                                                                                                        - Ekri nan kaye ou.

    ANSWERS VARY FOR THIS OPEN QUESTION EXERCISE

II. Expressing Possession

ANNOU PRATIKE

A. **Short forms.** Change the long form of the possessive to its contracted form in the following sentences when possible. Follow the example below.

    Example: - Se tablo li. → **Answer:** Se tablo l.
                   Se liv nou. → **Answer:** Se liv nou. (*change is not possible*)

1. Se plim mwen. (*change is not possible*)
2. Se chifon w.
3. Se tablo yo. (*change is not possible*)
4. Se òdinatè l.
5. Se radyo n.
6. Se kaye m.
7. Se pòt ou. (*change is not possible*)
8. Se chèz li. (*change is not possible*)
9. Se règ yo. (*change is not possible*)
10. Se liv nou. (*change is not possible*)

B. **Plural forms**. Change the singular form of the possessive to its plural form in the following sentences to indicate that more than one thing is owned.

1. Se plim mwen yo.
2. Se chifon ou yo.
3. Se tablo yo.
4. Se òdinatè li yo.
5. Se radyo nou yo.
6. Se kaye mwen yo.
7. Se pòt ou yo.
8. Se chèz li yo.
9. Se règ yo.
10. Se liv nou yo.

C. **Se zafè l**. Who has the following things? Replace underlined words as in the examples.

Example: - Se kaye Adriyen. → **Answer:** Se kaye l.
- Se règ elèv la. → **Answer:** Se règ li.

1. Se plim li.
2. Se chifon l.
3. Se tablo yo.
4. Se klas li.
5. Se radyo l.
6. Se kay li.
7. Se òdinatè yo.
8. Se chèz yo.
9. Se règ yo.
10. Se liv li.

D. **Se pou... /This is for**. Use the following pairs of words to indicate possession. Follow the example below.

Example: - Adriyen/kaye → **Answer:** Se kaye l.

1. Se plim li.
2. Se chifon l.
3. Se tablo yo.
4. Se klas li.
5. Se chèz yo.
6. Se règ yo.

III. The nasal vowels, the semi-vowels and the special vowel /ui/

CD 1- 20 – *Write down the vowel and semi-vowel sounds that are missing in the following words.*

Example: B___en → **Answer:** Byen

1. Mwen
2. Kijan
3. Bonswa
4. Madmwazèl
5. Kouman
6. Dizuit
7. Bonswa
8. luil
9. Manmzèl
10. Ti gason
11. Bonjou.
12. Lannuit

CD 1- 21 – *Yon ti dikte*. *Listen to the following Kreyòl sentences and write down the missing nasal vowel or semi-vowel segments as in the example.*

Example: *You hear* → Mad___ Andre b___ en.
You write → Mad**an** Andre b**y**en.

1. B**on**jou madm**w**azèl.
2. T**on**t**on** an ap pale t**en**t**en**.
3. Ti Djo achte **ui**t boutè**y** l**ui**l.
4. G**en** anpil m**on**t nan magaz**en** an.
5. Lakans**y**èl la bèl n**an** s**y**èl la.
6. Mari lim**en** **ui**t lanp pou n**ui**t lan.

Dosye istorik

Toussaint Louverture
The Black Haitian slave who defeated Napoleon Bonaparte

❖ **Annou aprann li**

B./Pandan w ap li. Find the English equivalents of the following Kreyòl words which are in bold in the text. Match the columns. The first answer is given as an example. Write the appropriate letter in each space to indicate your answer. ***The purpose of this activity is to help you understand the text.***

1. Fèt __d__
2. donte __e__
3. lame __a__
4. zannimo __b__
5. monte __f__
6. nan zòn __c__
7. goumen __l__
8. swete __j__
9. trete __n__
10. peyi __k__
11. jwenn __h__
12. esklav __a__
13. lendepandans __g__
14. arete __p__
15. mouri __i__
16. nèg vanyan __m__

a) army
b) animal
c) in the area
d) **born**
e) to tame
f) ride
g) independence
h) to find
i) died
j) to wish
k) country
l) to fight
m) vaillant men
n) to treat
o) slave
p) arrest, capture

C. Yon ti gramè. What are the two predicates in the following complex sentence? Are they verb or adjective? What are the subjects of the two predicates?

Sentence: *Lè Tousen te piti, li te mèg anpil.*
Answers: The two predicates are "*piti*" and "*mèg anpil*" and they are adjectives. the subjects of the two predicates are "*Tousen*" and "*li*".

D./ Reponn kesyon yo. Answer the following questions in English.

1. When Tousen was a child, he was very thin (skinny).
2. He became big and strong and was able to tame and ride any horse.
3. Tousen's godfather taught him how to read, write and treat sick animals with medicinal plants.
4. Three thousand soldiers.
5. Freedom for all slaves.
6. Tousen was finally captured and died in jail.

CHAPIT PREMYE
Selebrasyon an fanmi

Answer key for exercises in chapter 1, Leson 1: *Fanmi Wozlò Petitòm*

I. Kite m prezante n fanmi mwen

ANNOU TCHEKE SI NOU KONPRANN DYALÒG LA

➢ Answer the following questions in English according to the dialogue.

1. How many people does Wozlò have in her family? → **_Eight people._**
2. What is the name of Wozlò's uncle? → **_Aleksi._**
3. Where does he live? → **_Potoprens._**
4. How old is he? → **_38 years old._**
5. Does Wozlò have cousins? → **_Yes, but he does not know them._**

ANNOU PRATIKE

A. **CD 1-23 – Koute byen.** Listen to each statement made by Wozlò Petitòm, and then indicate whether it is *vrè* or *fo*, based on her family tree.

	Vrè	Fo		Vrè	Fo
1.	☐	☐.√	6.	☐	☐.√
2.	☐	☐.√	7.	☐	☐.√
3.	☐	☐.√	8.	☐	☐.√
4.	☐	☐.√	9.	☐	☐.√
5.	☐.√	☐	10.	☐.√	☐

1. Mimoz se papa m.
2. Adriyen se frè m.
3. Lisi se kouzin mwen.
4. Anayiz se pitit fi mwen.
5. Mari se sè m.
6. Chal se tonton m.
7. Andre se gran frè m
8. Aleksi se pitit fi m.
9. Andre ak Lisi se gran paran m.
10. Chal ak mimoz se paran m.

B. Medam yo. Give the equivalent used for female family members.

Example: - papa → **Answer:** manman

1.	bofrè →	**bèlsè**	6.	pitit gason →	**pitit fi**
2.	frè →	**sè**	7.	neve →	**nyès**
3.	mari →	**madanm**	8.	kouzen →	**kouzin**
4.	tonton →	**matant**	9.	vèf →	**vèv**
5.	granpè →	**granmè, grann**	10.	bopè →	**bèlmè**

C. **Jeneyaloji.** Wozlò is introducing her family. Complete her statements with the most appropriate word. Follow the example.

> **Example:** - Frè papa m. → **Answer:** Se <u>tonton</u> m.

1. Se <u>matant</u> mwen.
2. Se <u>sè</u> m.
3. Se <u>frè m (bò) kot manman</u> m.
4. Se <u>nyès</u> mwen.
5. Se <u>neve</u> m.

6. Se <u>matant</u> mwen.
7. Se <u>tonton</u> m.
8. Se <u>bòpè</u> m.
9. Se <u>bèlmè</u> m.
10. Se <u>sè (bò) kot papa</u> m.

D. **E ou menm?** Answer the following questions to talk about your own family. Use what you've learned to provide complete sentences in Kreyòl.

ANSWERS VARY FOR THIS OPEN QUESTION EXERCISE

II. N ap konte soti nan trant rive nan swasantnèf.

ANNOU PRATIKE

A. **Ann konte lojikman.** Provide the number that completes each series. Then write it out in Kreyòl using letters.

> **Example:** 30, 32, 34, 36 __38__ → trantuit.

1. 31, 33 35 37, __39__, → **trantnèf.**
2. 32, 34 36, 38, __40__, → **karant.**
3. 41, 43 45 47, __49__, → **karantnèf.**
4. 30, 35, 45, 50, __55__, → **senkannsenk.**
5. 61, 63, 65, 67, __69__, → **swasantnèf.**

B. **Konbyen ki genyen?** Provide the number you associate with the followings.

> **Example:** Jou nan yon semenn (*days in the week*) **Answer:** → <u>sèt.</u>

1. Mwa nan yon ane (*months in a year*) → **douz.**
2. Semenn nan yon ane (*weeks in a year*) → **senkannde.**
3. Jou nan yon mwa (*days in a month*) → **ventuit, ventnèf, trant, tranteyen.**
4. Minit nan yon lè (*minutes in one hour*) → **swasant.**
5. Lè nan de jou (*hours in two days*) → **karantuit.**

C. **CD 1-24 – Annou kalkile.** You will hear a series of multiplications and divisions. Write the correct answers using figures.

> **Example:** *You hear* → 12 x 4 fè konbyen? OR 50 ÷ 2 fè konbyen?
> *You write* → 48 OR 25

a)	35	e)	8
b)	48	f)	20
c)	63	g)	6
d)	36	h)	23

ANSWERS VARY FOR THIS OPEN QUESTION EXERCISE

D. Nan fanmi ou. Respond to the following questions about your family using complete sentences.

Example: Konbyen frè ou genyen? → **Answer:** M gen senk frè.
1. Konbyen gason ki gen nan fanmi ou? → *Gen 3 gason nan fanmi m.*
2. Konbyen fi ki gen nan fanmi ou? → *Gen 4 fi nan fanmi m.*
3. Konbyen pitit papa ou genyen? → *Papa m genyen 7 pitit.*
4. Ki laj pi gran pitit papa ou genyen? → *Pi gran pitit papa m nan gen 35 lane.*
5. Konbyen sè ou genyen? → *Mwen genyen 4 sè.*

III. The verb to have and the negative

ANNOU PRATIKE

A. Sa k genyen? Describe your classroom. Use the words below to say what is in the classroom.

ANSWERS VARY FOR THIS OPEN QUESTION EXERCISE

Example: Anpil elèv → **Answer:** *Gen anpil elèv nan klas la.*

1. *Gen anpil elèv nan klas la.*
2. *Gen douz fi nan klas la.*
3. *Gen trèz gason nan klas la.*
4. *Gen yon sèl pwofesè nan klas la.*
5. *Gen kat fenèt nan klas la.*
6. *Gen yon pòt nan klas la.*
7. *Gen yon tablo nan klas la.*
8. *Gen vennsenk chèz nan klas la.*
9. *Gen yon chifon nan klas la.*
10. *Gen plim ak kaye nan klas la.*
11. *Gen yon televizyon nan klas la.*
12. *Gen yon biwo nan klas la.*

B. Klas kreyòl la. Are these objects in your classroom?

Examples: Yon òdinatè
Wi, gen yon òdinatè nan klas la. OR
Non, pa gen òdinatè nan klas la.

1. Wi, gen anpil chèz nan klas la.
2. Wi, gen yon pwofesè nan klas la.
3. Wi, gen anpil gason nan klas la.
4. Non, pa gen uit televizyon nan klas la.
5. Wi, gen yon sèl fenèt nan klas la.
6. Wi, gen yon tablo nan klasla.
7. Non, pa gen vennsenk tablo nan klas la.
8. Non, pa gen kat pòt nan klas la.
9. Wi, gen plim ak kaye nan klas la.
10. Wi, gen yon biwo nan klas la.

C. **Klas kreyòl la.** In groups of three, make a list of ten things or people that you see or do not see in the classroom. Use *genyen* (or *gen*), and specify the number of items. Then compare your list with that of another groups.

> **Examples:** Gen anpil elèv fi nan klas kreyòl la.
> Pa gen òdinatè nan klas kreyòl la.

ANSWERS VARY FOR THIS OPEN QUESTION EXERCISE

D. **Yon fanmi ideyal.** Survey your classmates. Ask them to describe their ideal family. Note their answers on a sheet of paper. Then, in pairs compare your results.

Examples:
- **Student 1:** Konbyen moun ki ta dwe gen yon fanmi ideyal dapre ou?
- **Student 2:** Dapre mwen, yon fanmi ideyal gen kat moun: manman, papa ak de pitit, yon fi ak yon gason.

IV. The consonants

ANNOU PRATIKE

A. CD 1-25 – Fill the blanks with the missing consonant sounds as in the example.

Example: Bon___ou → **Answer:** Bon**j**ou

1. Nou**v**èl
2. **k**ijan
3. Mada**nm**
4. **t**i dam
5. Manm**z**èl
6. Kou**m**an
7. Ma**d**mwazèl
8. Bon**s**wa
9. Re**l**e
10. Man**m**zèl
11. **D**iri
12. Ra**r**a
13. vi**r**an
14. **f**anm

B. CD 1-26 – **Yon ti dikte.** Listen carefully and write down the missing consonant segments.

Example: *You hear* → Mari ___an la___i a.
You write → Mari **n**an la**r**i a.

1. Fifi ap kou**r**i vi**t**.
2. Joujou lè**d** kou **k**oukou.
3. Ti **g**ason an wòklò an**p**il.
4. Tonton an a**p** pa**l**e ka**k**a.
5. Machi**n** nan tonbe an pà**n**.
6. Ana **s**oti nan **m**ache.
7. Ou be**z**wen twa wò**ch** dife.
8. Fanm nan ren**m**en man**j**e.
9. Jak kon**n** jwe **tch**a**tch**a byen.
10. Mari ap **t**cheke tou**t** moun.
11. Ànmari pral **m**anje **ch**èk la.
12. Ti fi a pa **b**èl, li gra kou yon bè**l**

Answer key for exercises in chapter 1, Leson 2: *Lafanmi ak zanmi*

I. Fanmi Wozlò ak kèk zanmi l

ANNOU TCHEKE SI NOU KONPRANN DYALÒG LA

➢ **Answer the following questions in English according to the dialogue.**

1. Does Wozlò have a lot of female friends? → *Yes, she does.*
2. Are Wozlò's friends attractive? → *Yes, they are.*
3. What is Malou's skin color? → *Her skin color is black.*
4. What is Malou's hair like? → *Malou's hair is short.*
5. What is Mara's skin color? → *She is a light-skinned woman with black facial features.*
6. What is Mara's hair like? → *Mara's hair is long.*

ANNOU PRATIKE

A. Kijan yo ye? Match Wozlò's friends and family members with their characteristics. Number one is provided as an example.

1. **Malou se** →**i**		a.	Grimèl cheve long la.
2. Mara se → **a**		b.	Marabou cheve swa a.
3. Beniv se → **h**		c.	Basketèz ki wo anpil la.
4. Aglaye se →**g**		d.	Jenn ti gason piti a.
5. Manmi Lisi se → **f**		e.	Granmoun gason, mèg la.
6. Papi Andre se → **e**		f.	Fi lèd ki rich la.
7. Adriyen se → **d**		g.	Fi wo, grasouyèt la.
8. Mari se → **c**		h.	Fi mens, nwa ki pa gra a.
9. Choukoun se →**b**		i.	**Bèl negrès cheve kout la.**

B. CD 1- 28 – Koute byen. Listen to Wozlò describing her friends and family members. Indicate whether the statement about each of them is *vrè* or *fo*.

Example: - Malou se yon grimèl li ye. → **Answer:** *fo*

1. Malou se yon bèl negrès.
2. Mara gen cheve long ak po klè.
3. Beniv blan. Li pa nwa.
4. Aglaye wo epi grasouyèt.
5. Manmi Lisi pa pòv. Li rich.
6. Papi Andre se yon move moun.
7. Adriyen se yon jenn ti fi.
8. Mari kout anpil.
9. Mari se yon basketèz li ye.
10. Choukoun se yon marabou.

	Vrè	Fo		Vrè	Fo
1.	☑	☐	6.	☐	☑
2.	☑	☐	7.	☐	☑
3.	☐	☑	8.	☐	☑
4.	☑	☐	9.	☑	☐
5.	☑	☐	10.	☑	☐

C. **Okontrè.** Your classmate is asking questions about Wozlò's friends and family members but she/he always asks the wrong question. Anwer her/him with the opposite adjectives.

Example: - Aglaye mens? → **Answer:** *Non, li gra.*

1. Malou lèd? → *Non, li bèl.*
2. Manmi Lisi bèl? → *Non, li lèd.*
3. Mara gen cheve long ? → *Non, li genyen cheve kout.*
4. Beniv blan? → *Non, li nwa.*
5. Manmi Lisi pòv? → *Non, li rich.*
6. Papi Andre se yon move moun? → *Non, li se yon bon moun.*
7. Adriyen gwo? → *Non, li mens.*
8. Mari kout anpil. → *Non. Li wo anpil.*

II. The descriptive adjectives

ANNOU PRATIKE

A. **Adjektif predika oswa atribi.** Indicate whether the adjectives in the following sentences function as predicate or attribute. Underline the predicate adjectives with one line and the attributive adjectives with two lines.

Example: - Aglaye mens. Li se yon bèl fanm.

1. Malou pa yon move moun. Li janti.
2. Manmi Lisi pa bèl. Li se yon fanm lèd.
3. Mara gen cheve long. Li se yon jenn grimèl.
4. Beniv nwa. Li mens anpil.
5. Manmi Lisi pa pòv. Li rich.
6. Papi Andre se pa yon move moun.
7. Adriyen pa gwo. Li se yon ti gason.
8. Mari kout anpil. Li pa wo.

B. **Okontrè.** Complete each sentence with the opposite adjective.

Example: - Aglaye pa mens, li gra.

1. Malou pa lèd, li bèl.
2. Manmi Lisi pa pòv, li rich.
3. Mara pa gra, li mens.
4. Beniv pa blan, li nwa.
5. Adriyen pa gwo, li mèg.
6. Mari pa kout, li wo.

C. **Kijan yo ye?** Answer the following questions using the adjectives in parenthesis. Make sure you place the adjectives correctly, before or after the noun.

Example: Kijan òdinatè a ye? (solid) → **Answer:** *Se yon òdinatè solid.*

1. Kijan fanm nan ye? (gran) → **Se yon gran fanm.**
2. Kijan liv la ye? (bèl) → **Se yon bèl liv.**
3. Kijan televizyon an ye? (piti) → **Se yon televizyon piti.**
4. Kijan madanm nan ye? (gwo) → **Se yon gwo madanm.**
5. Kijan timoun nan ye? (mèg) → **Se yon timoun mèg.**
6. Kijan mesye a ye? (rich) → **Se yon mesye rich.**

D. E ou menm? Write ten sentences to describe yourself. Write five sentences to say what you are like and five to say what you are not like. Then read your sentences to the class.

Example: - *Mwen se yon negrès. Mwen pa blan.*

<u>**ANSWERS VARY FOR THIS OPEN QUESTION EXERCISE**</u>

III   The copulae *se* and *ye*

ANNOU PRATIKE

A. Kisa sa ye? Identify each image in Kreyòl like in the example.

Example: No 1: *Se yon kreyon.*

1. *Se yon kreyon.*	2. Se yon biwo.	3. Se yon ban/chèz.
4. Se yon règ.	5. Se yon lekòl.	6. Se yon kaye.

B. Devine ki manm nan fanmi an. Which member of your family is it? Make sure you always use **se** in your answers.

Example: - Sè papa m.   →   **Answer:** Se matant mwen.

1. Se manman m.
2. Se neve m.
3. Se sè m.
4. Se nyès mwen.
5. Se kouzen m.
6. Se tonton m.
7. Se matant mwen.
8. Se bòpè m.
9. Se bèlmè m.
10. Se sè m (bò) kot papa m.

C. Se oswa Ø? Some of the following sentences require the linking verb *se* while some others don't. Copy the following sentences and put *se* at the proper place when necessary.

Examples: - Wozlò etidyan.   →   **Answer:** *Wozlò se etidyan.*
            - Wozlò bèl.   →   **Answer:** *Wozlò Ø bèl.* (not necessary)

1. M <u>se</u> pwofesè.
2. Li nwa.
3. Yo <u>se</u> moun andeyò.
4. Malou <u>se</u> yon fanm.
5. <u>Se</u> yon tablo.
6. Adriyen byen.
7. Mara pa lèd.
8. Beniv ak Malou <u>se</u> zanmi yo ye.
9. Papi Andre pa bayameyen.
10. Aglaye <u>se</u> sè Malou.
11. Manzè Lisi <u>se</u> ayisyèn.
12. Lisi ak Andre <u>se</u> vye granmoun yo ye.

D. *Se* and *Ye*. Follow the example provided to create your own sentences with the words given below.

Example: (moun/ yon/ Andre / bon / se) → **Possible answer**: Andre se yon bon moun.

1. Mara se yon bèl fi.
2. Aglaye se yon gwo fanm.
3. Se nan valiz la kaye a ye.
4. Li se yon bon pwofesè.
5. Kouman tout moun ye ?
6. Yo se zanmi nou.
7. Adriyen se yon ti gason.
8. Li se yon vye granmoun.
9. Ki kote yo ye?
10. Lisi se pa yon fanm pòv li ye.

E. **E ou menm?** Answer the following questions to talk about yourself and people in your family. Use an emphatic construction in all your answers like in the example below.

Example: Kisa ou ye: yon fi oswa yon gason? → **Answer**: Se yon gason mwen ye.

ANSWERS VARY FOR THIS OPEN QUESTION EXERCISE

IV. **The nasal consonants**

ANNOU PRATIKE

CD 1-30 – **Yon ti dikte**. Listen carefully and write down the missing nasal consonant segments.

Example: *You hear* → Bon___ nan eklate nan lari a.
You write → Bon**m** nan eklate **n**an lari a.

1. Non**m** nan renmen fan**m** nan.
2. Ba**nn** mou**n** sa yo danse twòp.
3. Gen yon ga**ng** nan zò**n** nan.
4. Ti gason an ap van**n** zanma**nn**.
5. Tonton an ap ta**nn** lontan.
6. Pli**m** ki nan machi**n** nan pa ekri.
7. Ivon fi**n** bwè tout won**m** nan.
8. Dife a pran jouk li tounen san**n**.
9. Choncho**nn** ansa**nm** ak Jan ale.
10. Ànmari ap manje chanmcha**nm**.
11. A**nn** pa chita nan ma**ng** nan tande!
12. **M**an**m**an poul la pon**n** de ze.

Answer key for exercises in chapter 1, Leson 3: *Dat enpòtan!*

I. **Ki jou jodi a ye?**

ANNOU TCHEKE SI NOU KONPRANN DYALÒG LA

➢ **Answer the following questions in English according to the dialogue.**

1. When does the Kreyòl class begin? → *September 3rd.*
2. When does the Kreyòl class end? → *April 30th.*
3. What days does the Kreyòl class take place? → *Monday, Wednesday, Friday.*
4. In what year Mari will finish college if she does not fail any class? → ***In 2015.***

ANNOU PRATIKE

A. **Jwenn mo depaman an.** Identify the word that does not belong in each of the following lists.
   Example: lendi, madi, mèkredi, ~~fevriye~~, jedi.

   1. Janvye, fevriye, ~~samdi~~, mas, avril
   2. Yè, ~~pandan~~, avanyè, demen, jodi a
   3. Jou, semenn, mwa, ane, ~~apre~~
   4. ~~Anvan~~, vandredi, samdi, dimanch, lendi
   5. Me, jen, ~~dat~~, jiyè, out

B. **Orevwa! N a wè.** You are saying good bye to a friend you will see in two days. Depending on the day you are talking to her/him, say when you'll see your friend.

   Example: Jodi a se dimanch. → **Answer:** Orevwa ! N a wè **madi**.

   Jodi a se...
   1. Orevwa ! N a wè **mèkredi**.   4. Orevwa ! N a wè **lendi**.
   2. Orevwa ! N a wè **samdi**.   5. Orevwa ! N a wè **jedi**.
   3. Orevwa ! N a wè **vandredi**.   6. Orevwa ! N a wè **dimanch**.

C. **Ki jou ak ki mwa?** Answer the following questions.

   Example: Ki jou ki vini apre lendi? → **Answer:** se **dimanch**.

   1. Se **lendi**.   6. Se **jen**.
   2. Se **vandredi**.   7. Se **novanm**.
   3. Se **jedi**.   8. Se **me**.
   4. Se **lendi**.   9. Se **oktòb**.
   5. Se **dimanch**.   10. Se **fevriye**.

D. **Kilè?** Change the underlined words in italics so that each statement is true. If a statement is already true, read it as it is.

   1. Mwen gen kou kreyòl *soti nan lendi rive vandredi*.
   2. Mwen travay *chak jou nan semenn nan*.
   3. Jodi a se *madi 17 novanm 2009*.
   4. Demen se *mèkredi 18 novanm 2009*.
   5. M gen kou Kreyòl *soti nan mwa janvye rive nan mwa avril*.
   6. Lekòl mwen koumanse *nan mwa oktòb*.
   7. Dat fèt mwen *23 avril 1980*.
   8. M te fèt yon *jou lendi*.

E. **Ann fè yon ti konvèsasyon!** – Work with a partner to ask and answer the following questions.

Example: Ki premye jou nan semenn nan?
Answer: Premye jou nan semenn nan se **lendi**.

1. *Genyen 7 jou nan semèn nan.*
2. Jodi a se (jou a ka varye).
3. Ki jou ou vinn nan kou kreyòl la?
4. Ki jou ou al legliz?
5. Ki jou ou repoze ou?
6. *Genyen 12 mwa nan ane a.*
7. Nan ki mwa ou te fèt?
8. Nan ki mwa nou ye?
9. *Mwa desanm vini anvan janvye.*
10. Lekòl koumanse nan mwa ....

II. N ap konte soti nan swasann dis rive nan milya.

ANNOU PRATIKE

A. **Ann ekri nimewo yo.** Write these numbers in Kreyòl using figures as in the example.

Example:	Twa san katreven onz →	*391*
1.	San →	100
2.	Sèt san douz →	712
3.	Mil →	1000
4.	Mil nèf san senk →	1905
5.	De mil onz →	2011
6.	Karann de mil →	42000
7.	Swasantuit mil twa san katreven dizuit →	68 398
8.	Nèf san mil uit san swasann katòz →	908 174
9.	Yon milyon →	1 000 000
10.	De san milyon →	200 000 000

B. **Estatistik sou popilasyon.** Write these figures in Kreyòl using letters and then read them aloud in Kreyòl.
   Example: Japon: 127,470,000 → **San venn sèt milyon kat san swasann dis mil.**

1. *Ayiti:* → *Di milyon tranntwa mil.*
2. *Jamayik:* → *De milyon sèt san dis nèf mil.*
3. *Bayamas:* → *Twa san karann de mil.*
4. *Endonezi:* → *De san tranteyen milyon twa san swasant nèf mil senk san.*
5. *Brezil:* → *San katreven douz milyon kat san katreven disèt mil.*
6. *Nijerya:* → *San senkann kat milyon sèt san ventnèf mil.*
7. *Lafrans:* → *Swasannsenk milyon kat san karannsèt mil twa san swasannkatòz.*
8. *Lachin:* → *Yon milya twa sam trannsenk milyon nèf san dis mil.*
9. *Lend:* → *Yon milya san swasanndisèt milyon de san trèz mil.*
10. *Etazini:* → *Twa san uit milyon sèt san senk mil.*

28

III. Yes - No questions, and Wi and Non as interjections

ANNOU PRATIKE

A. **CD 1-34 – Se yon kesyon?** Listen to your instructor making some statements and asking some questions about days, months and years. If you hear a statement, don't write anything on your paper. If you hear a question, answer it with **wi** or **non**.

1. Kou Kreyòl la koumanse nan mwa sektanm.
2. Jodi a se Madi?
3. Gen sèt jou nan yon semenn.
4. Gen kat semenn nan yon mwa?
5. Gen douz mwa nan yon ane?
6. Nou nan mwa desanm?
7. Jodi a se onz oktòb 2010?
8. Demen se jedi.

1. _____
2. _____
3. _____
4. ___**wi**_____
5. _____**wi**_____
6. _____
7. _____
8. _____

B. Fanmi Wozlò! Ask for confirmation from your classmates concerning the members of Wozlò's family. Add **wi** or **non** at the end of your answers.

Example: Frè papa Wozlò se pa tonton l? → **Answer:** Wi, se tonton l wi.

1. Wi, se matant li wi.
2. Non, se pa frè l non.
3. Non, se pa sè l non.
4. Non, se pa kouzin li non.
5. Wi, se neve l wi.
6. Non, se pa bòpè l non.
7. Non, se pa kouzen li non.
8. Non, se pa pitit li non.
9. Non, se pa nyès li non.
10. Wi, se sè l wi.

C. Poze kesyon - You are looking for people to practice Kreyòl with. Ask whether the following people speak Kreyòl using *èske*.

Example: Adriyen. → **Answer: Èske Adriyen pale Kreyòl?**

1. Filip → *Èske Filip pale Kreyòl?*
2. Ou menm → *Èske ou menm ou pale Kreyòl?*
3. Yo menm → *Èske yo menm yo pale Kreyòl?*
4. Anri ak Wozlò → *Èske Anri ak Wozlò pale Kreyòl?*
5. Li menm → *Èske li menm li pale Kreyòl?*
6. Andre → *Èske Andre pale Kreyòl?*

D. Ann fè konesans. You and your partner want to get to know each other better. Take turns asking each other many questions. Modify or add elements as needed.

Example: gen/frè
Student 1 asks: *Ou gen frè?* → **Student 2 answers:** *Wi, m gen frè wi.*

Example: renmen/mizik
Student 1 asks: *Èske ou jwe mizik?* → **Student 2 answers:** *Non, m pa jwe mizik.*

<u>**ANSWERS VARY FOR THIS OPEN QUESTION EXERCISE**</u>

1. Renmen / baskètbòl
2. Pale / kreyòl
3. Louvri / fenèt la
4. Fèmen / pòt
5. Fè / devwa ou
6. Ekri / nan kaye a
7. Efase / tablo a
8. Etidye / leson an
9. Travay / Jodi a
10. Li / liv la

IV. Consonant blends

C. **CD 1-37 – Yon ti dikte.** Listen carefully and write down the missing consonnant segments.

Example: *You hear* → Ma____èn chita sou ____èz la
You write → Ma**dl**èn chita sou **ch**èz la

1. Se nan mwa s**ek**tanm Lesli fèt.
2. Fifi ve**k**se paske m rive an reta.
3. Janin kanpe nan kalfou a.
4. Jaki fè tout e**gz**èsis yo.
5. E**st**ati a pa ka e**st**ènen.
6. Se pou le**spr**i sen desann sou nou.
7. At**l**èt la kouche sou mat**l**a a.
8. Tidjo ap fè e**p**ò pli**sk**e l kapab.
9. Papa Le**gb**a pa nan sa**lt**e.
10. **Dj**òlè a se sou **bl**òf li ye.

Answer key for exercises in chapter 1, Leson 4: *Pi bonè se granm maten!*

I. Akilè fèt Wozlò a ye?

ANNOU TCHEKE SI NOU KONPRANN DYALÒG LA

➢ **Answer the following questions in English according to the dialogue.**

1. At what time will Wozlò`s party start? → **<u>Wozlò's party will start at 8:00 PM.</u>**
2. How long will the party last? → **<u>It will last 6 hours.</u>**
3. Is Pòl coming to the party? → **<u>Yes, he is.</u>**
4. Around what time does Wozlò end the conversation with Pòl? → **<u>She ends it at 6:00.</u>**

ANNOU PRATIKE

A. **Jounen fèt Wozlò a!** Say at what time Wozlò does the following activities on her birth day. You may need to go back to the begining of the lesson to see what Wozlò does.

   Example: A kilè Wozlò leve? → *Li leve a uitè nan maten.*

   1. Li abiye a uitè kenz dimaten.
   2. Li manje vè uitè karann senk konsa.
   3. Li soti lakay li a nevè eka.
   4. Li rive lekòl la a nevè trant.
   5. Li kòmanse a dizè tapan.
   6. Li fini a twazè nan apremidi.
   7. Li tounen lakay li a vè senkè mwen ka nan apremidi.
   8. Fèt la kòmanse vè uitè diswa.

B. **Maten, apremidi oswa aswè?** Complete these sentences to tell the time in Kreyòl.

   Example: *3:30 a.m.* → Li fè twazè **edmi nan maten.**

   1. *6:25 a.m.*   Li fè sizè vennsenk nan maten.
   2. *2:10 a.m.*   Li fè dezè dis nan maten.
   3. *11:15 a.m.*   Li fè onzè kenz nan maten.
   4. *3:20 p.m.*   Li fè twazè ven nan apremidi.
   5. *4:30 p.m.*   Li fè katrè 30 nan apre midi.
   6. *7:35 p.m.*   Li fè setè trannsenk nan apremidi.
   7. *8:45 p.m.*   Li fè uitè karann senk nan apremidi.
   8. *9:00 p.m.*   Li fè nevè nan apremidi.
   9. *12:00 p.m.*   Li fè midi.
   10. *12:00 a.m.*   Li fè minui.

C. **Kilè?** Complete the following sentences so that they are true for you the first day of the week you have your Kreyòl class.
   Example: Mwen tounen lakay mwen <u>anvan</u> <u>uitè edmi diswa</u>.
                                        before   *(time)*

   ANSWERS VARY FOR THIS OPEN QUESTION EXERCISE

   1. Mwen soti lakay mwen <u>avan</u> <u>nevè dimaten</u>.
                             before   *(time)*
   2. Kou kreyòl la koumanse <u>a dizè nan maten.</u>
                                at   *(time)*
   3. M etidye leson mwen <u>soti</u> <u>midi</u> <u>pou rive</u> <u>katrè nan apremidi</u>.
                          from (time)   *to*   *(time)*
   4. Mwen tounen lakay mwen <u>apre</u> <u>setè nan aswè</u>.
                                    after   *(time)*

D. **Kilè li ye?** Say the time in Kreyòl. Use the Kreyòl words indicating morning, afternoon and evening.

Example: A → *Li fè twazè tapan nan maten.*

A	B	C	D	E
a.m.	p.m.	a.m.	p.m.	a.m.

F	G	H	I	J
11:00	11:30	10:00	8:00	9:30
a.m.	p.m.	p.m.	p.m.	a.m

- B → Li fè inè nan aprè midi.
- C → Li fè dezè dimaten.
- D → Li fè midi.
- E → Li fè sizè dimaten.
- F → Li fè onzè nan maten.
- G → Li fè onzè edmi diswa.
- H → Li fè dizè diswa.
- I → Li fè uitè diswa.
- J → Li fè nevè trant nan maten.

E. **Pwogram televizyon!** Look at the following American TV guide. In pairs, ask and answer questions about program start times.

Example: A kilè emisyon Jij Alex la ap koumanse? → L ap koumanse a inè nan apremidi.

1. A kilè emisyon Jij Alex ap koumanse? → L ap koumanse a inè nan apremidi.
2. A kilè emisyon Tyra Banks ap koumanse? → L ap koumanse a douzè trant nan apremidi.
3. A kilè emisyon Cristina's Court ap koumanse? → L ap koumanse a inè trant nan apremidi.
4. A kilè emisyon Real Sport ap koumanse? → L ap koumanse a douzè trant nan apremidi.
5. A kilè emisyon All my Children ap koumanse? → L ap koumanse a douzè trant nan apremidi.
6. A kilè emisyon Judge Judy ap koumanse? → L ap koumanse a dezè nan apremidi.
7. A kilè emisyon General Hospital ap koumanse? → L ap koumanse a dezè nan apremidi.
8. A kilè emisyon Meet the Spartans ap koumanse? → L ap koumanse a inè nan apremidi.
9. A kilè emisyon One life to live ap koumanse? → L ap koumanse a inè nan apremidi.
10. A kilè emisyon Rails and Ties ap koumanse? → L ap koumanse a douzè trant nan apremidi.

II. Kilè fèt drapo Ayisyen an ye?

ANNOU PRATIKE

A. **Se ki dat?** What date corresponds to each holiday?

Example: Jou fèt drapo ayisyen an. → **Answer:** *Se 18 me.*

1. Se premye janvye.
2. Se 7 avril.
3. Se 25 desanm.
4. Se 18 novanm.
5. Se premye novanm.
6. Se 2 novanm
7. Se 2 janvye.
8. Se 24 oktòb.
9. Se premye me.
10. Se 17 otòb
11. Se 18 me.
12. Se dimanch a mèkredi dèsann.

B. **Ki fèt ki genyen?** What holiday corresponds to each of the following dates?

Example: 18 me → **Answer:** *Se Jou lanmò Jan Jak Desalin.*

1. Se fèt lendepandans.
2. Se fèt lèmò.
3. Se fèt batay Vètyè.
4. Se fèt Nwèl.
5. Se fèt jou lanmò Tousen Louvèti.
6. Se jou zansèt yo.
7. Se fèt drapo.
8. Se jou lanmò Jan Jak Desalin.
9. Se jou Nasyonzini.
10. Se fèt travay ak agrikilti.

C. **Ann fè listwa!** Change the following years from figures to letters as in the example.

Example: Kistòf Kolon debake nan Lamerik an <u>1492</u>.
Answer: *mil kat san katreven douz.*

1. Dezyèm gè mondyal (*World War II*) koumanse an <u>1939</u>. → <u>Mil nèf san trant nèf.</u>
2. Barack Obama vinn prezidan ameriken an <u>2008.</u> → <u>De mil uit.</u>
3. Ayiti pran lendepandans li an <u>1804.</u> → <u>Mil uit san kat.</u>
4. Etazini pran lendepandans li an <u>1776.</u> → <u>Mil sèt san swasannsèz.</u>
5. Bayamas pran lendepandans li nan lane <u>1973</u> → <u>Mil nèf san swasant trèz.</u>

D. Ann fè yon ti konvèsasyon! - Ask your partner the following questions and note her/his answers on a piece of papers to report back.

Example: Ki dat ou te fèt? → **Answer:** *M te fèt 9 desanm 1986.*

<u>**ANSWERS VARY FOR THIS OPEN QUESTION EXERCISE**</u>

1. Ki dat jodi a ye? → **Jodi a se 20 oktòb.**
2. Ki dat kou kreyòl la te koumanse ? → **Kou kreyòl la koumanse 5 septanm.**
3. Ki dat manman ou te fèt ? → **Manmanm te fèt 28 avril 1947.**
4. Nan ki ane ou ap fini lekòl? → **M ap fini lekòl an 2032.**
5. Nan ki ane ou ta renmen marye ? → **M ta renmen marye nan ane 2035.**

III. The interrogative words

ANNOU PRATIKE

A. Marye kolòn I ak II? Match column I to II to form complete questions. There can be more than one answer for most items. For example, number **1** can be **B** as well as **E**.

1. Kisa **(b, e)**		a)	...ou prale Ayiti?
2. Poukisa **(a, d, h)**		b)	...madanm nan ap fè?
3. Kilè **(d, a, h)**		c)	...fèmen pòt la?
4. Kimoun **(j, e)**		d)	...Wozlò prale?
5. Kimoun ki **(c)**		e)	...Jak ap gade?
6. Kouman **(a, d, b, j)**		f)	...vini anvan lendi?
7. A kilè **(i)**		g)	...mwa ki gen nan yon ane?
8. Ki jou ki **(f)**		h)	...yo efase tablo a?
9. Konbyen **(g)**		i)	...kou kreyòl la fini?
10. Ki kote **(a, d)**		j)	...li rele?

B. Ki mo ki kòrèk? Use the correct one of the two question words in parenthesis to complete the following questions. Then ask your partner the questions; your partner must answer.

Example: Student 1: _____ li ye (*kilè/a kilè*)? → **Answer:** <u>*Kilè* li ye?</u>
 Student 2: *Li fè dizè edmi dimaten.*

1. <u>*Kimoun ki*</u> ap pale nan klas la (*kimoun/kimoun ki*)?
2. <u>*A kilè*</u> kou kreyòl la koumanse (*kilè/a kilè*)?
3. <u>*Ki mwa ki*</u> vini apre janvye (*ki mwa/ki mwa ki*)?
4. <u>*Kisa ki*</u> pase nan klas la (*kisa/kisa ki*)
5. <u>*Ki moun*</u> Andre pi renmen (*kimoun/kimoun ki*)?
6. <u>*Poukisa*</u> li louvri fenèt la (*poukisa/kisa ki*)?
7. <u>*Kisa*</u> l ap ekri sou tablo a (*kisa/kisa ki*)?

8. *Ki kote ki* pi bèl nan peyi sa yo (*ki kote/ki kote ki*)?
9. *Kilès ki* pi wo nan baskètè sa yo (*kilès/kilès ki*)?
10. *Ki jou* ou pa renmen nan semen nan (*ki jou/ki jou ki*)?

C. **Ann poze kesyon.** Use the correct Kreyòl question-word to ask the relevant question for the answer given. Note that your question must be based on the underlined part of the answer as in the example.
Example: Frè m yo ap etidye nan klas la.
Answer: *Ki moun/kilès k ap etidye nan klas la?*

1. Adriyen byen wi. → **Kouman Adriyen ye?**
2. Pyè ak Mari prale Ayiti mwa pwochen. → **Kilè Pyè ak Mari prale Ayiti?**
3. Jak prale nan peyi Lafrans. → **Ki kote Jak prale?**
4. Andre al lekòl paske l vle appran kreyòl. → **Poukisa Andre ale lekòl?**
5. Klas kreyòl la fini a dezè nan apremidi. → **A kilè klas lekòl la fini?**
6. Wozlò ap efase tablo a. → **Ki moun ki ap efase tablo a?**
7. Malèn renmen Anri anpil. → **Ki moun Malèn renmen anpil?**
8. Mari ap ekri yon dikte sou tablo a. → **Ki sa Mari ap ekri sou tablo a ?**

D. **Ann kontinye poze kesyon!** Interview one of your classmates, asking her/him questions about the following subjects. Ask at least three questions for each subject. Then, report back to the class what you learned about your partner.

Example: Fanmi
  ➤ Eske ou gen frè ak sè?
  ➤ Konbyen frè ak sè ou genyen?
  ➤ Ki kote yo abite?

<u>**ANSWERS VARY FOR THIS OPEN QUESTION EXERCISE**</u>

1. espò
2. travay
3. politik
4. lekòl
5. manje
6. mizik

IV. **Nasal vowels and nasal consonants**

D. CD 1-41 – **Yon ti dikte**. Listen carefully and write down the missing words in the following sentences.

Example: *You hear* → Yon _____ volè chita sou _____ an.
You write → Yon <u>bann</u> volè chita sou <u>ban</u> an.

1. M konprann **lapenn** ou.	6. **Wonm** pa bon pou lasante.
2. Poul la **ponn** ze anba **pon** an.	7. Chaje ak **kann** tou pre **kan** an.
3. Yo kontinye **vann** malgre **van** an.	8. Se machin **konbèlann** sèlman li vann.
4. **San** pa gen koulè **sann**.	9. **Machann** nan ap vann **bannann** ak yanm.
5. Plis pase **ven** **venn** pote san nan kè a.	10. **Bonm** nan **fann** fwa fanm nan.

Dosye kiltirèl

Guy Durosier : The Ambassador of Haitian Music

A. **Linguistic cues to help you better understand the text.**

➤ *The following sentences are from the text. Translate them into English.*

1. Lòt jou m ale Leyogàn, M al chache ti fiyèl manman m.
   Answer : *I went to Leogane to pick up my mother's God daughter the other day.*
2. Pou m mennen l konnen Pòtoprens. Pou l vin wè fanmi manman m.
   Answer : *So I can take her to Port-au-Prince to visit my mother's family.*
3. Li pa t janm konnen Pòtoprens. Depi l fèt li te Leyogàn.
   Answer : *She had never been to Port-au-Prince. She had lived in Leogane all her life.*
4. Osito l rive Bizoton. Li kòmanse poze m kesyon.
   Answer : *As soon as she got to Bizoton, she started questionning me.*
5. Sou twa jou m menen l Petyonvil. Pou l al wè yon fanmi manman l.
   Answer : *On her third day, I took her to Petyonvil so she could see her mothers's family.*

➤ *The following sentences are from the text. Translate them into Kreyòl.*
1. When I was tired of the little boy, I took him to a secret place.
   Answer : *Lè m te fatige ak ti nonm nan, mwen mennen l yon kote sekrè.*
2. Ah! This is a bus. Where is it going? It's taking you back to your home town.
   Answer: *A! Sa se yon otobis. Ki kote li prale? L ap mennen w tounen nan peyi w.*

B. **Answer the following questions in Kreyòl using full sentences.**
1. Poukisa chantè a te al Leyogàn pou al chache fyèl manman l?
   Answer : *Chantè a te al Leyogàn pou al chache fyèl manman l pou l te ka mennen li konnen Pòtoprens pou li al wè fanmi manman li.*
2. Kilè fiyèl la koumanse poze kesyon?
   Answer : *Fiyèl la kòmanse poze kesyon osito l rive Bizoton.*
3. Sou konbyen jou yo mennen fiyèl la Petyonvil?
   Answer : *Yo mennen fiyèl la Petyonvil sou 3 jou.*
4. Di twa bagay fiyèl la te wè nan Petyonvil?
   Answer : *Li te wè otèl El Rancho, Kabàn Choukoun ak Lapolis*
5. What happened at the end of the story?
   o Does the mother's godchild want to go back to Leyogàn?
     Answer : *No, He does not want to.*
   o Does the mother's godchild go back to Leyogàn?
     Answer : *Yes, he does.*

CHAPIT DE
Lakay la ak katye a

Answer key for exercises in chapter 2, Leson 1: *Lakay mwen!*

I. **Ki kote lafanmi Petitòm abite?**

ANNOU TCHEKE SI NOU KONPRANN DYALÒG LA

➤ **Answer the following questions in English according to the dialogue.**

1. When is Wozlò going to Miami? → *She is going next Tuesday.*
2. Where does Andre live in Miami? → *He lives in the 4th of the 5 stairs of a building apartment.*
3. How many bedrooms does Andre's apartment have? → *It has 2 bedrooms.*
4. How many bathrooms does Andre's apartment have? → *It has one bathroom.*

ANNOU PRATIKE

A. **E ou menm?** Complete the following sentences with one of the expressions in bold so it corresponds to your situation.

ANSWERS VARY FOR THIS OPEN QUESTION EXERCISE

1. M rete nan yon **kay bas.**
2. Kay m rete a **bèl anpil.**
3. Kay mwen **lwen inivèsite a.**
4. M abite **nan pwovens.**
5. Nan kay m rete a gen **twa pyès.**
6. Chanm mwen nan **premye etaj.**
7. Tèt kay mwen an fèt **an tòl.**
8. Mwen pase anpil tan nan **kuizin nan.**

B. **Ki kote moun sa yo ye nan kay la?** Say where or in which room in the house these people are doing the following activities.

Example: Manmi Lisi ap dòmi. → **Answer:** *Se nan chanm akouche a li ye.*

1. Wozlò ap gade televizyon. → *Se nan sa salon an li ye.*
2. Mimoz ap kwit manje. → *Se nan kizin nan li ye.*
3. Mari ap prepare tab la pou fanmi an manje. → *Se nan salamanje a li ye.*
4. Aleksi ak Chal ap rantre (*park*) machin nan. → *Se nan garaj la li ye.*
5. Adriyen ak Anayiz ap monte (*ride*) bisiklèt. → *Se nan lakou a li ye.*
6. Granmè Adriyen ap benyen (*take a shower*). → *Se nan saldeben an li ye.*

C. **Ann konpare!** Compare where you live to where the Petitòm family lives.

Example 1: Lafanmi Petitòm abite lavil. → **Answer:** M abite lavil tou (*also*).
Example 1: Yo rete nan yon kay chanmòt. → **Answer:** M rete nan yon kay bas.

ANSWERS VARY FOR THIS OPEN QUESTION EXERCISE

1. Lafanmi Petitòm ap viv nan yon gwo vil. → *Mwen abite nan yon ti vil.*
2. Yo rete nan yon gwo kay. → *Mwen rete nan yon kay chanmòt.*
3. Kay yo gen uit pyès. → *Kay mwen gen kat pyès.*
4. Chanm Wozlò nan dezyèm etaj. → *Chanm mwen an nan premye etaj.*
5. Kay Lafanmi Petitòm gen yon bèl lakou. → *Kay mwen genyen yon bèl lakou tou.*
6. Yo gen kat chanm akouche. → *Mwen gen yon sèl chanm akouche.*
7. Lafanmi Petitòm gen yon pisin lakay yo. → *Mwen pa gen pisin lakay mwen.*
8. Lafanmi Petitòm abite nan yon kay beton. → *Mwen abite nan yon kay tòl.*

D. **Ann fè yon ti konvèsasyon!** - Your classmate is asking a lot of questions about where you live. Answer with complete sentences.

Example: Èske ou renmen kote ou rete a? Poukisa?
Possible Answer 1: Wi. M renmen apatman kote m rete a paske li pre inivèsite a.
Possible Answer 2: Non. M pa renmen kay kote m rete a paske li pa gen bèl lakou.

ANSWERS VARY FOR THIS OPEN QUESTION EXERCISE

1. Èske ou rete nan kay oswa nan yon apatman?
Possible Answer 1: *Mwen rete nan kay.*
Possible Answer 2: *Mwen pa rete nan apatman.*
2. Ki kote ou rete? Lavil oswa andeyò?
Possible Answer 1: *Mwen rete lavil.*
Possible Answer 2: *Mwen rete andeyò.*

3. Konbyen pyès kay ou rete a genyen ?
Possible Answer 1: *Kay mwen rete a genyen kat pyès.*
4. Konbyen chanm akouche ki gen lakay ou ?
Possible Answer 1: *Genyen 2 chanm akouche lakay mwen.*
5. Nan ki pyès ou konn etidye oswa fè devwa ou?
Possible Answer 1: *Mwen konn etidye nan chanm mwen an.*
Possible Answer 2: *Mwen konn fè devwa mwen nan sal travay la.*
6. Èske gen yon gwo lakou ak yon pisin lakay ou?
Possible Answer 1: *Wi gen yon gwo lakou ak yon pisin lakay mwen.*
Possible Answer 2: *Non, pa genyen lakou ak pisin lakay mwen.*
7. Chanm Wozlò nan dezyèm etaj?
Possible Answer 1: *Wi chanm Wozlò nan dezyèm etaj.*
Possible Answer 2: *Non, chanm Wozlò pa nan dezyèm etaj.*
8. Dapre ou menm, ki pyès ki pi enpòtan nan yon kay? Poukisa?
Possible Answer 1: *Dapre mwen menm, se chanm nan pi enpòtan paske se la pou m dòmi.*
Possible Answer 2: *Dapre mwen, kizin nan pi enpòtan paske mwen renmen manje.*

II. Verbal Tense and Aspect Markers

ANNOU PRATIKE

A. Kisa yo fè chak jou? Complete these interrogative sentences by translating the English verbs in parenthesis into Kreyòl. What can you say about the form of the Kreyòl verbs?

Example : Èske Mari (*eat*) diri chak jou? → **Answer:** *Wi, Mari <u>manje</u> diri chak jou.*

1. Èske Wozlò (*erase*) tablo a chak jou? → *Wi, Wozlò <u>efase</u> tablo a chak jou.*
2. Èske li (*do*) devwa li chak jou? → *Wi, Wozlò <u>fè</u> devwa li chak jou.*
3. Èske yo (*listen*) radyo chak jou? → *Wi, yo <u>tande</u> radyo chak jou.*
4. Èske Jak ak Aleksi (*watch*) televizyon chak jou? → *Wi, Jak ak Aleksi <u>gade</u> televizyon chak jou.*
5. Èske Adriyen ak Mari (*study*) leson yo chak jou? → *Wi, Adriyen ak Mari <u>etidye</u> leson yo chak jou.*

B. Kilè yo fè bagay yo? Complete the following sentences by translating the English verbs in parenthesis into Kreyòl. What can you say about the form of the Kreyòl verbs?

Example: Jak (*worked*) avanyè. → **Answer:** *Jak <u>te travay</u> avanyè.*

1. Malou (*would buy*) yon bèl kay chanmòt. → *Malou <u>ta achte</u> yon bèl kay chanmòt.*
2. Li (*lives*) andeyò. → *Li <u>abite</u> andeyò.*
3. Aglaye ak Beniv (*are talking*) nan telefòn. → *Aglaye ak Beniv <u>ap pale</u> nan telefòn.*
4. Andre (*will sell*) gwo kay beton li a. → *Andre <u>pral vann</u> gwo kay beton li a.*
5. Malèn pa (*did not like*) lekòl la. → *Malèn <u>pa t renmen</u> lekòl la.*

C. E ou menm? As in the example below, answer the following questions about yourself and your family.

Example: Nan ki lane ou te fèt? → **Answer:** *M te fèt nan lane 1979.*

<u>**ANSWERS VARY FOR THIS OPEN QUESTION EXERCISE**</u>

1. Kisa ou manje maten an? → *Mwen te manje pen ak ze maten an.*
2. Ki kote ou ta renmen ale an vakans? → *Mwen ta renmen ale nan vakans Dammari.*
3. Kisa ou pral fè apre kou kreyòl la. → *Mwen prale fè espò apre kou kreyòl la.*
4. Kimoun ou pi renmen nan fanmi ou? → *Mwen pi renmen manman mwen nan fanmi mwen.*
5. A kilè kou kreyòl la fini Jodi a? → *Kou kreyòl la fini a dizè jodi a.*

III. Oral vowels and nasal consonants

ANNOU PRATIKE

🔊 **A.** **CD 1- 45 – Yon ti dikte.** Listen carefully and write down the missing words.

Example: *You hear* → _____ nan gen fo _____.
You write → <u>Rèn</u> nan gen yon fo <u>ren</u>.

1. Toujou plen dlo sou plèn sa a.
2. Lanmò lapen an fè nou lapèn.
3. Bòn mwen an se yon bon moun.
4. Bondye louvri vàn van an.
5. Vil Leyogàn chaje ak gan.
6. Mon Sinayi se yon mòn li ye.
7. Kòn kabrit long kon kòn towo.
8. Ton Sam gen yon tòn bagay pou l fè.

IV. Annou Koute

🔊 **CD 1- 46 – De kay ki nan lweyaj** (lweyaj = *for rent*)

Pandan w ap koute. Aleksi is describing two houses that he visited. Listen carefully to what he says about each house.

Premye kay la se lavil li ye. Se yon bèl kay bas men li pa genyen anpil pyès. Pa gen kote pou pakin machin nan. Men, kwizin nan vrèman gwo. Madanm mwen t ap renmen sa anpil. Epi li tou pre lekòl timoun yo. Se de avantaj sa yo li genyen.

Dezyèm kay la li menm se andeyò li ye. Se yon gwo kay chanmòt ki gen yon bèl pisin ak yon gwo pakin ki kab pran kat machin. Anplis, li gen yon gwo lakou ak yon bèl ti jaden pa dèyè l. Men, kay la yon jan lwen inivèsite a. Se sèl pwoblèm sa ki genyen avèk li.

1. Check what one can find in each house.

	PREMYE KAY LA	DEZYÈM KAY LA
Gwo kay chanmòt		√
Kay bas	√	
Lwen inivèsite a		√
Lakou ak yon bèl jaden		√
Andeyò		√
Lavil	√	
Pakin		√
Pisin		√
Gwo kwizin	√	
Pre lekòl la	√	

❖ **Lè ou fin koute.** Discuss the following questions in Kreyòl with your classmates.

ANSWERS VARY FOR THIS OPEN QUESTION EXERCISE

1. Dapre deskripsyon Aleksi fè sou de kay yo, èske fòk li ta lwe premye a oswa dezyèm nan? Poukisa?
2. E ou menm? Ki kay ou prefere? Poukisa?

Answer key for exercises in chapter 2, Leson 2 : *Anndan lakay mwen!*

I. Kisa k genyen anndan lakay Petitòm?

ANNOU TCHEKE SI NOU KONPRANN DYALÒG LA

➤ **Answer the following questions in English according to the dialogue.**

1. What furnitures does the bedroom where Wozlò will sleep have? → *It has one nightstand, a twin bed with two pillows.*
2. What does Wozlò have to bring for the bedroom? → *She needs to bring bed sheets and pillow cases for the bedroom.*
3. Is there a night clock in the bedroom? → *Yes, there is.*
4. What is missing in the lampshade? → *It needs batteries.*
5. What furnitures and appliances does the living room have? → *It has a couch, an armchair, a television, a radio, a bookcase, a table, a chair etc.*

ANNOU PRATIKE

A. **Wete sa k depaman an.** Indicate the word that does not belong in the following lists.
   1. kabann, *recho*, sak zòrye, dra, abajou
   2. gad manje, frijidè, *douch*, recho gaz, fou
   3. twalèt, douch, *nap*, sèvyèt rido
   4. dodin, kanape, tablo, fotèy, *kouvreli*
   5. fè pou repase, sèso, plaka, *eskalye*, planchèt

B. **Di sa yo kab fè ak mèb oswa aparèy sa yo.** Match column one to column two to indicate what one can do with the following furnitures, appliances or household items.

   Example : 1. Kabann → **Answer:** j. dòmi

column one	column two
1. **kabann**	a) fè glas (ice)
2. kanape **(i)**	b) kwoke (hang) rad
3. fè pou repase **(g)**	c) kwit manje vit
4. frijidè **(a)**	d) siye kò ak figi
5. sèso **(b)**	e) ranje tab
6. recho gaz **(c)**	f) leve bone
7. sèvyèt **(d)**	g) pase rad
8. revèy **(f)**	h) benyen
9. douch **(h)**	i) chita alèz
10. N ap **(e)**	j) **Dòmi**
	k) tablo

C. Kisa moun sa yo bezwen pou yo fè bagay sa yo? Indicate one or two furnitures, appliances or household items that these people need to do the following activities.

Example : Aleksi vle griye vyann (grill). → **Answer:** Li bezwen recho, recho gaz.

1. Wozlò bezwen dòmi. → *Li bezwen kabann.*
2. Adriyen vle chita byen alèz (sit confortably) → *Li bezwen kanape.*
3. Chal vle benyen epi lave figi l. → *Li bezwen douch.*
4. Chal fin benyen, li vle siye kò l. → *Li bezwen sèvyèt.*
5. Mimoz vle kwit manje a vit. → *Li bezwen kizin.*
6. Anri vle kouvri kabann nan. → *Li bezwen dra.*
7. Anayiz vle ranje tab nan salamanje a. → *Li bezwen nap.*
8. Mari vle pase rad li yo. → <u>*Li bezwen fè pou repase.*</u>
9. Mara vle mete glas (*ice*) nan limonad li a. → <u>*Li bezwen frijidè.*</u>
10. Aglaye vle leve bonè demen maten. → <u>*Li bezwen revèy.*</u>

D. Ann fè yon ti konvèsasyon! - Your classmate is asking a lot of questions about furniture and appliances in your house. You must answer with complete sentences. Note that answers will vary.

ANSWERS VARY FOR THIS OPEN QUESTION EXERCISE

1. Èske ou renmen twalèt lakay ou a? Poukisa? → **Wi, mwen renmen twalèt lakay mwen an paske li gran anpil.**
2. Kisa ki genyen nan chanm akouche w la? → **Genyen yon kabann, yon ti bifèt de nui ak yon revèy nan chanm akouche mwen an.**
3. Ki mèb ou ta renmen ajoute nan chanm akouche w la? → **Mwen ta renmen ajoute yon fotèy avèk yon plaka nan chanm akouche mwen an.**
4. Kisa ki genyen nan kwizin lakay ou a? → **Genyen yon fou avèk yon frijidè nan kwizin lakay mwen an.**
5. Èske gen anpil liv lakay ou? ki kote ou ranje yo? → **Wi, genyen anpil liv lakay mwen, mwen ranje yo nan yon etajè pou liv.**
6. Konbyen plaka ki genyen lakay ou? Nan ki pyès yo ye? → **Pa genyen plaka lakay mwen an.**
7. Lè ou fin lave, ki kote ou pase rad ou? → **Mwen pase rad mwen yo nan chanm mwen an.**
8. Kisa ou pa renmen lakay ou. Kouman ou ta chanje sa? → **Mwen pa renmen kizin nan paske pa genyen plaka pou mwen mete asyèt yo. Mwen pral ajoute yon plaka nan kwizin nan pou mwen ka mete asyèt yo lè mwen fin lave yo.**

II. The habitual and progressive present tense

ANNOU PRATIKE

A. Kisa yo toujou fè? Indicate how these people and yourself are or feel and what you do on a regular basis. Translate the English verb into Kreyòl when necessary to answer. Make sure you put the verb at the right place in your sentences.

Example : Mari ak zanmi l chak wikenn. (*To go out*)
Answer: Mari <u>soti</u> ak zanmi l chak wikenn.

1. Wozlò chak samdi. (*To work*) → *Wozlò travay chak samdi.*
2. Manmi Lisi pa amerikèn li ye. (*to be*) →*Manmi Lisi se pa amerikèn.*
3. Mara pa cheve kout. (*To have*) →*Mara pa genyen cheve kout.*
4. Yo Ayiti chak ane. (*To go*) →*Yo ale Ayiti chak ane.*
5. Mwen jwe baskètbòl ak zanmi m yo. (*To like*) →*Mwen renmen jwe baskètbòl ak zanmi m yo.*
6. Aleksi yon pwofesè lekòl li ye. (*To be*) →*Akeksi se yon pwofesè lekòl li ye.*
7. Adriyen bisiklèt nan lakou a chak apremidi. (*To ride*) →*Adriyen kondui bisiklèt nan lakou a chak apremidi.*
8. Manman m bèl anpil. (*To be*) →*Manman m bèl anpil.*
9. Anayiz pa machin. (*To have*) →*Anayiz pa genyen machin.*
10. Pa Blan se Franse mwen ye. *(To be)* →*Se pa Blan Fransè mwen ye.*

B. **E ou menm?** Answer the following questions to indicate how you and your family are, what you feel and what you usually do. Answer with full sentences as in the example below.

Example 1: Èske ou se etidyan? → **Answer:** Wi, M se etidyan.
Example 2: Èske Anayiz etidye chak jou? → **Answer:** Non, li pa etidye chak jou.

ANSWERS VARY FOR THIS OPEN QUESTION EXERCISE

1. A kilè ou leve maten an? →*Mwen leve a uitè maten an.*
2. Èske ou se Bahameyen, Ayisyen oswa Ameriken? → *Mwen se Ayisyen.*
3. Ki kote ou rete? →*Mwen rete Dammari.*
4. Kilès ou pa renmen nan fanmi ou? → *Mwen pa genyen moun mwen pa renmen nan fanmi mwen.*
5. A kilè ou dòmi chak jou? →*Mwen dòmi a minui chak jou.*
6. Ki kote ou prale? →*Mwen prale lekòl.*
7. Èske ou travay byen lekòl? →*Wi, mwen travay byen lekòl.*
8. Ki laj ou genyen? →*Mwen genyen vennsenk lane.*
9. Kouman ou ye jodi a ? →*Mwen pa pi mal non.*
10. Ki jou ou vin nan kou kreyòl la? →*Mwen vin nan kou kreyòl la chak mèkredi.*

C. **Sa k ap pase?** Indicate what is going on now by putting the following basic verb forms into the progressive form. Follow the examples.
Example 1: Mwen – manje pen an? → **Answer:** M ap manje pen an.

1. Mwen- travay matematik→ *M ap travay matematik.*
2. Li – ekri sou tablo a. →*L ap ekri sou tablo a.*
3. Adriyen – pa etidye leson li. →*Adriyen ap etidye leson li.*
4. Kouzin mwen an – ale lakay li. →*Kouzin mwen an ap prale lakay li.*
5. Yo – manje diri ak pwa. →*Y ap manje diri ak pwa.*
6. Jak – mache nan lari a. →*Jak ap mache nan lari a.*
7. Wozlò – gade televizyon. →*Wozlò ap gade televizyon.*
8. Adriyen – monte bisiklèt. →*Adriyen ap monte bisiklèt.*
9. Lwi – ale Pòtoprens. → *Lwi ap prale Pòtoprens.*
10. Nou – dòmi nan chanm nan. → *Nou ap dòmi nan chanm nan.*

43

D. Kisa y ap fè kounye a? Answer the following questions to indicate what you and your family are doing right now. Answer with full sentences as in the examples.

Example 1: Èske ou manje? → **Answer:** M ap manje kounye a.
Example 2: Adriyen pa etidye? → **Answer:** Adriyen p ap etidye non.

ANSWERS VARY FOR THIS OPEN QUESTION EXERCISE

1. Ou etidye? →*Mwen etidye deja wi.*
2. Li kwit manje a? →*Li ap kwit manje a kounye a.*
3. Mari ranje tab la? →*Wi, li ap ranje tab la kounye a wi.*
4. Anayiz al lekòl? →*Anayiz prale lekòl kounye a.*
5. Yo achte diri ak pwa? → *Yo achte diri, men yo pa achte pwa non.*
6. Aleksi mete machin nan nan garaj la? → *Wi, Aleksi mete machin nan nan garaj la wi.*
7. Wozlò netwaye kwizin nan? → *Wozlò ap netwaye kizin nan kounye a wi.*
8. Adriyen benyen? →*Wi, Adriyen benyen wi.*
9. Lwi ale nan travay? →*Non, Lwi pa ale nan travay non.*
10. Yo dòmi nan chanm nan? →*Wi, yo dòmi nan chanm nan wi.*

III. The oral vowels /e/ vs /è/; /o/ vs /ò/ and /a / vs /à/

CD 1- 49 –*Yon ti dikte*. Listen carefully and write down the missing words.

Example: *You hear* → _____ a fè bagay yo vin _____.
You write → <u>kle</u> a fè bagay yo vin <u>klè</u>.

1. Marijàn renmen Jan anpil.
2. Yon mò pa ka di okenn mo.
3. Lamè a te nan lame lè l te jenn.
4. Priyè rale lamàn tankou leman.
5. Li se yon pwofesè ki pa pwofese metye l.
6. Gen ven vèn ki koupe nan tèt li.
7. Bòn sa a se yon bon moun li ye.
8. Ti Àn gen en an sèlman.

Answer key for exercises in chapter 2, Leson 3 : *Zafè pèsonèl mwen!*

I. Zafè pèsonèl Wozlò

ANNOU TCHEKE SI NOU KONPRANN DYALÒG LA

➤ **Answer the following questions in English according to the dialogue.**

1. What is on the bed of Wozlò's sister? →*Her clothes and jewelries.*
2. What does Wozlò's sister forget to take with her? →*She forgot to take her phone and her Ipod.*
3. Where is Wozlò's sister toothbrush? → *On the floor.*
4. How is Wozlò's sister bedroom? → *Her bedroom is messy.*
5. Is Wozlò's sister a well-organized person? → *No, she is not.*
6. How is Wozlò's bedroom compared to her sister's? → *It's clean and well organized.*

ANNOU PRATIKE

A. **Kouman lakay ou ye?** Use *vrè* or *fo* to indicate whether or not your bedroom is well-organized and clean or not.
   1. Chanm mwen toujou gaye. → *fo*
   2. Tout bagay mwen toujou atè oswa sou kabann nan. → *fo*
   3. Rad mwen pa janm byen ranje nan plaka a. → *fo*
   4. Diksyonè m ak lòt liv mwen yo toujou sou etajè a. → *vrè*
   5. M pa konn bliye telefòn ak aypòd mwen. → *fo*
   6. Mwen toujou ranje devede, sede ak bijou m yo nan tiwa. → *vrè*
   7. Chanm mwen sal anpil. → *fo*
   8. Laptòp mwen toujou sou biwo a. → *vrè*

B. **Kouman Chanm yo ye?** Use one of the following words to fill the blank in each sentence.

   sal, tiwa, pwòp, rad, ranje, òganize, Aypòd, etajè, telefòn selilè, plaka, bwòsadan

   1. Wozlò se moun ki byen òganize. Chanm li toujou byen **ranje**.
   2. Wozlò mete tout devede, sede ak bijou l yo nan yon **tiwa**.
   3. Rad Wozlò toujou byen ranje nan **plaka** a.
   4. Diksyonè ak lòt liv Wozlò yo toujou sou **etajè** a.
   5. Wozlò toujou netwaye, chanm li **pwòp** anpil.
   6. Tout bagay Mari toujou atè oswa gaye sou kabann li. Li pa **òganize**.
   7. **Rad** Mari yo pa janm byen ranje nan plaka a.
   8. Mari bezwen koute mizik men li bliye **Aypòd**.
   9. Mari pa kab rele zanmi l paske li bliye **telefòn selilè** li.
   10. Mari pa janm netwaye, chanm li **sal** anpil.

C. **Ann fè yon ti konvèsasyon!** - Your classmate is asking a lot of questions about your bedroom. You must answer with complete sentences. Note that answers will vary.

   ANSWERS VARY FOR THIS OPEN QUESTION EXERCISE

   1. Èske ou renmen chanm ou? Poukisa? → *Wi, mwen renmen chanm mwen an. Paske li gran anpil.*
   2. Kisa ki genyen nan chanm ou? → *Genyen yon kabann, yon plaka, yon etajè, yon rèvèy, 2 ti tab avèk yon kanape.*
   3. Èske tout bagay ou toujou byen ranje? → *Non, tout bagay mwen pa toujou byen ranje.*
   4. Èske ou genyen telefòn selilè ak aypòd? Kibò ou konn ranje yo? →*Mwen genyen yon telefòn selilè, men mwen pa genyen aypòd. Mwen konn ranje yo nan yon tiwa.*
   5. Lè ou fin lave epi pase, ki kote ou ranje rad ou? → *Mwen ranje yo nan plaka a.*
   6. Èske ou genyen laptòp? Kibò ou mete l lè ou fin itilize l? →*Wi, mwen genyen yon laptop. Mwen mete li nan yon tiwa lè mwen fin itilize li.*
   7. Èske chanm ou toujou pwòp oswa sal? Poukisa? → *Chanm mwen toujou pwòp paske mwen renmen lòd.*

II. The simple and past progressive tenses

ANNOU PRATIKE

A. PASE OSWA PREZAN! Listen to the following sentences. Indicate whether they are in the past or in the present tense. Say *PASE* for past tense or *PREZAN* when it's a sentence in the present tense.

1. Mari etidye deja. →*Pase*
2. Andre t ap ekri non l sou tablo a. →*Pase*
3. Lisi ak Mimoz te al legliz dimanch pase. →*Pase*
4. Yo toujou al legliz nan dimanch. →*Prezan*
5. Jak poko fè devwa l. →*Prezan*
6. Jak monte bisiklèt. →*Prezan*
7. Wozlò ranje kabann li chak jou. →*Prezan*
8. Chal travay avanyè. →*Pase*
9. Manman m kwit manje. →*Prezan*
10. Jodi a se madi. →*Prezan*
11. Yè te lendi. →*Pase*
12. M ap manje kounye a. →*Prezan*
13. Aleksi te rantre Ayiti lane pase. →*Pase*
14. Jak pa t netwaye kay la. →*Pase*

B. CD 1- 51 – PASE OSWA PREZAN? Listen to the following sentences and indicate whether they are in the past or in the present tense. Say *PASE* when you hear a sentence in the past tense or *PREZAN* when you hear a sentence in the present tense.

Example 1: Malou pa lèd. → **Answer:** *PREZAN*

Example 2: Malou pa **t** lèd. → **Answer:** *PASE*

C. Tan ayè pa tan jodi! Add the verb particle *te* or *t* in the following sentences to transform them from the present to the past tense. Make sure you put *te* or *t* at the right place in your sentences.

Example : Malou pa lèd. → **Answer:** Malou pa **t** lèd.

1. Aparèy foto a bon. → Aparèy foto a **te** bon.
2. Ayipòd yo pa travay byen. → Ayipòd yo pa **t** travay byen.
3. Wozlò se yon moun òganize. → Wozlò **te** yon moun òganize.
4. Wozlò travay anpil. → Wozlò **te** travay anpil.
5. Kisa sa a ye? → Kisa sa **te** ye?
6. Se yon bwòsdan. → Se **te** yon bwòsdan.
7. Aleksi ak Chal ap kwit manje. → Aleksi ak Chal **t** ap kwit manje.
8. Tout moun pa renmen manje a. → Tout moun pa **t** renmen manje a.
9. Yo pa p dòmi nan chanm nan. → Yo pa **t** ap dòmi nan chanm nan.
10. Kilè li ye? → Kilè li **te** ye?

D. Tan pase! Change the following sentences from the present to the past tense. Use the expressions in brackets in your answers as in the example.

   Example : Beniv travay Jodi a. (yè maten) → **Answer:** Beniv te travay yè maten.

1. Mariz ap etidye leson l. (avanyè) → *Mariz t ap etidye leson l avanyè.*
2. Li ale Ayiti nan mwa sa a. (mwa pase) → *Li te ale Ayiti nan mwa pase a.*
3. Mari ranje tab la. (lendi pase) →*Mari te ranje tab la lendi pase.*
4. Anayiz pral lekòl demen. (yè) →*Anayiz te ale lekòl yè.*
5. Yo achte diri ak pwa. (semenn pase) →*Yo te achte diri ak pwa semenn pase.*
6. Aleksi achte yon machin. (lane pase) → *Aleksi te achte yon machin lane pase.*
7. Li ranje chanm li chak jou. (jedi pase) →*Li te ranje chanm li jedi pase.*
8. Adriyen ap benyen kouneye a. (yè) →*Adriyen te benyen yè.*
9. Lwi ale nan magazen an. (madi pase) →*Lwi te ale nan magazen madi pase.*
10. Yo jwe baskètbòl jodi a. (yè apremidi) → *Yo te jwe baskètbòl yè apremidi.*

E. Kijan ou te ye? Remember how you were and what you used to do ten years ago. Answer the following questions using complete sentences.

ANSWERS VARY FOR THIS OPEN QUESTION EXERCISE

1. Kijan ou te ye lè ou te jenn: gwo oswa piti? → *Mwen te piti anpil lè mwen te jenn.*
2. Kijan yo te rele lekòl ou te ale? →*Lekòl mwen te ale a te rele "Lekòl Senjòj".*
3. Èske ou te gen anpil zanmi? →*Wi, mwen te genyen anpil zanmi.*
4. Ki kote ou te abite: lavil oswa andeyò? →*Mwen te abite lavil.*
5. Nan ki eta chanm ou te ye: sal oswa pwòp? →*Chanm mwen te pwòp.*
6. Ki espò ou te konn fè? →*Mwen te konn jwe volebòl.*
7. Èske ou te gen telefòn selilè? →*Non, mwen pa t genyen telefòn selilè.*
8. Ki laj ou te genyen lè ou fini rantre nan kolèj? →*Mwen te genyen 18 lane lè mwen fini. Mwen rantre nan kolèj lè mwen te genyen 20 lane.*
9. Ki dat kou kreyòl la te koumanse? →*Kou kreyòl la te koumanse 3 Out 2016.*
10. A kilè kou kreyòl la te fini avanyè? →*Kou kreyòl la te fini a 3 zè nan apremidi avanyè.*

III. Annou Koute

🔊 **CD 1- 54 – De chanm: Chanm John ak chanm Ti Pyè**

❖ **Pandan w ap koute.** First, you will be listening to the description of John's bedroom and then the description of Ti Pyè's bedroom. Listen carefully.

❖ **Chanm John**
John se yon etidyan ameriken. L ap viv ak fanmi l nan yon gwo bilding dizuit etaj lavil Nouyòk. Apatman John se nan katriyèm etaj li ye. Chanm John byen ekipe. Gen bèl mèb ak anpil lòt bagay. Kòm John se etidyan, li gen yon biwo nan chanm li ak yon laptòp sou li. Li gen anpil liv ak diksyonè sou etajè yo. Misye gen anpil aparèy eletwonik tankou Nintendo, Ayipòd ak telefòn selilè elatriye. Men sèl bagay, chanm misye a pa janm pwòp, li toujou gaye.

47

❖ **Chanm Ti Pyè**

Ti Pyè li menm se yon etidyan Ayisyen k ap viv nan yon zòn andeyò yo rele Tòbèk. Papa Ti Pyè mouri. Se ak manman l sèlman l ap viv nan yon ti kay tòl ki gen twa pyès. Chanm Ti Pyè tou piti. Pa gen anpil mèb ladan l. Gen sèlman yon kabann, de grenn chèz ak yon ti tab. Pa gen limyè nan chanm Ti Pyè a. Se ak yon lanp li sèvi pou l kab etidye leswa. Ti Pyè pa gen aparèy eletwonik tankou Nintendo ak Ayipòd. Men sèl bagay, chanm li toujou byen pwòp epi byen ranje.

- Check what one can find in each bedroom as they are being described.

DESKRIPSYON	CHANM JOHN	CHANM TI PYÈ
Anpil liv	√	
Aparèy eletwonik	√	
Bèl mèb	√	
De grenn chèz		√
Lanp		√
Pwòp epi byen ranje		√
Sal epi toujou gaye	√	
Telefòn selilè	√	
Ti tab		√
Yon kabann		√

- Listen again to verify that you check all details mentioned.

❖ **Lè ou fin koute**. Work in group of three to answer the following questions in Kreyòl about the two bedrooms. You might need to listen to the descriptions again.

1. Ki kote John rete, nan ki vil? → *Etazini, Nouyòk.*
2. Konbyen etaj bilding kote apatman John nan ye a genyen? → *18 etaj.*
3. Èske John se yon moun ki pwòp epi byen òganize? → *Non, chanm li toujou sal epi gaye.*
4. Konbyen pyès kay Ti pyè a genyen? → *Twa pyès.*
5. Èske Ti Pyè abite lavil oswa Andeyò? → *Andeyò.*
6. Kijan yo rele zòn kote Ti Pyè abite a? → *Tòbèk.*
7. Èske gen limyè nan chanm Ti Pyè a? → *Non, pa gen limyè.*
8. Ak kisa li etidye leswa? → *Ak yon lanp.*

Answer key for exercises in chapter 2, Leson 4 : *Katye mwen!*

I. Katye rezidansyèl ak katye popilè

ANNOU TCHEKE SI NOU KONPRANN DYALÒG LA

➢ **Answer the following questions in English according to the dialogue.**

1. Are there a lot of people in Wozlò's neighborhood? → *No, there aren't.*
2. Are there libraries and movie theaters in Wozlò's neighborhood? → *No.*
3. What kind of people live in Wozlò's neighborhood: are they rich or poor? →*They are rich.*
4. What kind of people live in Ivon's neighborhood: are they rich or poor? →*They are poor.*
5. How is Ivon's neighborhood? →*It's completely different from Wozlò's neighborhood. The street is always busy, so it's very noisy, and it has stores of any kind.*
6. Does Ivon have money to buy stuff in the stores? →*No, he doesn't.*

ANNOU PRATIKE

A. Kouman katye ou a ye? Choose one of the words in italics that corresponds to your housing situation to complete the following sentences.

1. Mwen abite nan yon katye ***rezidansyèl/popilè/bidonvil***.
2. Fanmi mwen rete nan yon katye ***tou pre lavil/ byen lwen lavil***.
3. Nan katye mwen an ***gen anpil aktivite/ pa gen anpil aktivite***.
4. Nan lari ki nan katye m nan pyeton ak machin ***pase souvan / pa pase souvan***.
5. Nan katye mwen an ***gen makèt ak magazen / pa gen makèt ak magazen***.
6. Nan katye mween an ***pa gen labank ak kwoperatif/ gen labank ak kwoperatif***.
7. Nan katye mwen an ***gen bibliyotèk ak libreri / pa gen bibliyotèk ak libreri***.
8. Nan katye mwen an ***pa gen sinema ak teyat/gen sinema ak teyat***.
9. Nan katye mwen an ***gen lopital ak dispansè/ pa gen lopital ak dispansè***.
10. Nan katye mwen an ***pa gen ponp gazolin ak garaj/ gen ponp gazolin ak garaj***.

B. Di sa yo fè kote sa yo. Match column one to column two to indicate what one can do at the following places. Number one is provided as an example.
   Example : 1. mache → Answer: f. achte manje kri

column one	column two
1. **mache**	a) li oswa prete liv
2. labank (j)	b) gade fim
3. bibiyotèk (a)	c) achte anpil bagay
4. sinema (b)	d) priye nan pye Bondye
5. magazen (c)	e) fè gaz
6. lopital (h)	**f) achte manje kri**
7. libreri (i)	g) etidye leson
8. legliz (d)	h) trete malad
9. ponp gazolin (e)	i) achte liv ak diksyonè
10. garaj (K)	j) prete lajan
	k) ranje machin

C. Ki kote moun sa yo prale pou yo fè kisa? Use the following words to fill the blanks in each sentence. Use each word only once.

priye – makèt – dispansè – libreri – sinema – ponp gazolin – legliz – ranje – magazen – bidonvil – labank – rezidansyèl – prete – lopital – bibliyotèk

1. Mimoz bezwen ***prete*** lajan. Li prale ***labank***.
2. Wozlò bezwen achte. Li prale nan yon ***magazen*** oswa nan ***makèt***.
3. Adriyen malad. Y ap mennen l ***lopital*** oswa nan ***dispansè***.
4. Mari pral nan ***libreri*** a pou li achte kèk liv ak yon diksyonè.
5. Timoun yo vle amize yo. Yo pral nan ***sinema*** pou yo gade yon fim.
6. Andre pral nan ***bibliyotèk*** la pou l kab li epi prete kèk liv.
7. Machin mwen pran pàn gaz. M ap chache yon ***ponp gazolin***.
8. Machin nan toujou an pàn paske mekanisyen an pa ***ranje*** l byen.
9. Dimanch lafanmi Petitòm al ***legliz*** pou yo ***priye*** nan pye Bondye.
10. Laboujwazi pa rete nan ***bidonvil***, se nan katye ***rezidansyèl*** kay yo ye.

D. Ann reponn kesyon yo! Your classmate is asking a lot of questions about your house and neigborhood. You must answer with complete sentences. Note that answers will vary.

ANSWERS VARY FOR THIS OPEN QUESTION EXERCISE

1. Èske ou abite nan yon katye rezidansyèl oswa nan yon katye popilè? → *Mwen abite nan yon katye rezidansyèl.*
2. Èske katye ou kote ou rete a tou pre oswa byen lwen lavil? → *Kote mwen rete a lwen lavil.*
3. Èske gen anpil aktivite nan katye kote ou rete a oswa èske li kalm? → *Katye kote mwen rete a kalm.*
4. Èske lari nan katye kote ou rete a toujou pwòp oswa sal? → *Lari kote mwen rete a toujou pwòp.*
5. Èske genyen lopital ak dispansè nan katye kote ou rete a? → *Pa genyen lopital ak dispansè nan katye kote mwen rete a.*
6. Ki kalite magazen ki genyen nan katye kote ou rete a? → *Pa genyen okenn magazen nan katye mwen rete a.*
7. Kisa ki genyen nan katye kote ou rete a pou moun amize yo? → *Sèlman yon pisin ak yon ti pak ki genyen pou moun amize yo nan katye kote mwen rete a.*
8. Konbyen legliz ki genyen nan katye kotre ou rete a ? → *Genyen yon legliz nan katye mwen rete a.*
9. Kisa ki pa genyen nan katye kote ou rete a? → *Pa genyen sinema nan katye kote mwen rete a.*
10. Kisa ou renmen oswa kisa ou pa renmen nan katye kote ou rete a? Poukisa? → *Mwen renmen katye kote mwen rete a paske li kalm anpil.*

II. Near or definite, indefinite and uncertain futures

ANNOU PRATIKE

A. PASE, PREZAN OSWA FITI! Your lecturer will read the following sentences. Indicate whether they are in the past or in the present tense. Say *PASE* for past tense, *PREZAN* for the present tense and *FITI* when it's future tense.

1. Yo toujou al legliz dimanch. → *Prezan*
2. Jak poko fè devwa l non. → *Prezan*
3. Anayiz ap monte bisiklèt nan lakou a. → *Prezan*
4. Adriyen a prezidan yon jou. → *fiti*
5. Mari pral etidye leson l. → *fiti*
6. Lè m fini m a ranje kabann nan. → *fiti*
7. Apre demen se madi li va ye. → *fiti*
8. Kounye a, y ap travay pi souvan. → *fiti*
9. M a kwit manje a lè m kapab. → *fiti*
10. Jak p ap janm bilye w. → *fiti*
11. Alèlike, m ap etidye pi souvan. → *fiti*
12. Adriyen etidye deja. → *Pase*
13. Li t ap ekri non l sou tablo a. → *Pase*
14. Moun yo pral nan sinema pita. → *fiti*

B.   CD 1- 56 – PASE, PREZAN OSWA FITI? Listen and indicate whether the following sentences are in the past, the present or in the future tense. Say *PASE* for past tense, *PREZAN* for the present tense and *FITI* for the future tense.

Example 1: Zanmi m yo renmen m. → **Answer:** *PREZAN*
Example 2: Yo al nan mache samdi pase. → **Answer:** *PASE*
Example 3: Yo pral nan mache dimanch pwochen. → **Answer:** *FITI*

1. Ti jak li menm te rete nan yon bidonvil. → **Answer:** *PASE*
2. Wozlò abite nan yon katye rezidansyèl. → **Answer:** *PREZAN*
3. Alèkile, Wozlò ap ranje kabann li chak jou. → **Answer:** *PREZAN*
4. Kounye a, m ap travay chak jou. → **Answer:** *PREZAN*
5. Apre demen se madi li va ye. → **Answer:** *FITI*
6. Moun sa yo toujou dòmi a dizè. → **Answer:** *PREZAN*
7. Aleksi te rantre Ayiti lane pase. → **Answer:** *PASE*
8. Jan ak Jàn pral marye semen pwochenn. → **Answer:** *FITI*
9. Chal p ap janm kite Mimoz paske l renmen l. → **Answer:** *PREZAN*
10. M konen yon jou leta va ranje lari nan katye lakay mwen. → **Answer:** *FITI*

C. **Jou va, jou vyen!** Add the verb particles (*pral, ap*) or (*a, va, ava*) in the following sentences to transform them from the present to the future tense. Make sure you put the verb particles at the right place in your sentences.

   Example : Tousen se yon gwo gason. → **Answer:** Tousen **ap** yon gwo gason.

   1. Aristid rete nan katye popilè. → Aristid **pral** rete nan katye popilè.
   2. Kounye a, li jwe baskètbòl chak jou. → Kounye a, li **pral** jwe baskètbòl chak jou.
   3. Demen, yo ale nan sinema. → Demen, yo **prale** nan sinema.
   4. Wozlò travay anpil samdi pwochen. → Wozlò **pral** travay anpil samdi pwochen.
   5. A kilè manje pare? → A kilè manje a **ap** pare?
   6. Gen yon garaj ki louvi nan katye a. → Gen yon garaj ki **pral** louvi nan katye a.
   7. Aleksi ak Chal pa kwit manje. → Aleksi ak Chal pa **pral** kwit manje.
   8. Yo fè sa lè yo kapab. → Y **a** fè sa lè y **a** kapab.
   9. Yo ale andeyò mwa pwochen. → Yo **prale** andeyò mwa pwochen.
   10. Kilè li ye nan trant minit. → Kilè l **ap** ye nan trant minit.

D. **Tan Fiti!** Change the following sentences from the present to the future. Use the expressions in brackets in your answers as in the example.

   Example : Adriyen pa etidye jodi a. (demen) → **Answer:** Adriyen pral etidye demen.

   1. Mariz t ap etidye leson l. (demen) →*Mariz pral etidye leson l demen.*
   2. Li ale Ayiti mwa sa a. (mwa pwochen) → *Li prale Ayiti mwa pwochen.*
   3. Mari ranje tab la. (apredemen) → *Mari ap ranje tab la apredemen.*
   4. Anayiz pa al lekòl jodi a. (demen) → *Anayiz pa prale lekòl demen.*
   5. Yo abite anba lavil. (lane pwochenn) → *Yo pral abite anba lavil ane pwochenn.*
   6. Aleksi achte yon machin. (byento) → *Aleksi pral achte yon machin byento.*
   7. Li ranje chanm li chak jou. (talè) → *L ap ranje chanm li talè.*
   8. Adriyen ap benyen kouneye a. (talè) → Adriyen pral benyen talè.
   9. Lwi ale nan magazen an. (lòt madi) → Lwi prale nan magazen lòt madi.
   10. Yo jwe baskètbòl jodi a. (lòt semenn) → Yo va jwe baskètbòl lòt semenn.

E. **Kisa yo pral fè?** Answer the following questions to indicate what you and your family will be doing. Answer with full affirmative or negative sentences as in the examples. Use an expression referring to the future when possible.

   <u>**ANSWERS VARY FOR THIS OPEN QUESTION EXERCISE**</u>

   Example 1: Èske ou etidye? → **Answer:** Non, m <u>pral</u> etidye <u>talè</u>.
   Example 2: Adriyen pral manje? → **Answer:** Wi, li <u>pral</u> manje <u>talè konsa</u>.

   1. Èske ou ap bliye m? → *Non, mwen pa p bliye w non.*
   2. Li kwit manje a? →*Non, li pral kwit manje a talè.*
   3. Mari ranje tab la? →*Non, li pral ranje tab la talè.*
   4. Anayiz al lekòl? → *Wi, li ale lekòl wi.*
   5. Èske yo travay jodi a? → *Non, yo pa p travay jodi a non.*
   6. Andre abite nan yon katye rezidansyèl? → *Non, li pral abite nan yon kay rezidansyèl lòt ane.*

7. Wozlò netwaye kwizin nan? → *Non, li pral netwaye kwizin nan talè konsa.*
8. Anayiz fè twalèt li? → *Non, li pral fè twalèt li tale.*
9. Chal ale nan travay? → *Non, li prale pita wi.*
10. Timoun yo al nan sinema? → *Non, yo prale nan sinema demen swa.*

F. Kisa ou pral fè epi kijan ou va ye lè ou pi gran? Answer the following question to talk about how you will be and what you will do later in your life. Answer the questions using complete sentences.

Example : Kisa ou pral fè apre kou Kreyòl la? → **Answer:** M <u>pral</u> lakay mwen.

<u>**ANSWERS VARY FOR THIS OPEN QUESTION EXERCISE**</u>

1. Ki laj ou ap genyen nan kenz lane? → *M ap genyen karanteyen lane.*
2. A ki laj ou va marye? → *Mwen va marye a vennsèt lane.*
3. Konbyen pitit ou ap fè? → *M ap fè de pitit.*
4. Kijan ou va rele premye pitit ou a? → *Mwen va rele li Rèva.*
5. Ki travay ou pral fè lè ou fin lekòl? → *Mwen pral fè biznis, vann pwodui.*
6. Nan ki katye ou va abite? → *Mwen pral abite Vivimitchèl.*
7. Kijan kay ou ap ye lè w gran? → *L ap bèl.*
8. Ki machin ou va achte lè ou gen lajan? → *Mwen va achte yon Lexus.*

III. The semivowels /y/, /w/ and the front vowel /u/

ANNOU PRATIKE

C. CD 1- 58 – Yon ti dikte – Listen carefully and write down the missing words.

Example: *You hear* → Pa_____ w pou bagay sa ankò.
You write → Pa <u>enkyete</u> w pou bagay sa ankò.

1. Y ava mete luil la nan kui a.
2. Li enkyete pou kaye a.
3. Gen yon chay watè nan kay la.
4. Zuit yo parèt tou zuit lannuit lan.
5. Woulibè a jwen watè li t ap chache a.
6. Wòch la vin wouj apre loray la.
7. Yo mete uit zegui nan kòsay la.
8. Gen yon nich myèl sou pyebwa a.

53

Dosye sosyokiltirèl

Architecture and Housing in Haiti

❖ **Pandan w ap li.** Find the English equivalent of the following Kreyòl words which are bolded in the text. Match the two columns. The first answer is given as an example.

1_j_ 2__l_ 3__m_ 4__n_ 5__o_ 6__c_ 7__d_ 8__y_ 9__r_ 10__e_ 11__x_ 12__i_
13__k_ 14__q_ 15__q_ 16__t_ 17__g_ 18__w_ 19__f_ 20__u_ 21__v_ 22__b_
23__h_ 24__s_ 25__a_

❖ **Yon ti gramè.** Identify the part of speech for each of the underlined words in the following paragraph. As in the example, say whether they are noun, verb, adverb, adjective, article etc.

Example: Tankou nan tout <u>peyi</u>, gen plizyè kalite kay <u>ann</u> Ayiti.
                      noun   *preposition*

Klas mwayèn <u>ayisyèn</u> nan tou piti. Moun sa <u>yo</u> se nan gwo <u>kay</u> beton yo <u>rete</u>. Nou
           adjective   *determinant*   *noun*   *verb*
jwenn anpil nan kay beton <u>sa yo</u> sou <u>wout</u> Kafou, Laplenn, Kanapevè, Boudon <u>ak</u>
                      determinant   *noun*   *preposition*
Dèlma. Gen kèk moun nan klas mwayèn <u>nan</u> <u>ki</u> abite nan katye popilè <u>tou</u>. Lè
                              determinant *Relative pronoun*   *adverb*
konsa, yo <u>monte</u> gwo kloti an mi <u>pou</u> yo ka pa mele avèk moun nan pèp la.
        verb   *preposition*

❖ **Reponn kesyon yo.** Answer the following questions in English.

1. According to the text, how many social classes does Haiti have? → *Haiti has three social classes.*
2. What are the different components of each of the social class? → *The upper class is made of government officials and the bourgeois mullato ; the middle class has people from different places ; The lower class is made of the masses of peasants and proletarians.*
3. Where and how do people from each class live? Provide names of places. → *People from the upper class live in palace, luxurious mantions in rezidential areas far away from the masses. People from the middle class live in nice cement houses in the area of Kafou, Laplenn, Kanapevè, Boudon and Dèlma. People from the masses live in different places. The peasants live in the mountain in small tchatched roof, or mulled walled or thin roofed houses. The prolestrians live in shanwty towns near the big cities.*
4. Which Haitian king built the *Citadelle* and the *Sans Souci* Palace? → *King Anri Kristòf built it.*
5. What is the name of the architect who built the National Palace of Haiti? → *His name is Jòj Bosan.*
6. Where and how do people from the masses build their housing? → *People from the masses build small one room thin-roofed houses near the big cities. Theys live in shanwty towns.*

CHAPIT TWA
Bon tan ! Move tan!

Answer key for exercises in chapter 3, Leson 1 : *Ann al achte rad!*

I.   Kouman n ap abiye?

ANNOU TCHEKE SI NOU KONPRANN DYALÒG LA

➢ **Answer the following questions in English according to the dialogue.**

1. Poukisa lafanmi Petitòm al achte rad ak soulye? → *Lafanmi Petitòm al achte rad ak soulye pou yon maryaj.*
2. Ki kalite rad Mari ap chache? → *Mari ap chache yon wòb.*
3. Ki koulè wòb Mari bezwen? → *Mari bezwen yon bèl wòb krèm.*
4. Ki rad epi ki koulè rad Andre vle achte? → *Andre vle achte yon kostim mawon.*
5. Èske Andre vle abiye ak kravat? → *Wi, Andre vle yon kostim konplè.*
6. Èske vandè a gen tout rad Andre ak Mari bezwen yo ? → *Wi, li genyen tout sa yo bezwen.*

ANNOU PRATIKE

A.   **CD 1- 60 – Koute byen. Rad fi oswa rad gason?** You will hear 10 statements about clothing. Listen to each statement, and then indicate whether it is **vrè** or **fo**.

Vrè	Fo	Vrè	Fo
- ☐	a) ☐√	- ☐√	1. ☐
- ☐√	b) ☐	- ☐√	2. ☐
- ☐√	c) ☐	- ☐√	3. ☐
- ☐	d) ☐√	- ☐√	4. ☐
- ☐	e) ☐√	- ☐	5. ☐√

- Gason mete kilòt oswa pantalèt.
- Fi mete soutyen.
- Gason mete pantalon ak chemiz.
- Fi mete slip oswa kalson.
- Gason mete jip ak kòsaj.
- Fi mete soulye talon kikit.
- Gason mete kostim ak kravat.
- Fi ak gason mete pantalon djin.
- Gason mete soulye ak tenis.
- Fi ak gason mete jipon.

B. Ki koulè bagay sa yo ye? Match column one to column two as in the example provided.

Example: - Ki koulè zoranj? → **Answer:** Li gen koulè jòn abriko.

a) Ki koulè zoranj?
b) Ki koulè sitwon (*lime*)? **(a)**
c) Ki koulè sòs tomat? **(b)**
d) Ki koulè chokola? **(g)**
e) Ki koulè fig mi (*ripe banana*)? **(c)**
f) Ki koulè lèt (*milk*)? **(d)**
g) Ki koulè syèl la (*the sky*)? **(e)**
h) Ki koulè kafe? **(f)**

1. Li gen koulè vèt.
2. Li gen koulè wouj.
3. Li gen koulè jòn.
4. Li gen koulè blan.
5. Li gen koulè ble.
6. Li gen koulè nwa.
7. Li gen koulè nwa oswa mawon.
8. **Li gen koulè jon abriko.**

C. Ki rad sa ye? Match column one to column two as in the example provide below.
Example: - Gason mete sa anba chemiz yo. → **Answer:** Se yon <u>chemizèt</u>.

1. Fi mete li anba jip oswa pantalon yo. **(i)**
2. Ou mete li nan pye anvan w met soulye. **(h)**
3. Fi ak gason mete li sou tèt yo. **(f)**
4. Gason mete li sou chemiz yo. **(b)**
5. Fi mete li ak jip. **(c)**
6. Gason mete li pou abiye bwòdè. **(g)**
7. Fi ak gason boukle li nan senti yo. **(d)**
8. Gason mete li nan pòch yo. **(j)**
9. Fi ak gason mete li nan pye yo. **(a)**
10. Gason mete li pou benyen sou plaj. **(e)**

1. Se soulye.
2. Se yon vès.
3. Se yon kòsaj.
4. Se yon sentiwon.
5. Se chòt de beny.
6. Se chapo oswa kepi.
7. Se yon kostim.
8. Se chosèt.
9. Se yon kilòt oswa pantalèt.
10. Se yon bous.

D. Ki etidyan ki mete rad sa yo? Look at your classmates and say who is wearing the following clothes today. Provide the name of a classmate as in the example.

ANSWERS VARY FOR THIS OPEN QUESTION EXERCISE

Example: Se Andre ki mete pantalon twal, chemiz ak soulye.

E. Ki jan pou nou abiye? What do you normally wear for each of the following situations? Answer with a complete sentence as in the example.

Example: Pou ale nan sinema.
Answer: Pou ale nan sinema, *mwen mete yon djin, yon mayo ak sandal oswa tenis.*

1. Pou ale benyen nan lanmè (*beach*). → *Pou ale benyen nan lanmè, mwen mete bout pantalon, mayo avèk sandal.*
2. Pou ale fè espò tankou jwe baskètbòl. → *Pou ale fè espò tankou jwe baskètbòl, mwen mete mayo ak pantalon espò epi tenis.*
3. Pou ale nan restoran ak zanmi ou → *Pou ale nan restoran ak zanmi mwen, mwen mete pantalon long ak mayo epi sandal oswa soulye.*
4. Pou ale gade yon pyès teyat. → *Pou ale gade yon pyès teyat, mwen mete wòb long.*
5. Pou ale fè eski nan nèj (*snow*). → *Pou ale fè eski nan nèj, mwen mete chanday ak bòt nèj.*
6. Pou ale nan inivèsite a. → *Pou ale nan inivèsite a, mwen mete pantanlon long, mayo ak sandal oswa soulye.*

7. Pou ale nan travay. → *Pou ale nan travay, mwen mete pantalon long, kòsaj avèk tenis oswa soulye.*
8. Pou ale naje nan pisin. → *Pou ale nan pisin, mwen mete chòt de beny.*
9. Pou ale dòmi nan chanm ou. → *Pou ale dòmi nan chanm mwen, mwen mete wòb de nui.*
10. Pou ale nan yon maryaj. → *Pou ale nan yon maryaj, mwen mete bèl wòb long avèk bèl sandal talon kikit.*

F. **Ki rad etidyan yo mete jodi a?** Look at your classmates and say what type of clothing they wear today. Provide the name of a classmate, one piece of clothing she/he has on and the color of the clothing item. Follow the example.

<u>**ANSWERS VARY FOR THIS OPEN QUESTION EXERCISE**</u>

NON		RAD	KOULÈ
i. Mary	*mete*	*yon wòb*	*wouj.*

G. **E ou menm?** Answer the following questions in Kreyòl

1. Èske ou renmen ale achte epi mete bèl rad? Poukisa? → *Wi, mwen renmen ale achte epi mete bèl rad paske sa fè mwen santi mwen bèl anpil.*
2. Èske ou renmen lave ak pase rad sa yo? Poukisa? → *Mwen renmen lave, men mwen pa renmen pase rad yo paske mwen pa renmen itilize fè a repase.*
3. Kijan ou pito fè lesiv: ala men oswa ala machin? → *Mwen pito fè lesiv ala machin.*
4. Ki koulè prefere w? Poukisa? → *Mwen prefere koulè wouj, paske koulè sa a bèl.*
5. Ki kalite rad ou pi renmen mete? Poukisa? → *Mwen pi renmen mete wòb long paske mwen santi mwen chèlbè lè m mete yo.*

II. The adjectives of color and the indefinite article

ANNOU PRATIKE

A. **CD 1- 61 – Koute byen.** You will hear 10 statements about clothing. Listen to each statement, and then indicate whether you hear "*definite*" or "*indefinite*" nouns.

definite	indefinite		definite	indefinite
☑	☐	-	☐	☑
☑	☐	-	☐	☑
☑	☐	-	☑	☐
☐	☑	-	☑	☐
☐	☑	-	☐	☑

Fi a mete kilòt li anba jip li.
Andre mete soulye a.
Ti gason an mete slip la.
Wozlò achte yon wòb blan.
Se kilòt.

Li abiye bwòdè ak yon kostim.
Fi ak gason mete sentiwon.
Chal mete bous la nan pòch li.
Mimoz ap lave jip la.
Se yon kivèt.

B. Identify the following clothing items using an indefinite article like in the example.

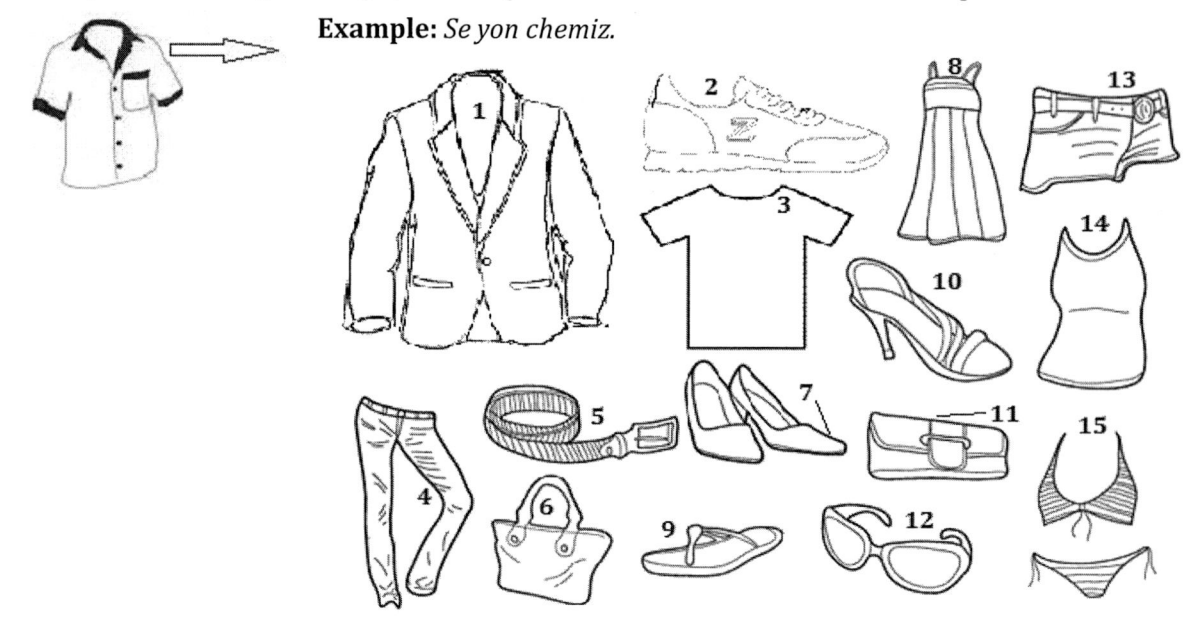

Example: *Se yon chemiz.*

2. *Se yon tenis*
3. *Se yon mayo*
4. *Se yon pantalon*
5. *Se yon sentiwon*
6. *Se yon valiz*
7. *Se yon pè soulye*
8. *Se yon wòb*
9. *Se yon sapat*
10. *Se yon sandal*
11. *Se yon bous.*
12. *Se yon linèt.*
13. *Se yon bout pantalon.*
14. *Se yon kòsaj.*
15. *Se yon chòt de beny.*

C. Change the underlined nouns in the following sentences to the plural form.

- Madanm nan eseye <u>pantalèt yo</u>.
- Andre mete <u>soulye yo</u>.
- Ti gason an bliye <u>slip yo</u>.
- Wozlò achte <u>wòb yo</u>.
- Se <u>kilòt</u>.
- Li achte <u>kostim yo</u>.
- Chal eseye <u>sentiwon yo</u>.
- Chal mete <u>bous yo</u> nan pòch li.
- Mimoz ap lave <u>jip</u>.
- Se <u>kivèt</u>.

D. Konbyen ou genyen? Answer to the following questions about your belongings.

<u>**ANSWERS VARY FOR THIS OPEN QUESTION EXERCISE**</u>

1. Konbyen kay fanmi ou genyen? → *Fanmi mwen genyen yon sèl kay.*
2. Konbyen twalèt ki gen nan kay la? → *Genyen yon sèl twalèt nan kay la.*
3. Konbyen plaka ou genyen nan chanm ou? → *Genyen yon sèl plaka nan chanm mwen an.*
4. Konbyen machin ou genyen? → *Mwen genyen yon sèl machin.*
5. Konbyen machin papa ou genyen? → *Papa mwen genyen de machin.*
6. Konbyen sentiwon ou genyen? → *Mwen genyen de sentiwon.*
7. Konbyen kostim ou genyen? → *Mwen genyen 3 kostim.*
8. Konbyen pè soulye ou genyen? → *Mwen genyen 3 pè soulye.*

III. The consonant /g/

CD 1- 63 – Yon ti dikte. Listen carefully and write down the missing words.

Example: *You hear* → Ban m yon ti _____ non monchè.
You write → Ban m yon ti **gwòg** non monchè.

1. Yo vann dwòg nan Magazen sa a.
2. Granmoun nan ap gade televizyon.
3. Gid sa yo renmen bay blag.
4. Glas la fè dlo a glase.
5. Yo te grave non m sou gita sa a.
6. Lari a glise anpil.
7. Gwòg la pa kab desann nan gòj mwen.
8. Èske yo ba w garanti sou bag la?
9. Gade kouman l ap griye vyann nan.
10. Ti gason an ge paske l gen ven goud.

CD 1- 64 – *De magazen kote yo vann rad ak soulye*

Premye magazen an rele Kadis. Se yon gwo magazen kote boujwa al achte paske bagay yo chè anpil. Ou jwenn tout kalite rad fi ak gason nan Kadis. Yo gen rad pou mete toulejou, yo gen rad pou abiye bwòdè, epi ak rad pou fè espò. Yo vann tout kalite bijou ajan, lò ak dyaman. Yo vann chenn, kolye, bag, zanno ak mont. Sèl bagay, yo pa gen bèl soulye ak sandal.

Dezyèm magazen an rele Dèlma de mil. Magazen sa pi popilè paske bagay yo pa tèlman chè. Anpil moun ale nan magazen sa a pou achte rad ak soulye. Yo pa vann bijou dyaman nan Dèlma de mil. Men ou kab jwenn mont ak kèk bijou an ajan. Yo gen bèl kostim ak wòb pou abiye bwòdè. Yo vann bèl soulye ak sandal bon mache. Gen anpil bagay pou pri piyay nan magazen sa a.
    1. Check what one can find in each store as Chal describes them.

	KADIS	DÈLMA DE MIL
Yo vann chè anpil.	√	
Bagay yo bon mache.		√
Se magazen boujwa.	√	
Se magazen pèp.		√
Gen anpil soulye ak sandal.		√
Pa gen anpil soulye ak sandal.	√	
Yo vann bijou dyaman.	√	
Yo vann bijou ki pa chè.		√
Yo gen bèl kostim.		√
Yo pa vann bijou dyaman.		√

Answer key for exercises in chapter 3, Leson 2 : *Gwo van ti lapli!*

I. **Kijan tan an ye?**

🔊 **CD 1- 65 – DYALÒG - ANNOU TCHEKE SI NOU KONPRANN DYALÒG LA**

➢ **Answer the following questions in English according to the dialogue.**

1. Èske Wozlò ak Filip ap pase lindemyèl yo sou bato? Poukisa? → *Non, yo pa t pase lindemyèl yo sou bato paske te genyen move tan.*
2. Èske Filip te koute meteyo nan radyo? → *Non, Filip pa t koute meteyo.*
3. Èske Wozlò ak Filip ap kondui ale nan vil Okay? Poukisa? → *Non, yo pa t kondui ale nan vil Okay, paske te genyen twòp lapli.*
4. Ki kote Wozlò ak Filip ap pase lindemyèl yo alafen? → *Alafen, Wozlò ak Filip ap pase lindemyèl yo nan otèl Montana.*
5. Èske Wozlò kwè Filip ap mennen l nan kwazyè Bayamas? Poukisa? → *Non, Wozlò pa kwè Filip ap mennen l nan kwazyè Bayamas la, paske li panse Filip pa genyen lajan, epi Filip renmen pale met la.*

ANNOU PRATIKE

🔊 **A. CD 1- 66 – Koute byen. Bilten meteyo.** Listen to the weather forecast and answer the following questions by ticking **Vrè** or **Fo**.

Jodi a, vandredi 21 mas, sezon prentan an koumanse. Tanperati a 28 degre santigrad. Pa gen van men gen kèk nyaj nan syèl la.
Men meteyo pou wikenn nan: Samdi ap gen bèl solèy sou tout peyi a; l ap fè cho anpil. Tanperati a ap varye ant 29 e 31 degre santigrad. Li kab menm monte jiska 34 degre nan vil kotyè yo. Dimanch tanperati a ap fè yon ti desann. L ap varye ant 25 e 27 degre. Men, tan an p ap tèlman agreyab paske lapli pral tonbe tout jounen an. Kidonk pa bliye parapli ak padesi nou

	Vrè	Fo
1. Se sezon ivè	☐	☑
2. Sezon prentan an ap koumanse 21 mas.	☑	☐
3. Li fè 28 degre santigrad jodi vandredi a.	☑	☐
4. Pa gen van jodi vandredi a.	☑	☐
5. P ap gen solèy nan peyi a nan samdi.	☐	☑
6. L ap fè cho anpil nan samdi.	☑	☐
7. Fòk nou itilize parapli ak padesi nou nan samdi.	☐	☑
8. Lapli pral tonbe tout jounen an nan dimanch.	☑	☐
9. Tanperati a ap varye ant 29 e 31 degre nan samdi.	☑	☐
10. Tan ap agreyab anpil nan dimanch.	☐	☑

B. **Ki sezon oswa kijan tan an ye?** Match column one to column two as in the example.
   Example: - Li fè cho anpil. → **Answer:** Se sezon ete.

   1. Lapli tonbe anpil; gen gwo dlo. **(e)**
   2. Lapli pa janm tonbe; sous dlo yo sèch. **(h)**
   3. Solèy la klere; li fè cho anpil. **(b)**
   4. Loray ap gwonde; gen gwo van. **(c)**
   5. Syèl la kouvri ak nyaj; lapli pral tonbe. **(j)**
   6. Li fè frèt anpil; lanèj ap tonbe. **(a)**
   7. Tout fèy pyebwa yo tonbe. **(g)**
   8. Pyebwa yo rekoumanse fè fèy ak flè. **(f)**
   9. Sous ak rivyè gen anpil dlo pou wouze jaden. **(d)**
   10. Lapli ap tonbe deyò a. **(i)**

   a) Se sezon ivè.
   b) Nou mete rad lèjè ak chapo pay.
   c) Gen move tan.
   d) Se sezon lapli.
   e) Se inondasyon/lavalas.
   f) Se sezon prentan.
   g) Se sezon otòn.
   h) Se sezon sèk.
   i) Moun yo louvri yon parapli.
   j) Tan an mare.

C. **Ki kalite rad nou mete nan sezon ak tan sa yo?** What kind of clothes do you normally wear in the following seasons and weather conditions?
   Example: Se sezon ete; li fè cho. → **Answer:** Mwen mete rad lejè tankou chòt ak mayo.

   ANSWERS VARY FOR THIS OPEN QUESTION EXERCISE

   1. Lapli ap tonbe anpil; → *Mwen mete padesi epi mwen itilize parapli.*
   2. Solèy la klere; li fè cho anpil. → *Mwen mete rad dekòlte epi mwen mete chapo pay.*
   3. Gen fredi; lanèj ap tonbe. → *Mwen mete gwo manto ak bòt lanèj.*
   4. Li fè fre; tanperati a 20 degre. → *Mwen mete chanday.*
   5. Se sezon ivè, li fè frèt anpil. → *Mwen mete gwo manto ak foula nan kou mwen.*
   6. Gen chalè; solèy la cho. → *Mwen mete chòt ak mayo epi sapat ak chapo pay.*

D. **E ou menm?** Ask your partner the following questions.

   ANSWERS VARY FOR THIS OPEN QUESTION EXERCISE

   1. *Kijan tan an ye jodi a?* → *Tan an mare, loraj ak gwonde, lapli gen lè pral tonbe.*
   2. *Èske li fè cho jodi a?* → *Wi, li fè cho anpil jodi a.*
   3. *Kijan tan an ye nan peyi ou nan sezon otòn?* → *Nan sezon otòn, li fè fre epi pyebwa yo vin jòn.*
   4. *Kijan tan an ye nan peyi ou nan sezon ivè?* → *Nan sezon Ivè, li fè frèt anpil, epi lanèj tonbe.*
   5. *Èske ou renmen lè li fè cho oswa lè li fè frèt? Poukisa?* → *Mwen renmen lè li fè cho paske mwen renmen ale nan lanmè.*
   6. *Èske ou kapab fè eski nan peyi ou? Poukisa?* → *Non, mwen pa ka fè eski nan peyi mwen paske pa genyen lanèj.*
   7. *Ki sezon ou pi renmen? Poukisa?* → *Mwen pi renmen sezon ete paske mwen renmen vakans.*
   8. *Kisa ou renmen fè lè lapli ap tonbe?* → *Mwen renmen dòmi lè lapli ap tonbe.*

II. The definite article

ANNOU PRATIKE

A. **CD 1- 67– Koute byen.** You will hear 10 statements about clothing. Listen to each statement, and then indicate whether you hear "*definite*" or "*indefinite*" nouns.

	definite	indefinite		definite	indefinite
1.	☑	☐	6.	☐	☑
2.	☑	☐	7.	☑	☐
3.	☑	☐	8.	☐	☑
4.	☑	☐	9.	☑	☐
5.	☐	☑	10.	☑	☐

1. Lasèt soulye a demare.
2. Rad yo sal anpil.
3. Li prale chache dlo a ak savon an.
4. L ap tann pantalon yo.
5. Li achte yon bèl chemiz.
6. Gen anpil rad pou lave.
7. L ap rense jip la ak dlo a.
8. M bezwen fè pou m pase yon wòb.
9. Kote fè a ye?
10. M chache nan plaka a , m pa wè l.

B. Sengilye oswa Pliryèl? Indicate whether the underlined nouns in the following sentences are "*singular*" or "*plural*".

1. L ap siye <u>soulye yo</u>. → **Plural.**
2. Wozlò achte <u>rad</u>. → **Plural.**
3. Gen <u>anpil kostim</u> nan <u>magazen an</u>. → **Plural; Singular.**
4. Andre pa pran <u>kravat yo</u>. → **Plural.**
5. Ti <u>gason an</u> ap zipe pantalon li. → **Singular.**
6. Anayiz ap tòde <u>mayo a</u>. → **Singular.**
7. <u>Fi a</u> ap koud <u>rad yo</u>. → **Singular; Plural.**
8. Mari renmen jip li <u>achte a</u>. → **Singular.**
9. Li deboutonnen <u>chemiz lan</u>. → **Singular.**
10. Ou bezwen deboukle <u>sentiwon an</u>. → **Singular.**
11. <u>Mont lan</u> an pàn; li pa bay lè ankò. → **Singular.**
12. Nan ki ri magazen <u>rad la</u> ye? → **Singular.**
13. Yo pa vle wè <u>rad</u> sou <u>kabann nan</u>. → **Plural ; Singular.**
14. Se pou ou mete <u>manto a</u> paske l fè frèt. → **Singular.**

62 The definite article

C. **Ki fonèm ki nan fen mo sa yo?** Indicate the phonetic nature of the last sound segment (s) of the following nouns. These segments are underlined. Then add the correct form of the definite article to each of them.

Example 1: machi<u>n</u> → **Answer**: The last segment is a nasal consonant: ***machin nan***
Example 2: kay<u>e</u> → **Answer**: The last segment is an oral vowel: ***kaye a***
Example 3: d<u>ans</u> → **Answer**: The last segment a non nasal consonant preceded by a nasal vowel: ***dans lan***
Example 4: d<u>an</u> → **Answer**: The last segment is a nasal vowel: ***dan an***
Example 5: ka<u>y</u> → **Answer**: The last segment is a non nasal consonant: ***kay la***

1. mou<u>n</u> → The last segment is a nasal consonant: **moun nan**
2. pli<u>m</u> → The last segment is a nasal consonant: **plim nan**
3. p<u>onp</u> → The last segment is a non nasal consonant preceded by a nasal vowel: **ponp lan**
4. s<u>ant</u> → The last segment is a non nasal consonant preceded by a nasal vowel **sant lan**
5. ka<u>y</u> → The last segment is a non nasal consonant: **kay la**
6. gla<u>s</u> → The last segment is a non nasal consonant: **glas la**
7. rè<u>g</u> → The last segment is a non nasal consonant: **règ la**
8. lendep<u>ans</u> → The last segment is a non nasal consonant preceded by a nasal vowel: **lendepandans lan**
9. lora<u>y</u> → The last segment is a non nasal consonant: **loray la**
10. tòna<u>d</u> → The last segment is a non nasal consonant: **tònad la**
11. cha<u>t</u> → The last segment is a non nasal consonant: **chat la**
12. pl<u>ant</u> → The last segment is a non nasal consonant preceded by a nasal vowel: **plant lan**
13. inondasy<u>on</u> → The last segment is a nasal vowel: **inondasyon an**
14. siklò<u>n</u> → The last segment is a nasal consonant: **siklòn nan**
15. v<u>an</u> → The last segment is a nasal vowel: **van an**
16. fred<u>i</u> → The last segment is an oral vowel: **fredi a**
17. bij<u>ou</u> → The last segment is an oral vowel: **bijou a**
18. lanm<u>è</u> → The last segment is an oral vowel: **lanmè a**
19. may<u>o</u> → The last segment is an oral vowel: **mayo a**
20. brouy<u>a</u> → The last segment is an oral vowel: **brouya a**
21. lanè<u>j</u> → The last segment is a non nasal consonant: **lanèj lan**
22. p<u>en</u> → The last segment is a nasal vowel: **pen an**
23. zò<u>n</u> → The last segment is a nasal consonant: **zòn nan**
24. fan<u>m</u> → The last segment is a nasal consonant: **fanm nan**

D. **Fill in the blank with the correct singular form of the definite article.**

Example: Plim_____ nan valiz_____ ki sou biwo_____.
Answer: Plim **nan** nan valiz **la** ki sou biwo **a**.

1. Plim __**nan**__ se pou pwofesè __**a**__.
2. Chen __**an**__ chita anba pyebwa __**a**__.
3. Flè __**a**__ sou machin __**nan**__.
4. Solèy __**la**__ pi klere pase lalin __**nan**__.
5. Fanm gwo vant __**lan**__ akouche jodi a.
6. Kabann __**nan**__ twò gwo pou chanm __**nan**__.
7. Van __**an**__ t ap vante maten __**an**__.
8. Chalè __**a**__ oblije nou mete rad lejè.

E. **Annou pote plis presizyon!** Make the nouns more specific by answering the following questions with the correct form of the definite article. Follow the example.

Example: Se yon pantalon? → **Answer:** Wi, Se pantalon <u>an</u>.

1. Se yon soutyen? → Wi, se soutyen <u>an</u>.
2. Se yon kuizin? → Wi, se kuizin <u>nan</u>.
3. Se yon machin a koud? → Wi, se machin ak koud <u>la</u>.
4. Se rad? → Wi, se rad <u>la</u>.
5. Se yon kilòt ? → Wi, se kilòt <u>la</u>.
6. Se chosèt? → Wi, se chosèt <u>la</u>.
7. Se yon bous? → Wi, se bous <u>la</u>.
8. Se tenis? → Wi, se tenis <u>lan</u>.
9. Se yon bout kanson? → Wi, se bout kanson <u>an</u>.
10. Se yon sandal? → Wi, se sandal <u>la</u>.

F. Kesyon / Repons – Ask questions with the two words provided. Ask a classmate the questions. Your classmate must answer using the correct form of the singular definite article according to the example.

Example: plim / kaye
 Question: Kote plim nan? → *Answer:* Plim **nan** nan sou kaye **a**.
1. Kote dra a? → Dra **a** sou kabann **nan**.
2. Kote liv yo ? → Liv **yo** sou etajè **a**.
3. Kote abajou a ? → Abajou **a** sou ti tab **la**.
4. Kote òdinatè a ? → Odinatè **a** sou biwo **a**.
5. Kote fè a ? → Fè **a** sou planchèt **la**.
6. Kote chodyè a? → Chodyè **a** sou recho **a**.
7. Kote bwòsdan an? → Bwòsdan **an** sou lavabo **a**.
8. Kote chat la ? → Chat **la** sou chèz **la**.

III. The consonant /j/

CD 1- 70– *Yon ti dikte*. *Listen carefully and write down the missing words.*

Example: *You hear* → _____ a fè _____ a bon.
 You write → Magi a fè manje a bon.

1. **Fwomaj** gouda a gen bon **gou**.
2. **Gi** renmen bwè **ji** kowosòl.
3. **Jòj** se yon nèg ki byen **janti**.
4. **Lajè** nèg sa a pa ka al nan **lagè**.
5. **Jazon** ap taye **gazon** an.
6. **Ji** a byen desann nan **gòj Jòj**.
7. Misye **gante** men l pou l **jante** kawotchou a.
8. Ti **nèg** pa janm renmen **nèj**.
9. Jou **Magi** fè jouda, l ap **jwenn** avè m.
10. Sajès pa **gen** jipon anba **jip** li.

Answer key for exercises in chapter 3, Leson 3 : *Katastwòf natirèl*

I. Kèk katastwòf natirèl ak pwoblèm atmosferik

ANNOU TCHEKE SI NOU KONPRANN DYALÒG LA

➢ **Answer the following questions in English according to the dialogue.**

1. Nan ki dat tranblemanntè a te pase? → *Tranblemanntè a te pase 12 Janvye.*
2. Ki kote Wozlò te ye lè tranblemanntè a te pase? → *Wozlò te nan fakilte lenguistik la.*
3. Ki aktivite Wozlò t ap fè lè tranblemanntè a te pase? → *Lè tranblemanntè a, li t ap suiv yon kou.*
4. Kisa k te rive pwofesè ak etidyan yo? → *Pifò pwofesè ak etidyan yo te mouri.*
5. Kisa k fè Wozlò pa mouri ? → *Se Bondye ki sove Wozlò ki fè li pa mouri.*

ANNOU PRATIKE

A. 🔊 **CD 1- 72 - Koute byen. Vrè oswa Fo?** You will hear 10 statements about bad weather and natural disasters. Listen and choose *Vrè* or *Fo*.

	Vrè	Fo		Vrè	Fo
1.	☐	☐√	6.	☐√	☐
2.	☐√	☐	7.	☐√	☐
3.	☐√	☐	8.	☐	☐√
4.	☐√	☐	9.	☐	☐√
5.	☐	☐√	10.	☐√	☐

1. Lapli tonbe anpil nan sezon sechrès.
2. Glismanntèren kab koze eboulman wòch ak tè.
3. Tranblemanntè kab fè latè sekwe jouk kay yo kraze.
4. Yon sounami se gwo lam lanmè ki kab anvayi latè.
5. Yon siklòn pi piti pase yon tanpèt.
6. Yon siklòn se yon gwo van rapid k ap vire tou won.
7. Debwazman kab lakòz sechrès ak ewozyon.
8. Toujou gen anpil tanpètnèj ann Ayiti.
9. Yon tònad konn krache dife ak lav.
10. Lagrèl se moso glas k ap tonbe sot nan syèl la.

B. Ki katastwòf natirèl sa a? Match column one to column two as in the example.

Example: - **1.** Siklòn → **Answer: k)** Se gwo van sikilè ki vini ak lapli, loray ak zèklè.

1. Siklòn → **(k)**   a) Se anpil moso glas k ap tonbe sot nan syèl la.
2. Dife → **(f)**   b) Ou jwenn sa nan dezè kote ki pa gen dlo.
3. Glismann teren → **(h)**   c) Sa kapab fè latè sekwe jouk kay yo tonbe kraze.
4. Vòlkan → **(e)**   d) Se yon depresyon ki pi piti pase yon siklòn.
5. Sounami → **(j)**   e) Se yon twou nan tè a ki konn krache dife ak lav.
6. Inondasyon → **(i)**   f) Sa kapab boule kay ou ak tou sa ou genyen.
7. Sechrès → **(b)**   g) Se yon tanpèt ou jwenn nan peyi fredi.
8. Lagrèl → **(a)**   h) sa kab koze eboulman wòch ak tè.
9. Tranblemanntè → **(c)**   i) se gwo dlo ki kapab kouvri latè.
10. Tanpèt → **(d)**   j) se gwo vag lanmè ki kapab koze inondasyon.
11. Tanpèt nèj → **(g)**   k) se gwo van sikilè avèk lapli, loray epi zèklè.

C. Ann reponn kesyon! Your classmate is asking a lot of questions about natural disasters. Answer with complete sentences.

Example: Èske ou anvi fè eksperyans tranblemanntè? Poukisa?
Possible answer: *Non, m pa anvi paske tranblemanntè kapab touye moun.*

ANSWERS VARY FOR THIS OPEN QUESTION EXERCISE

1. Kisa ki kapab koze eboulman wòch ak tè? → *Debwazman, lè yo koupe twòp pyebwa.*
2. Èske konn gen tanpètnèj nan peyi ou? → *Non, pa konn genyen tanpèt nèj nan peyi mwen.*
3. Kisa yon sounami ye? → *Sounami se gwo vag lanmè ki ka koze inondasyon yon kote.*
4. Èske ou wè lagrèl deja? → *Wi, mwen wè lagrèl deja.*

5. Kisa ki pi gwo: yon tanpèt oswa yon siklòn? → *Yon siklòn pi gwo pase yon tanpèt.*
6. Kisa ki kapab koze sechrès? → *Lè nou koupe twòp pyebwa.*
7. Èske konn gen tanpètnèj nan peyi chalè? Poukisa? → *Non, pa janm genyen tanpètnèj nan peyi chalè.*
8. Kisa ki konn krache dife ak lav? → *Se volkan konn krache dife ak lav.*

II. The Noun: gender and number

ANNOU PRATIKE

A. **Non pwòp oswa non komen?** Draw one line under the proper nouns and two lines under the common nouns to identify them in the following sentences.

   Example: Dife pa koze dega souvan ann Ayiti.

   1. Dife pa koze dega souvan ann Ayiti.
   2. Toujou gen inondasyon Gonayiv.
   3. Bòb Male te konn jwe mizik rege.
   4. Doktè Maten Litè Kinn te gen yon rèv.
   5. Obama se premye prezidan nwa ameriken.
   6. Yo prale Pòtoprens mwa pwochen.
   7. Ti Manno te konn chante mizik ayisyen.
   8. Televizyon an se pou Wozlò li ye.
   9. Siklòn nan ravaje vil Okay.
   10. Tranblemanntè a fè anpil dega nan vil Pòtoprens.
   11. Lagrèl pa tonbe souvan ann Ayiti.

B. **Sengilye oswa Pliryèl?** Draw one line under singular nouns and two lines under plural nouns in each of the following sentences.

   Example: Se lavalas la ki charye wòch yo met nan lari a.

   1. Gen anpil byè nan frijidè a.
   2. Siklòn nan kraze tout kay yo.
   3. Syèl la kouvri ak nyaj.
   4. Machin nan gen twòp moun.
   5. Gen douz kodak nan magazen an.
   6. Kòlgat la netwaye dan yo byen.
   7. Gen plizyè tranblemanntè ki pase deja ann Ayiti.
   8. Albèto gen twa pitit : yon gason ak de fi.
   9. Tanpèt ak siklòn se depresyon atmosferik yo ye.
   10. Sechrès se yon katastwòf natirèl debwazman koze.

C. Jwenn non ak adjektif feminen yo. Provide the feminine form for each of the following nouns which refer to male persons or animals.

Example: Nonm → **Answer:** *Fanm*

1. mari → *madanm*
2. bòfrè → *bèlsè*
3. bòpè → *bèlmè*
4. granpè → *granmè*
5. kouzen → *kouzin*
6. monnonk → *matant*
7. oungan → *manbo*
8. Kanadyen → *kanadyèn*
9. neve → *nyès*
10. volè → *volèz*
11. travayè → *travayèz*
12. parenn → *marenn*
13. gason → *fi*
14. bòs tayè → *koutiryèz*
15. mal kabrit → *manman kabrit*
16. manman poul → *kòk*

D. Mete non yo opliryèl. Change the underlined segments into plural in the following sentences. Pay attention to the article used with each noun before making the changes.

1. <u>Tranblemanntè a</u> te fè anpil dega nan vil Pòtoprens. → <u>Tranblemanntè yo</u> te fè anpil dega nan vil Pòtoprens.
2. Gen <u>yon siklòn</u> nan vil Okap. → Gen <u>siklòn</u> nan vil Okap.
3. Gen <u>yon plim</u> nan <u>valiz la</u>. → Gen <u>plim</u> nan <u>valiz yo</u>.
4. Gen <u>yon sèl moun</u> nan <u>machin nan</u>. → Gen <u>plizyè moun</u> nan <u>machin yo</u>.
5. <u>Kòlgat la</u> netwaye <u>bouch la</u> byen. → <u>Kòlgat</u> netwaye <u>bouch</u> byen.
6. <u>Matiniken an</u> pale franse ak kreyòl. → <u>Matiniken yo</u> pale franse ak kreyòl.
7. <u>Siklòn nan</u> kraze tout <u>kay la</u>. → <u>Siklòn yo</u> kraze tout <u>kay yo</u>.
8. Kote <u>kodak la</u> ye? → Kote <u>kodak yo</u> ye?

E. Ann fè yon ti konvèsasyon! - Answer the following questions using full sentences.

ANSWERS VARY FOR THIS OPEN QUESTION EXERCISE

1. Konbyen elèv ki gen nan klas kreyòl la? → *Genyen 13 elèv nan klas kreyòl la.*
2. Konbyen pwofesè ki gen nan klas kreyòl la? → *Gen yon sèl pwofesè nan klas kreyòl la.*
3. Konbyen moun ki gen nan fanmi ou? → *Genyen 6 moun nan fanmi mwen.*
4. Konbyen pyès lakay ou genyen? → *Lakay mwen genyen kat pyès.*
5. Konbyen machin ou genyen? → *Mwen genyen yon sèl machin.*

III. The consonant /k/

CD 1-74 – Yon ti dikte. Listen carefully and write down the missing words.

Example: *You hear* → _____ kitèks _____ te achte a?
You write → <u>Kote</u> kitèks <u>Karin</u> te achte a?

1. Eske ou **konn** kouman pou w fè ji **kowosòl**?	6. Katrin ap swiv kou **fonetik** nan fakilte **lenguistik** aplike a.
2. **Kawotchou** ki nan kòf dèyè machin nan **kreve**.	7. Konpè **bourik** ak konpè **koulèv** toujou nan **kont**.
3. Kote **kokobe** ki konn **kanpe** nan **lakou** a?	8. Jaklin ka **kwit** manje nan **kwizin** nan.
4. Karin **kwoke** kèk **kilòt** anadan **kay** la.	9. Klòch **katedral** la sonnen chak **mèkredi** a **senkè**.
5. Yon **siklòn** se yon depresyon **atmosferik**.	10. **Vòlkan** an pa **krache** dife depi **senk** jou.

IV. Annou li

Lè ou fin li. Now you have read all these items, answer the following questions in English.

1. Three of the six articles are titles and three are first sentences. Identify them: which ones are titles and which ones are first sentences? →
    A. The titles are:
        1. Gwo tranblemanntè nan peyi Ayiti
        2. Yon gwo tranblemanntè ratibwaze Pòtoprens
        3. Vil Gonayiv anba dlo
    B. The first sentences are:
        1. Donatè entènasyonal yo ofri plizyè milyon dola pou ede viktim inondasyon yo epi pou rekonstwi vil Gonayiv.
        2. Prezidan Obama mande Kongrè Ameriken an yon fon lajan dijans pou ede Ayiti apre tranblemanntè 12 Janvye 2010 la.
        3. Konsila Ayisyen nan Miyami kontinye travay pou ede reskape tranblemanntè yo.
2. If your specific topic is "flooding in Haiti", which article would you read? →
    It would be : Vil Gonayiv anba dlo.
3. If your specific topic is "earhquake in Haiti", which article would you read? →
    I would read : Gwo tranblemanntè nan peyi Ayiti
4. If your specific topic is "response of the international community after the earthquake in Haiti", which article would you read? → *I would read: Prezidan Obama mande Kongrè Ameriken an yon fon lajan dijans pou ede Ayiti apre tranblemanntè 12 Janvye 2010 la.*
5. If your specific topic is "response of the international community after the flooding", which article would you read? → *I would read Donatè entènasyonal yo ofri plizyè milyon dola pou ede viktim inondasyon yo epi pou rekonstwi vil Gonayiv.*

Answer key for exercises in chapter 3, Leson 4 :
Ann sispann koupe pyebwa!

I. **Pwoblèm debwazman**

ANNOU TCHEKE SI NOU KONPRANN DYALÒG LA

➢ Answer the following questions in English according to the dialogue.

1. Ki moun ki pi parèt entèlijan: Jozafa, oswa Anatòl? Poukisa? → *Anatòl parèt pi entèlijan paske li konprann enpòtans pyebwa, epi li ede Jozafa konprann sa tou.*
2. Ki pwoblèm Jozafa genyen ak koze sispann koupe pyebwa a? → *Li pa konnen kijan li pral fè bay fanmi li manje.*
3. Èske nan kòmansman dyalòg la, Jozafa te konprann poukisa leta pa vle moun koupe pyebwa nan zòn nan? → *Non, Jozafa pa t konprann poukisa leta pa vle moun koupe pyebwa nan zòn nan nan kòmansman dyalòg la.*
4. Dapre sa Anatòl eksplike, poukisa leta pa vle moun koupe pyebwa nan zòn nan? → *Paske Pyebwa se youn nan bagay ki pi itil sou latè. Pyebwa gen yon enpòtans total kapital nan lavi moun ak bèt yo.*
5. Kilè pyebwa gen plis enpòtans: lè yo vivan oswa lè yo koupe? → *Pyebwa gen plis enpòtans lè yo vivan pase lè yo koupe yo.*
6. Ki enpòtans pyebwa genyen pou zwazo ak lòt bèt yo? → *Se pyebwa yo ki bay anpil zwazo ak lòt bèt manje ak kote pou yo fè nich yo.*
7. Lè yo koupe pyebwa, ki katastwòf natirèl sa ka koze? → *Lè yo koupe pyebwa, tè a vinn sèk, anyen p ap ka pouse ladan l, epi tout sous dlo yo ap vin sèch tou.*
8. Èske Jozafa te vin dakò ak Anatòl? Poukisa? → *Wi, Josafa te vin dakò ak Anatòl paske li te vin konprann enpòtans pyebwa genyen lè li nan tè a. Li wè Anatòl te gen rezon.*

ANNOU PRATIKE

A. CD 2- 2 – Koute byen. Rezon oswa Konsekans? You will hear 10 statements about causes and consequences of deforestation. Listen to each statement, and then indicate whether it is a *Rezon* or a *Konsekans* of deforestation.

	Rezon	Konsekans		Rezon	Konsekans
1.	☐	☐✓	6.	☐	☐✓
2.	☐✓	☐	7.	☐✓	☐
3.	☐	☐✓	8.	☐	☐✓
4.	☐	☐✓	9.	☐	☐✓
5.	☐	☐✓	10.	☐	☐✓

1. Chanjman klimatik
2. Bezwen enèjetik
3. Pèt biyodivèsite
4. Deranjman sik dlo a
5. Rechofman planèt la
6. Inondasyon
7. Konstwiksyon wout ak kay
8. Ewozyon latè
9. Lapli pa tonbe souvan.
10. Rivyè, ak sous dlo yo sèch.

B. Rezon ak konsekans deforestasyon - Match column one to column two as in the example provided.

Example: - **1.** chanjman klimatik → **Answer: e)** latè vin pi cho oswa pi frèt

1. chanjman klimatik **(e)**
2. bati kay **(a)**
3. deranjman sik dlo a **(b)**
4. fè chabon **(i)**
5. ewozyon latè **(d)**
6. fè papye **(j)**
7. inondasyon **(h)**
8. fè mèb **(k)**
9. pèt biyodivèsite **(c)**
10. fè wout **(g)**
11. kiltive latè **(f)**

a) pou moun rete
b) lapli pa tonbe menm jan
c) disparisyon plant ak bèt yo
d) lapli pote bon tè yo ale nan lanmè
e) latè vin pi cho oswa pi frèt
f) plante ak rekòlte
g) pou vwayaje vit
h) gwo dlo ki kouvri tout bagay
i) pou kuit manje
j) pou kaye ak liv
k) pou mete nan kay

C. Ann fè yon ti konvèsasyon! - Your classmate is asking a lot of questions about natural disasters. Answer with complete sentences.

Example: Èske moun koupe anpil pyebwa nan peyi ou? Poukisa?
Possible answer: *Wi, nan peyi m, yo koupe anpil pyebwa pou fè chabon.*

ANSWERS VARY FOR THIS OPEN QUESTION EXERCISE

1. Kisa "pèt biyodivèsite" vle di? → *Pèt biyodivèsite se lè tout plant ak bèt ki nan lanati yo disparèt.*
2. Ki konsekans chanjman klimatik kapab genyen sou anviwonnman an? → *Sa kapab fè late vin pi cho oswa pi frèt.*
3. Ak kisa yo fè chabon? → *Yo fè chabon avèk bwa.*
4. Kouman yo rele fenomèn lè lapli pote bon tè yo al nan lanmè a? → *Fenomèn lè lapli pote bon tè yo al nan lanmè a rele ewozyon.*
5. Kisa yo fè ak chabon? → *Yo fè manje ak chabon.*
6. Kijan yo rele fenomèn rechofman oswa refwadisman latè? → *Fenomèn rechofman oswa refwadisman latè rele klima.*
7. Kisa ki lakoz deranjman sik dlo a? → *Lè lapli pa tonbe menm jan an, lapli pa tonbe souvan.*
8. Kijan yo rele fenomèn lè lapli pa tonbe, sous yo sèch epi pa gen dlo? → *Fenomèn sa a rele sechrès.*

II. The demonstrative (singular and plural)

ANNOU PRATIKE

A. Kisa sa yo ye? Identify the following clothing items using the correct demonstrative determiner like in the examples.

EXAMPLES

      Sa a se yon mayo.   Sa yo se rad.   Sa a se yon chanday.

➤ *Name these clothing items according to the examples above:*

1. Sa a se yon chapo.
2. Sa yo se kilòt.
3. Sa yo se gan.
4. Sa a se yon pantalon.
5. Sa yo se chosèt.
6. Sa a se yon chemiz.
7. Sa a se yon kravat.
8. Sa yo se sandal.

B. Change the underlined singular elements in the following sentences to the plural.

1. Tranblemanntè sa a te vin pou touye tout Ayisyen. → Tranblemanntè sa yo te vin pou touye tout Ayisyen.
2. Andre mete soulye sa a. → Andre mete soulye sa yo.
3. Ti gason an mete slip sila a. → Ti gason an mete slip sila yo.
4. Sa a se yon wòb. → Sa yo se wòb.
5. Sa a se kilòt la. → Sa yo se kilòt.
6. Li mete tenis sa a nan pye l. → Li mete tenis sa yo nan pye l.
7. Chal mete sentiwon an. → Chal mete sentiwon.
8. Chal chwazi bous sa a. → Chal chwazi bous sa yo.
9. Sa a se gwo van an. → Sa yo se gwo van.
10. Sa a se yon siklòn. → Sa yo se siklòn.

C. Ann pote plis presizyon! Replace the definite or indefinite article of the underlined nouns by the correct form of the demonstrative determiner.

Example: - Pa achte soulye yo. → **Answer:** *Pa achte soulye sa yo.*

1. Fè atansyon ak gwo van an. → Fè atansyon ak gwo *van sa a*.
2. Siklòn yo pral fè anpil dega. → *Siklòn sa yo* pral fè anpil dega.
3. Inondasyon an touye plis pase de mil moun. → *Inondasyon sa a* touye plis pase de mil moun.
4. A kilè tranblemanntè a te pase? → A kilè *tranblemanntè sa a* te pase?
5. Etenn dife a. → Etenn *dife sa a*.
6. Tònad la vini ak gwo van, loray epi lapli. → *Tònad sa a* vini ak gwo van, loray epi lapli.
7. Se peyizan yo ki koupe pyebwa a pou fè chabon. → Se *peyizan sa yo* ki koupe pyebwa a pou fè chabon.
8. Debwazman lakòz lanmò zwazo yo. → Debwazman lakòz lanmò *zwazo sa yo*.

III. The consonant /m/ and /n/

ANNOU PRATIKE

🔊 **CD 2-4 – Yon ti dikte.** Listen carefully and write down the missing words.

Example: *You hear* → Madanm nan pa _____ banm _____ timoun yo.
You write → Madanm nan pa <u>janm</u> banm <u>mayo</u> timoun yo.

1. Madan Masèl se **fanm** ki konn manyen **manm** gason.
2. Siklòn Alèn te bay **moun** Okay anpil **pwoblèm** nan **lane** 1980.
3. Jaklin di **chanjman** klimatik la se **debwazman** ki lakòz li.
4. Malèn ap **monte** Marigo **semenn** pwochenn pou l al wè **marenn** li.
5. Matla ki sou **kabann** michou an pa bon **menm**.
6. **Machann** bannann nan konn **vann** mayi **moulen** tou.
7. **Machin** sa a ap kouri tout **boulin** nan **komin** nan.
8. **Vèmin** ki rele **Mimin** nan se yon **jenn** limenna.
9. Grenn **pwomennen** pa janm **dòmi** san soupe.
10. Mayi ak **pitimi** se manje **moun** achte pou ti **monnen**.

IV. Annou koute

CD 2-5 – *Fenomèn debwazman ann Ayiti*

Selection 1.
Gwo lapli ki te tonbe nan kapital la yè apremidi dimanch 5 janvye a te fè anpil dega nan zòn Kafoufèy. Gwo lapli sa a, te pwovoke glismanntèren, lavalas ak inondasyon ki lakòz malè anpil moun nan rejyon metwopolitèn nan. Dapre otorite yo, sanble ta genyen plis pase 40 kretyen vivan ki blese epi ak 7 lòt ki pèdi lavi yo. Gwo katastwòf natirèl sa a, te fè pèp Kafoufèy la mobilize pou mande otorite yo fè travay yo. Manifestan yo mande pou otorite yo entèdi kamyon ki toutlasentjounen pral pran sab nan tèt Mòn Lopital la. Anplis, moun yo egzije pou Leta mete sou pye yon pwogram rebwazman nan zòn nan.

Se Frenand Leger pou radyo *"Pawòl Lakay"*. Mèsi.

Selection 2.
Mezanmi! Apa lapli a pa janm tonbe! Sechrès ap fin touye nou wi nan peyi Dayiti.

Se debwazman ki lakòz sechrès. Pyebwa se lavi! Nou pa gen dwa koupe yo.
Sispann kwit manje ak chabon bwa. Sèvi ak Bip Ti Cheri, yon recho gaz pwopàn total kapital. Li pwòp, li ekonomik epi l ap kwit manje nou byen vit. Bip Ti Cheri se solisyon pou pwoblèm debwazman ann Ayiti.

❖ **Lè ou fin koute.** Work in groups of three or four to answer the following questions in Kreyòl about the two recordings.

1. What is the genre of each the two selections? Justify your answer. → *The first one is a wheather report and the second one is publicity for a product.*
2. Suggest a title for each selection. Provide the titles in Kreyòl. → ***Selection 1** : Katastwòf natirèl nan Pòtoprens* ; ***Selection 1** : Bip Ti Cheri*
3. Ki dat epi ki kote gwo lapli a te tonbe? → *Gwo lapli ki te tonbe nan kapital la epi nan dimanch 5 janvye.*

4. Ki katastwòf natirèl gwo lapli a te koze nan anviwonman an? → *Glismanntèren, lavalas ak inondasyon.*
5. Konbyen moun katastwòf natirèl sa yo te touye epi blese? → *7 moun mouri epi* plis pase 40 te blese.
6. Ki reyaksyon moun yo apre sa k te pase a? → *Yo te fè manifestasyon pou*
7. Kisa moun yo te reklame nan mouvman revandikasyon yo a. → *Yo te egzije Leta mete sou pye yon pwogram rebwazman nan zòn nan.*
8. Ki kalite eksepsyonèl recho Bip Ti Cheri a genyen? → *Li pwòp, li ekonomik epi l ap kwit manje nou byen vit*

Dosye sosyoekolojik: *Ecological issues in Haiti*

❖ **Pandan w ap li.** How would you translate the following sentences from the text into English? Use the glossary of your textbook, your dictionnary and the strategies and techniques you learned to translate these sentences as accurately as possible.

1. *Ayiti se yon peyi ki gen anpil pwoblèm ekolojik.* → **Haiti is a country with many ecological issues.**
2. *Pandan peryòd soti 2000 pou rive 2010 la, plizyè katastwòf natirèl, tankou inondasyon, lavalas ak siklòn, frape peyi Ayiti.* → **Haiti had been hit by several natural disasters, such as floodings and huricanes from 2000 to 2010.**
3. *Nan apremidi 12 janvye 2010, yon kokennchenn tranblemanntè mayitid 7.2 te devaste Pòtoprens ak pifò vil ki antoure l yo.* → **A 7.2 magnitude earthquake devasted Port – au –Prince and surroundings communities on the afternoon of January 12ᵗʰ 2010.**
4. *Si Leta ayisyen an te gen plis mwayen lojistik ak ekonomik, ta petèt gen mwens viktim lè katastwòf natirèl yo frape peyi a.* → **If the Haitian government was logistically and financially secured, perhaps, the country would have been less damaged by natural disasters.**
5. *Se fenomèn debwazman an ki genlè responsab malè pèp ayisyen an.* → **Apparently, deforestation is the main cause of the Haitians' problem.**

❖ **Lè ou fin li.** Work in groups of three or four to answer the following questions about the text. Answer using the language in which each question is asked. Depending on the question, you might need to skim or scan the text again to answer.

1. What is the main idea of each paragraph? Justify your answer. →
   - Paragraph 1 : **Haiti has had many ecological issues prior to the earthquake.**
   - Paragraph 2 : **Haiti had been hit by several natural disasters, such as floodings and huricanes from 2000 to 2010.**
   - Paragraph 3 : **A 7.2 magnitude earthquake devasted Port – au –Prince and surroundings communities on the afternoon of January 12ᵗʰ 2010.**
   - Paragraph 4 : **If the Haitian government was logistically and financially secured, perhaps, the country would have been less damaged by natural disasters.**
   - Paragraph 5 : **Apparently, deforestation is the main cause of the Haitians' problem.**
2. Suggest a title for each paragraph. Provide the titles in Kreyòl. →
   - Paragraph 1 : **Pwoblèm ekolojik ann Ayiti anvan tranblemanntè 12 janvye a**

- Paragraph 2 : *Katastwòf natirèl ann Ayiti ant lane 2000 epi lane 2010*
- Paragraph 3 : *Yon tranblemanntè mayitid 7.2 devaste Pòtoprens*
- Paragraph 4 : *Leta ayisyen pa gen mwayen pou pwoteje popilasyon an*
- Paragraph 5 : *Fenomèn debwazman koze anpil pwoblèm ekolojik ann Ayiti*

3. Ki kalite katastwòf natirèl ki te genyen anvan tranblemanntè a? → *Inondasyon, lavalas ak siklòn.*
4. Nan ki ane te gen plis siklòn ki koze pwoblèm ann Ayiti? → *Nan lane 2004 ak 2008.*
5. Konbyen siklòn ki devaste Ayiti nan lane 2008? → *Kat siklòn (Fay, Gustave, Hanna and Ike).*
6. Anplis Pòtoprens, ki lòt vil tranblemanntè 12 janvye a te ravaje? → *Leyogàn, Tigwav ak Lagonav.*
7. Konbyen moun ki te sinistre akòz tranblemanntè 12 janvye a? → *1 500 000 moun.*
8. Èske Ayisyen sispann koupe pyebwa kounye a? Poukisa? → *Non, paske Leta poko janm ba yo lòt altènativ ki valab.*

CHAPIT KAT
Lekòl, Travay ak Pwofesyon

Answer key for exercises in chapter 4, Leson 1 : *Lekòl ann Ayiti*

I. M pral lekòl segondè Lise Petyonvil

ANNOU TCHEKE SI NOU KONPRANN DYALÒG LA

➤ Answer the following questions in English according to the dialogue.

1. Ki kote Jozèf te ye epi kisa li t ap fè lè Adriyen t ap chache l la? → *Joseph te chita nan lakou lekòl la.*
2. Èske Jozèf renmen pwofesè matematik la? Poukisa? → *Non, Jozèf pa renmen pwofesè matematik la. Paske pwofesè matematik la pa konn esplike menm. Jozèf pa janm konprann sa pwofesè a ap di.*
3. Ki pwofesè Jozèf renmen nan lekòl la? Poukisa? → *Jozèf pi renmen dam ki fè kou literati Fransè a.*
4. Nan ki matyè Jozèf pa konn fè bèl nòt? → *Jozèf pa konn fè bèl nòt nan fizik ak matematik.*
5. Ki solisyon Adriyen pwopoze pou rezoud pwoblèm Jozèf la? → *Li pwopoze li pou yo pran leson matematik ak fizik avan egzamen ofisyèl yo epi si Jozèf vle yo ka travay ansanm apre lekòl.*
6. E Adriyen: nan ki matyè li pa fò? → *Adriyen fò nan tout matyè.*

ANNOU PRATIKE

A. Preferans – Poze etidyan ki chita bò kote ou kesyon sou sa li te renmen lè li te nan lekòl segondè. Reponn dapre egzanp lan.

> **Egzanp:** literati fransè/ matematik
> **Etidyan 1 : -** Èske ou te pito kou literati fransè oswa kou matematik?
> **Etidyan 2 : -** Mwen te pito kou literati fransè. E ou menm?
> **Etidyan 1 : -** M te pito kou matematik.

1. lekòl pwofesyonèl/inivèsite →
   Etidyan 1 : *Èske ou te pito lekòl pwofesyonèl oswa inivèsite?*
   Etidyan 2 : *Mwen te pito lekòl pwofesyonèl. E ou menm ?*
   Etidyan 1 : *Mwen te pito inivèsite.*

1. kou syans sosyal/ kou fizik →
   Etidyan 1 : *Èske ou te pito kou syans sosyal oswa kou fizik ?*
   Etidyan 2 : *Mwen te pito kou syans sosyal. E ou menm ?*
   Etidyan 1 : *Mwen te pito kou fizik.*

2. lekòl segondè/ lekòl primè→
   Etidyan 1 : *Èske ou te pito lekòl segondè oswa lekòl primè ?*
   Etidyan 2 : *Mwen te pito lekòl segondè. E ou menm ?*
   Etidyan 1 : *Mwen te pito lekòl primè.*

3. Kou literati ayisyèn/kou angle→
   Etidyan 1 : *Èske ou te pito kou literati ayisyèn oswa kou anglè ?*
   Etidyan 2 : *Mwen te pito kou literati ayisyèn. E ou menm ?*
   Etidyan 1 : *Mwen te pito kou anglè.*

4. Direktè a/ sansè a→
   Etidyan 1 : *Èske ou te pito direktè a oswa sansè a ?*
   Etidyan 2 : *Mwen te pito direktè a. E ou menm ?*
   Etidyan 1 : *Mwen te pito sansè a.*

B. Chwazi bon konsèy la. – Ou pral desann egzamen bakaloreya ane sa a. W ap mande moun konsèy sou egzamen an. Kèk moun ba ou bon konsèy, men gen lòt moun ki bay move konsèy tou. Fè yon tras anba bon konsèy yo menm jan ak nan egzanp lan.

Egzanp: Tann egzamen an prèske rive pou w etidye. /<u>Koumanse etidye byen bonè.</u>

1. <u>Etidye ak lòt elèv.</u> / Pa janm etidye ak lòt moun.
2. Pa mande moun konsèy. / <u>Pran konsèy nan men elèv ki pase egzamen an deja.</u>
3. Soti souvan ak zanmi ou. / <u>Etidye plis pase ou soti ak zanmi ou.</u>
4. <u>Travay matematik ak fizik.</u> /Jwe baskètbòl chak jou lè w sot lekòl.
5. <u>Pran leson pandan vakans yo.</u> / Vwayaje al andeyò pou pran plezi.
6. <u>Poze pwofesè ou anpil kesyon.</u> / Pale bagay ou pa bezwen ak lòt elèv.
7. <u>Pran nòt nan lè pwofesè ap pale.</u> / Jwe mòpyon ak lòt elèv nan klas la.
8. <u>Fè devwa pwofesè yo bay la.</u> / Mande yon zanmi fè devwa yo pou ou.

C. Nan lekòl la. Chwazi nan lis la mo oswa ekspresyon ki kòrèk la pou w konplete chak grenn fraz sa yo ki anba a.

direktè – bakaloreya – lisans – minis edikasyon nasyonal – lekòl pwofesyonèl – preskolè – prefè disiplin – nòt – etidyan

1. Elèv yo ap ekri **<u>nòt</u>** nan kaye yo pandan pwofesè a ap pale.
2. Adriyen pa vle ale nan inivèsite, se nan <u>*lekòl **pwofesyonèl***</u> li vle ale.
3. Se **<u>direktè</u>** a ki prensipal responsab tout lekòl la.
4. Lè Mari fini desann bakaloreya, li pral fè yon **<u>lisans</u>** inivèsitè.
5. Pou ou kapab ale nan inivèsite, fòk ou pase egzamen **<u>bakaloreya.</u>**
6. Se **<u>prefè disiplin</u>** nan ki responsab koze disiplin nan lekòl la.
7. Pitit Wozlò a gen senk an sèlman, se nan lekòl **<u>preskolè</u>** li ye.
8. Se **<u>minis edikasyon nasyonal</u>** la ki responsab koze edikasyon nan tout peyi.

D. **Ann fè yon ti konvèsasyon!** - Gen yon elèv k ap poze ou anpil kesyon osijè de lekòl ou. Fòk ou reponn kesyon yo kòm sa dwa.

Example: Ki pwofesè ou te pi renmen lè ou te nan lekòl segondè? Poukisa?
Possible answer : *Se pwofesè fizik la m te pi renmen paske li te konn eksplike byen.*

<u>**ANSWERS VARY FOR THIS OPEN QUESTION EXERCISE**</u>

1. Kijan yo te rele lekòl segondè ou? → *Lèkòl segondè mwen te rele " Collège Blaise Pascal."*
2. Kijan yo te rele direktè lekòl segondè ou? → *Direktè lekòl segondè mwen an te rele Carl Jean-Baptiste.*
3. Ki pwofesè ou pa te renmen lè ou te nan lekòl segondè? Poukisa? → *Mwen pa t renmen pwofesè trigo a. Paske mwen pa renmen trigo.*
4. A ki laj ou te desann egzamen bakaloreya? → *Mwen te desann egzamen bakaloreya a 18 lane.*
5. Ki matyè ou te pi renmen lè ou te nan lekòl segondè? Poukisa? → *Lè mwen te nan lekòl segondè, mwen te pi renmen fizik. Paske pwofesè a te konn esplike byen.*
6. Èske ou te konn al nan pinisyon souvan? Poukisa? → *Non, mwen pa t konn ale nan pinisyon souvan paske mwen te yon bon elèv.*
7. Nan ki matyè ou te konn fè pi bèl nòt? → *Mwen te konn fè pi bèl nòt nan espanyòl.*
8. Ki aktivite ou te konn fè pandan rekreyasyon? → *Mwen te konn jwe ak zanmi mwen yo.*

II. **The possessives used with definite articles**

ANNOU PRATIKE

A. **CD 2-7– Koute byen. Posesif ak atik defini oswa san atik defini?** Ou pral tande 10 fraz. Kèk ladan yo gen atik defini apre posesif la; kèk lòt fraz pa gen atik defini apre posesif la. Idantifye fraz sa yo.

	Posesif ak atik defini	Posesif san atik defini		Posesif ak atik defini	Posesif san atik defini
1.	☐√	☐	6.	☐√	☐
2.	☐	☐√	7.	☐	☐√
3.	☐√	☐	8.	☐√	☐
4.	☐√	☐	9.	☐	☐√
5.	☐	☐√	10.	☐√	☐

1. Siklòn nan kraze kay li a.
2. Sa a se òdinatè l.
3. Timoun li an al lekòl ane sa a.
4. Mwen mete tout liv mwen yo nan valiz la.
5. M ap pale ak zanmi mwen.
6. Direktè a ap travay nan biwo l la.
7. Enspektè a te vin nan klas nou semenn pase.
8. Pwofesè a korije egzamen elèv li yo.
9. Ban m liv mwen.
10. M pral fè devwa m yo jodi a.

B. Varyasyon nan atik defini an – Ajoute fòm kòrèk atik defini ki matche avèk posesif la nan fraz adwat yo. Suiv egzanp lan.

Egzanp: Se diksyonè mwen <u>an</u>.   →   **Repons:** Se diksyonè m <u>nan</u>.

1. Se radyo mwen <u>an</u>.   -   Se radyo m <u>nan</u>.
2. Gason li <u>a</u> al lekòl.   -   Gason l <u>lan</u> al lekòl.
3. Kochon nou <u>an</u> mouri.   -   Kochon n <u>nan</u> mouri.
4. Se kaye m <u>nan</u>.   -   Se kaye m <u>nan</u>.
5. Ou rankontre frè n <u>nan</u>.   -   Ou rankontre frè n <u>nan</u>.
6. Siklòn nan kraze jaden mwen <u>an</u>. -   Siklòn nan kraze jaden m <u>nan</u>.
7. Zegwi li <u>a</u> kase.   -   Zegwi l <u>la</u> kase.
8. Kreyon nou <u>yo</u> pa ekri byen.   -   Kreyon n <u>yo</u> pa ekri byen.

C. Ann pote plis presizyon! Ajoute atik defini kòrèk la nan chak fraz sa yo pou fè yo vin pi espesifik. Fè atansyon ak fòm sengilye oswa plireyl tankou nan egzanp yo.

Egzanp 1: Yo vòlè liv mwen _____ (yon liv).   →   Yo vòlè liv mwen <u>an</u>.
Egzanp 2: Yo vòlè liv mwen _____ (plizyè liv). →   Yo vòlè liv mwen <u>yo</u>.

1. Men direktè mwen _____ (yon direktè).   →   Men direktè mwen <u>an</u>.
2. Se kòl li _____ (plizyè kòl).   →   Se kòl li <u>yo</u>.
3. Pase chemiz ou _____ (yon chemiz).   →   Pase chemiz ou <u>a</u>.
4. Kote rad yo_____ (plizyè rad)?   →   Kote rad <u>yo</u>?
5. Mimoz ap koud jip li _____ (yon jip).   →   Mimoz ap koud jip li <u>a</u>.
6. Elèv la ap ekri nòt nan kaye l _____ (yon kaye).   →   Elèv la ap ekri nòt nan kaye l <u>la</u>.
7. Medam yo pa renmen lekòl yo _____ (yon lekòl).   →   Medam yo pa renmen lekòl yo <u>a</u>.
8. Jak mete liv yo nan valiz li _____ (yon valiz).   →   Jak mete liv yo nan valiz li <u>a</u>.
9. M ranje òdinatè m _____ (yon òdinatè).   →   M ranje òdinatè m <u>nan</u>.
10. Kote kreyon n _____ (yon kreyon).   →   Kote kreyon n <u>nan</u>.

D. Reponn kesyon yo tankou egzanp lan. Itilize posesif ki nan parantèz yo pou reponn kesyon sa yo nan yon fason ki lojik. Suiv egzanp lan.

Egzanp: Kote lekòl ou a? (mwen)   →   **Repons:** Men lekòl mwen <u>an</u>.

1. Kote radyo li a ? (l)   →   Men radyo l <u>la</u>.
2. Ki pantalon sa yo? (li) →   Se pantalon li <u>yo</u>.
3. Nan ki machin Jak prale Okap? (nou) →   Jak prale Okap nan machin nou <u>an</u>.
4. Nan ki valiz ou mete plim yo? (mwen) →   Mwen mete plim yo nan valiz mwen <u>an</u>.
5. Ki bisiklèt Adriyen ap monte la? (li) →   Adriyen ap monte bisiklèt li <u>a</u>.
6. Ki rad Ivèt ap lave? (nou) →   Ivèt ap lave rad nou <u>yo</u>.
7. Nan ki peyi yo prale? (m) →   Yo prale nan peyi m.
8. Pou ki moun kreyon an ye? (w) →   Kreyon an se pou w.

III. The consonant /ch/ and the double consonant blend /tch/

🔊 **CD 2-11 – Yon ti dikte.** Listen carefully and write down the missing words.

Example: *You hear* → _____ sa a _____ anpil
You write → <u>Chen</u> sa a <u>tchack</u> anpil.

1. **Klòtch** machin nan pa **mache** byen.
2. **Tchanpan** sa a toujou ap pale **tchans**.
3. Al **tcheke** pou w wè si yo kach **chèk** la.
4. Chen an **tchake** kou **chat** la ak dan l.
5. **Michou** pral tonbe nan **tchouboum**.
6. **Klòch** la sonnen chak **dimanch**.
7. Chèk fè l **chaje** lajan nan **pòch** li.
8. **Mouch** yo poze sou **chou** a.
9. Ala ti chen **antchoutchout** papa !
10. **Tchòtchòwè** ap pale **tchulutchutchu**.

IV. Annou koute

🔊 **CD 2-12 –** *Elèv ayisyen k ap pale.*

Pilou Aleksann (Okay, Ayiti)
M rele Pilou Aleksann. Mwen lekòl *Lise Poleyis Sanon* ki nan vil Okay. Gen anpil pwoblèm nan lise a. Youn nan pwoblèm yo se mank espas ak materyèl eskòlè. Gen twòp elèv nan kou yo. Sal de klas yo fèt pou pran karant elèv. Poutan toujou genyen plis pase san elèv nan klas yo. Lè pwofesè a ap pale, elèv ki kanpe jis dèyè yo pa kab tande, ni wè tablo a pou ekri nòt yo.

Anna Petifrè (Naso, Bahamas)
Non pa mwen se Ana Petifrè. Lekòl mwen rele *C. R. Walker High School*. Se yon lekòl segondè ki nan vil Naso. Papa m ak manman m se Ayisyen yo ye. Men mwen te fèt nan peyi Bayamas. Mwen pa renmen lekòl mwen ale a paske gen anpil diskriminasyon kont timoun ki gen paran ayisyen yo. Elèv Bayameyen yo toujou ap joure nou paske nou se Ayisyen. Pwofesè yo pa fè anyen pou fè yo sispann.

Jòj Senatis (Miyami, Florid)
Mwen se Jòj Senatis. Mwen rete nan vil Miyami ak fanmi mwen. Lekòl mwen rele *Mater Lakes High School*. Mwen renmen lekòl la. Gen yon sèl bagay mwen pa renmen: se pwoblèm disiplin nan. Elèv yo pa respekte pwofesè yo ansanm ak règleman yo. Yo toujou ap goumen sou lakou lekòl la. Genyen ki vini ak kouto pou blese lòt elèv. Mwen swete pou zafè vyolans sa a fini anndan lekòl la.

❖ **Lè ou fin koute.** Work in group of three to answer the following questions in Kreyòl using complete sentences. You might need to listen to each student again.

1. Ki jan yo rele lekòl Pilou a? → *Lise Poleyis Sanon*
2. Nan ki vil lekòl Pilou a ye? → *Nan vil Okay*
3. Ki pwoblèm ki genyen nan lekòl Pilou a? → *Mank espas ak materyèl eskòlè epi twòp elèv.*
4. Konbyen elèv ki genyen nan klas ki nan lekòl Pilou a? → *Genyen plis pase san elèv.*
5. Nan ki peyi lekòl Ana a ye? → *Bahamas*
6. Ki nasyonalite paran Ana? → *Ayisyen*
7. Èske elèv yo nan lekòl la renmen Ana? Poukisa? → *Non, yo pa renmen l paske l se Ayisyen.*
8. Èske pwofesè bayameyen yo pwoteje elèv ayisyen yo? → *Non, pwofesè yo pa defann yo.*
9. Kouman lekòl Jòj Senatis la rele? → *Mater Lakes High School.*
10. Ki pwoblèm misye genyen nan lekòl li a? → *Pwoblèm disiplin ak vyolans.*

Answer key for exercises in chapter 4, Leson 2 : *Nan invèsite a*

🔊 **ANNOU TCHEKE SI NOU KONPRANN DYALÒG LA**

➢ **Answer the following questions in English according to the dialogue.**

1. Èske Mari ak Maksorèl nan menm invèsite? → *Non, Mari ak Maksorèl pa nan menm invèsite.*
2. Nan ki invèsite Maksorèl ale? E Mari? → *Maksorèl ale nan invèsite leta. Mari ale nan yon invèsite prive.*
3. Kisa yo ap etidye nan invèsite a? → *Yo ap etidye medsin nan invèsite a.*
4. Ki bagay pozitif ki genyen nan invèsite leta a? → *Premyèman, ou pa peye nan invèsite leta a. Dezyèmman, gras a lopital jeneral la, ou jwenn okazyon fè plis pratik.*
5. Ki bagay negatif ki genyen nan invèsite leta a? → *Pi gwo pwoblèm nan se egzamen pou rantre nan fakilte a. Se yon konkou ki difisil anpil. Epi gen twòp elèv nan kou yo.*
6. Èske Mari gen anpil konfyans nan tèt li? Poukisa? → *Non, Mari pa gen anpil konfyans nan tèt li. Paske li pa kwè li ap ka pase egzamen pou ale nan invèsite leta a.*
7. Èske l fasil pou yon etidyan antre nan invèsite leta a? Poukisa? → *Non, li pa fasil pou yon etidyan antre nan invèsite leta a. Paske konkou pou antre a difisil anpil.*
8. Ki konsèy Maksorèl bay Mari? → *Maksorèl di Mari depi li kapab peye frè eskolè invèsite prive a, pito li rete ladan l. Konsa li a gen mwens traka ak tèt chaje.*

ANNOU PRATIKE

A. Ann dekri invèsite nou. –Chwazi youn nan mo oswa ekspresyon ki ann italik yo pou w konplete fraz yo. Se pou ou di verite. Suiv egzanp lan.

Egzanp: Invèsite mwen an *gwo / piti / bèl / lèd.* → **Repons:** Invèsite mwen an ***bèl.***

ANSWERS VARY FOR THIS OPEN QUESTION EXERCISE

1. Sou kanpis invèsite a, genyen yon ***gwo pakin / ti pakin.***
   Repons: Sou kanpis invèsite a, genyen yon ***gwo pakin.***
2. Bibliotèk invèsite a gen ***anpil liv / pa gen ase liv.***
   Repons: Bibliotèk invèsite a gen ***pa gen ase liv.***
3. Nan wikenn toujou gen ***match foutbòl / match baskètbòl / pa gen match.***
   Repons: Nan wikenn toujou gen ***match foutbòl.***
4. Sou kanpis invèsite a, genyen yon ***gwo oditoryòm / ti oditoryòm.***
   Repons: Sou kanpis invèsite a, genyen yon ***gwo oditoryòm.***
5. Sou kanpis invèsite a, genyen ***plizyè sal konferans / yon sèl sal konferans.***
   Repons: Sou kanpis invèsite a, genyen ***yon sèl sal konferans.***
6. Biwo administrasyon invèsite a bay ***bon sèvis / move sèvis.***
   Repons: Biwo administrasyon invèsite a bay ***bon sèvis.***
7. Nan laboratwa enfòmatik yo, ***gen anpil òdinatè / pa gen ase òdinatè.***
   Repons: Nan laboratwa enfòmatik yo ***gen anpil òdinatè.***

8. Kafeteriya inivèsite a fè **bon manje/manje ki pa bon.**
   Repons: Kafeteriya inivèsite a fè **bon manje.**
9. Inivèsite a gen **laboratwa enfòmatik/ pa gen laboratwa enfòmatik.**
   Repons: Inivèsite a gen **laboratwa enfòmatik.**
10. Sal klas yo nan inivèsite a **byen ekipe/ mal ekipe.**
    Repons: Sal klas yo nan inivèsite a **mal ekipe.**

B. **Nan inivèsite a.** Chwazi nan lis la mo oswa ekspresyon ki kòrèk la pou konplete chak grenn fraz sa yo ki anba a.

fakilte edikasyon – fakilte lengwistik – laboratwa enfòmatik – sant sante – saldeklas – libreri – pakin – teren espò – kafeteriya – fakilte medsin – bibliyotèk

1. Se nan **_pakin_** nan etidyan yo gare machin yo.
2. Se nan **_kafeteriya_** a etidyan yo manje.
3. Si ou ta vle vin doktè, se nan **_fakilte medsin_** nan pou ou enskri.
4. Gen anpil òdinatè nan **_laboratwa enfòmatik_** la.
5. Elèv yo kapab li, etidye epi prete liv nan **_bibliyotèk_** la.
6. Se nan **_libreri_** a etidyan yo achte liv pou kou yo.
7. Si ou ta vle vin pwofesè lekòl, se nan **_fakilte edikasyon_** an pou ou enskri.
8. Se sou **_teren espò_** a etidyan yo toujou jwe baskètbòl lè wikenn.
9. Lè etidyan yo malad, se nan **_sant sante_** a yo ale konsilte doktè.
10. Si ou ta vle aprann plizyè lang, se nan **_fakilte lengwistik_** la pou ou enskri.

C. **Ann reponn kesyon!** Gen yon elèv k ap poze ou anpil kesyon sou inivèsite ou. Fòk ou reponn kesyon yo kòmsadwa.

Example: Ki jan yo rele inivèsite w la?
Possible answer : *Inivèsite mwen an rele « Inivèsite Deta Dayiti».*

ANSWERS VARY FOR THIS OPEN QUESTION EXERCISE

1. Kijan yo te rele rektè inivèsite ou a? → _Rektè inivèsite mwen an rele Altidòr Jude._
2. Èske inivèsite ou a piblik oswa prive? → _Inivèsite mwen an prive._
3. Konbyen fakilte ki genyen nan inivèsite ou a? → _Genyen 3 fakilte nan inivèsite mwen an._
4. Nan ki fakilte ou ap etidye? → _Mwen ap etidye nan fakilte medsin nan._
5. Kijan yo rele doyen fakilte ou a? → _Doyen fakilte mwen an rele Louis Jean._
6. Èske inivèsite ou a gen anpil laboratwa enfòmatik? → _Non, inivèsite mwen an pa genyen anpil laboratwa enfòmatik._
7. Èske sal klas inivèsite w la yo byen ekipe? → _Wi, sal klas inivèsite mwen an byen ekipe._
8. Nan ki lane w ap fini etid ou nan inivèsite a? → _Mwen ap fini etid mwen nan inivèsite a nan lane 2018._

II. Conditional and Hypothetic sentences, "si" clauses

ANNOU PRATIKE

A. Kisa yo ta fè? Tankou egzanp lan, tradui vèb angle ki nan parantèz la an kreyòl pou konplete fraz yo.

Example: Mari (*would go*) nan inivèsite leta a.
Answer: *Mari ta ale nan inivèsite leta a.*

1. Malou (*would buy*) yon bèl kay chanmòt. → *Malou ta achte yon bèl kay chanmòt.*
2. Yo (*would like*) abite andeyò. → *Yo ta renmen abite andeyò.*
3. Aglaye ak Beniv (*would eat*) diri ak pwa. → *Aglaye ak Beniv ta manje diri ak pwa.*
4. Andre (*would not sell*) gwo kay beton li a. → *Andre pa ta achte gwo kay beton li a.*
5. Malèn (*would go*) nan sinema. → *Malèn ta ale nan sinema.*

B. Kisa ou ta fè? Marye kolonn I ak II (*match I to II*) pou ou di sa yo ta fè nan sityasyon sa yo.

1. Li fè cho, mwen swaf... **(h)**
2. M grangou anpil... **(g)**
3. Pyè travay anpil, li fatige... **(f)**
4. Mari nan rejim, li pa manje anpil... **(a)**
5. Y ap gade kabann yo... **(d)**
6. Rad yo sal... **(b)**
7. Machin nan anpàn **(e)**
8. Yo malad grav... **(c)**

a. Li ta renmen pèdi pwa.
b. Ou ta al lave yo.
c. Yo ta ale nan sant sante a.
d. Yo ta dòmi.
e. Mekanisyen an ta repare l.
f. Li ta repoze
g. M ta manje anpil
h. M ta bwè yon byè byen glase.
i. Li ta jwe baskètbòl.

C. Kisa ou ta fè? Marye kolonn I ak II epi fè fraz ak de eleman yo pou ou di sa moun sa yo ta renmen fè nan sityasyon sa yo.

Example: 1. Etidyan yo etidye chak jou,   **i)** fè gwo nòt pou egzamen an.
Answer: *Etidyan yo etidye chak jou; yo ta renmen fè gwo nòt pou egzamen an.*

1. **Etidyan yo etidye chak jou;**
2. Gòj Chal sèch; **(a)**
3. Jak tande mizik, l ap chante; **(e)**
4. Foutbolè yo bouke; **(b)**
5. Wozlò ap fè rejim; **(c)**
6. Timoun yo grangou; **(g)**
7. Chanm Mari gaye anpil; **(d)**
8. Adriyen pa konn leson l; **(f)**
9. Jan pa gen kreyon pou l ekri; **(h)**
10. Madanm nan frèt anpil; **(j)**

a) bwè yon bèl vè dlo.
b) repoze.
c) vin mèg.
d) bezwen ranje l.
e) danse.
f) dwe etidye pi souvan.
g) manje.
h) bezwen achte youn
i) **fè gwo nòt pou egzamen an.**
j) dwe mete yon manto

1. **Answer:** *Etidyan yo etidye chak jou; <u>yo ta renmen</u> fè gwo nòt pou egzamen an.*
2. **Answer:** *Gòj Chal sèch; <u>li ta renmen</u> bwè yon bèl vè dlo.*
3. **Answer:** *Jak tande mizik; l ap chante; <u>li ta renmen</u> danse.*
4. **Answer:** *Foutbolè yo bouke; <u>yo ta renmen</u> repose.*
5. **Answer:** *Wozlò ap fè rejim; <u>li ta renmen</u> pèdi pwa.*
6. **Answer:** *Timoun yo grangou; <u>yo ta renmen</u> manje.*
7. **Answer:** *Chanm Mari gaye anpil; <u>li bezwen</u> ranje l.*
8. **Answer:** *Adriyen pa konn leson l; <u>li dwe</u> etidye pi souvan.*
9. **Answer:** *Jan pa gen kreyon pou l ekri; <u>li bezwen</u> achte youn.*
10. **Answer:** *Madanm nan frèt anpil, <u>li dwe</u> mete manto.*

D. Kisa ou ta fè nan sitiyasyon sa yo? Itilize kondisyonèl pou di sa ou ta fè nan sitiyasyon sa yo. Konplete fraz yo dapre ou menm. Suiv egzanp lan.

Example 1: Si ou te rich… → **Possible answer:** *Si m te rich, m <u>ta achte</u> yon chato.*

ANSWERS VARY FOR THIS OPEN QUESTION EXERCISE

III. The consonant /r/ and the semi vowel /w/

CD 2-17 – R oswa W? Depending on the vowel that follows the missing letter or whether or not you know the word, choose **R** or **W** to complete these words in the following sentences.

1. M **w**è mekanisyen an k ap **r**anje machin nan.
2. Li **w**ete tout pòt nan kay kote li **r**ete a.
3. Li ap **r**epase yon **w**òb **w**ouj.
4. Jak k**w**aze nèg ki te k**r**aze bisiklèt li a.
5. Gen yon ka**w**otchou ki anpàn nan kamyon an.
6. V**w**azen an ap **r**aze bab li.
7. Pinga ou kite **w**oulibè a p**r**an lajan an non!
8. **W**oulèt **r**ad la defèt nèt.

CD 2-18 – Yon ti dikte. Listen carefully and write down the missing words.

Example: *You hear* → Wawa ap _____ yon bann _____.
You write → Wawa ap <u>repase</u> yon bann <u>rad</u>.

Example: *You hear* → Wawa ap _____ yon bann _____.
You write → Wawa ap <u>repase</u> yon bann <u>rad</u>.

1. Marijàn ap **travay** nan yon **biwo** leta.
2. Figi Wozandre **won** kou boul.
3. Marenn mwen **renmen** ranje **woujalèv** li nan tiwa a.
4. Woulibè a gentan ap **ranje** kò l pou l pran woulib.
5. Rasin **wozo** a **rale** tout dlo nan tè a.
6. Radotè sa a toujou ap **ranse**.
7. Mwen wè **twa** rat k ap kouri nan **lari** a.
8. Se **faktori** kote yo fè **recho** a l ap travay.
9. **Koutiryè** a ap fè **woulèt** rad la.
10. Otorite yo pran **woulib** sou lajan pwojè anwo a.

IV. **Annou li**

- **Lè ou fin li**. Answer the following questions in English.
    1. What type of text is it? Is it a passage from a newspaper, a passage from a novel or a poem? Justify your answer. → *This is a poem because each of the four paragraphs has four sentences and the lines are well organized with a rhyme AABB and ABAB.*
    2. What is the predominant verb tense and mood used in the text? Why? → *It is the past tense and conditional mood. Because the hypothetical sentence "si" clause and the conditional verb marker "ta" are mostly used in this poem.*
    3. What is the author's pupose for writing this text? Does he want to persuade, to entertain, or to inform the readers? Justify your answer. → *The author wants to intertain his readers with this poem.*
    4. How would you summarize the entire text in four Kreyòl sentences, one sentence for each paragraph? Write down your sentences and be ready to share them with your classmates. → OPEN ANSWERS

Answer key for exercises in chapter 4, Leson 3 : *Etid invèsitè*

I. Pwogram etid ak kou invèsitè yo

ANNOU TCHEKE SI NOU KONPRANN DYALÒG LA

➤ **Answer the following questions in English according to the dialogue.**

1. Ki matyè Maksorèl ap etidye ane sa a? → *Maksorèl ap etidye anatomi, biyoloji ak kou chimi ane sa a.*
2. Ki matyè Mari ap etidye ki pa nan pwogram etid li? → *Li ap etidye fransè ak anatomi.*
3. Ki moun ki oblije Mari pran kou sa yo? → *Se pwofesè Mari a ki oblije li pran kou sa yo.*
4. Poukisa Mari oblije suiv kou sa yo? → *Mari oblije suiv kou sa yo paske yo se matyè de baz.*
5. Èske Maksorèl te oblije pran kou sa yo tou? → *Wi, Maksorèl te oblije pran kou sa yo tou.*

ANNOU PRATIKE

A. **Preferans** – Poze etidyan ki chita bò kote ou kesyon sou sa li pi renmen nan invèsite a. Reponn dapre egzanp lan.

Egzanp: Kou fransè/ kou fizik
Etidyan 1 : - Èske ou pito kou fransè oswa kou fizik?
Etidyan 2 : - Mwen pito kou fransè. E ou menm?
Etidyan 1 : - M pito kou fransè tou.

ANSWERS VARY FOR THIS OPEN QUESTION EXERCISE

1. lèt /chif

    Etidyan 1 : - Èske ou pito lèt oswa chif ?
    Etidyan 2 : - Mwen pito lèt. E ou menm ?
    Etidyan 1 : - Mwen pito lèt tou.

2. syans imèn / teknoloji

   Etidyan 1 : - Èske ou pito syans imèn oswa teknoloji ?
   Etidyan 2 : - Mwen pito teknoloji. E ou menm ?
   Etidyan 1 : - Mwen pito teknoloji tou.

3. kou a uitè dimaten / kou nan apremidi

   Etidyan 1 : - Èske ou pito kou a uitè dimaten oswa kou nan apremidi ?
   Etidyan 2 : - Mwen pito kou nan apremidi. E ou menm ?
   Etidyan 1 : - Mwen pito kou nan apremidi tou.

4. lang etranjè / filozofi

   Etidyan 1 : - Èske ou pito lang etranjè oswa filozofi ?
   Etidyan 2 : - Mwen pito lang etranjè. E ou menm ?
   Etidyan 1 : - Mwen pito lang etranjè tou.

5. etnoloji / medsin

   Etidyan 1 : - Èske ou pito etnoloji oswa medsin ?
   Etidyan 2 : - Mwen pito etnoloji. E ou menm ?
   Etidyan 1 : - Mwen pito etnoloji tou.

6. boratwa lang / bibliyotèk

   Etidyan 1 : - Èske ou pito laboratwa lang oswa bibliyotèk ?
   Etidyan 2 : - Mwen pito laboratwa. E ou menm ?
   Etidyan 1 : - Mwen pito laboratwa tou

7. kou nan oditoriòm / kou nan saldeklas

   Etidyan 1 : - Èske ou pito kou nan oditoryòm oswa kou nan klas.
   Etidyan 2 : - Mwen pito kou nan klas. E ou menm ?
   Etidyan 1 : - Mwen pito kou nan klas tou.

8. fete / etidye pou egzamen

   Etidyan 1 : - Èske ou pito fete oswa etidye pou egzamen ?
   Etidyan 2 : - Mwen pito etidye pou egzamen an. E ou menm ?
   Etidyan 1 : - Mwen pito etidye pou egzamen an tou.

9. fè espò / suiv kou

   Etidyan 1 : - Èske ou pito fè espò oswa suiv kou ?
   Etidyan 2 : - Mwen pito suiv kou. E ou menm ?
   Etidyan 1 : - Mwen pito suiv kou tou.

10. kou matematik / kou lang

    Etidyan 1 : - Èske ou pito kou matematik oswa lang ?
    Etidyan 2 : - Mwen pito kou matematik. E ou menm ?
    Etidyan 1 : - Mwen pito kou matematik tou.

B. Nan lekòl la. Chwazi youn nan mo oswa ekspresyon ki nan lis la pou w konplete chak grenn fraz sa yo ki anba a.

edikasyon – relijyon – teyat – literati frankofòn – lang etranjè – sosyoloji – mizik – Etid sou sinema – enfòmatik

1. Etidyan k ap etidye **_relijyon_** pran kou sou Vodou ak Legliz Katolik.
2. Andre pran kou **_literati frankofòn_** se poutèt sa l ap li woman afriken ki ekri an fransè.
3. Etidyan sa yo achte gita ak saksofòn paske y ap suiv kou **_mizik_**.
4. Lè Adriyen gran, l ap aprann **_lang etranjè_** tankou angle espayòl ak alman.
5. Wozlò ta renmen jwe nan plizyè fim, kidonk l ap fè **_Etid sou sinema_**.
6. Se kou **_sosyoloji_** pou ou chwazi si w ta vle fè etid sou sosyete a.
7. Twoup la pral jwe pyès **_teyat_** William Shakespeare la.
8. Jaki renmen òdinatè se pou sa l ap etidye **_enfòmatik_**.

C. Ki kou y ap pran? – Dapre pwogram oswa fakilte yo ye a, di ki kou etidyan sa yo ap pran. Se pou ou jwenn twa kou pou chak etidyan menm jan ak egzang lan.

Egzanp: Mari ap etidye medsin, li pran kou _biyoloji, anatomi ak chimi._

<u>**ANSWERS VARY FOR THIS OPEN QUESTION EXERCISE**</u>

1. Wozmari ap etidye ekonomi, li pran kou **_kalkil, finans ak kontabilite._**
2. Lui ak Anri ap etidye lang etranjè, yo pran kou **_angle, pòtigè ak panyòl._**
3. Jidit nan pwogram lèt la, li pran kou **_literati, naratoloji ak analiz diskou._**
4. Estefàn nan fakilte Syans Imèn, li pran kou **_listwa, sikoloji ak antwopoloji._**
5. Yo ap etidye administrasyon, yo pran kou **_jesyon, estatistik, maketing._**
6. Janin ap etidye Syans Sosyal, li pran kou **_politik, sosyoloji ak edikasyon._**
7. Jozèf ap etidye nan Fakilte Teknoloji, li pran kou **_enfòmatik, elektwonik ak matematik._**
8. Ivèt ap etidye lenguistik, li pran kou **_sosyolenguistik, sentaks ak fonoloji._**

Ann fè yon ti konvèsasyon! - Gen yon elèv k ap poze ou anpil kesyon osijè de inivèsite ou. Fòk ou reponn kesyon yo kòm sa dwa.

Example: Ki kou ou ap pran semès sa a ?
Possible answer : *M ap pran kou matematik, fizik ak trigonometri.*

<u>**ANSWERS VARY FOR THIS OPEN QUESTION EXERCISE**</u>

1. Kisa ou ap etidye nan inivèsite ou a? → *Mwen ap etidye kontabilite nan inivèsite mwen an.*
2. Ki kou ki pi difisil nan pwogram ou a? → *Se kou fransè a ki pi difisil nan pwogram mwen an.*
3. Èske ou gen bous pou etidye nan inivèsite a? → *Non, mwen pa genyen bous pou mwen etidye nan inivèsite a.*
4. Kijan nòt ou yo ye ane sa a? → *Nòt mwen yo bèl anpil ane sa a.*
5. Ki kote sou kanpis la ou pi renmen etidye? → *Mwen pi renmen etidye nan bibliyotèk la.*
6. Ki kou ou pa renmen semès sa a? → *Mwen pa renmen kou antwopoloji a semès sa a.*

I. Imperative sentences and reflexive verbs

ANNOU PRATIKE

A. **CD 2-21 – Koute byen. Mòd enperatif oswa mòd endikatif?** Ou pral tande 10 fraz. Kèk ladan yo nan mòd enperatif; kèk lòt nan mòd endikatif. Idantifye fraz sa yo lè w tande yo.

	Mòd enperatif	Mòd endikatif		Mòd enperatif	Mòd endikatif
1.	☐	☐√	6.	☐√	☐
2.	☐√	☐	7.	☐	☐√
3.	☐	☐√	8.	☐√	☐
4.	☐√	☐	9.	☐√	☐
5.	☐√	☐	10.	☐√	☐

1. Leta pa vle moun kanpe la!
2. Pa pise la!
3. Ou toujou ap fè m bagay sa yo.
4. Vin isit ti gason!
5. Ban m òdinatè a, souple.
6. Fè atansyon!
7. Mari al lekòl chak jou.
8. Pa bay tèt ou pwoblèm.
9. Kanpe la!
10. Reponn kesyon an souple.

B. Annou bay lòd! Imajine ou se yon pwofesè lekòl epi ou ap bay etidyan nan klas ou lòd ak konsèy. Itilize vèb an angle ki nan parantèz yo pou bay etidyan yo lòd ak konsèy. Fòk ou tradui vèb angle a an kreyòl menm jan ak egzanp lan ki anba a.

Example : avan egzamen an. (*To study*) → **Answer:** *Etidye avan egzamen an.*

1. chapit 3 ak 4 pou semenn pwochenn. (to *review*) → *Revize chapit 3 ak 4 pou semenn pwochenn.*
2. a lè nan klas la. (*to arrive*) → *Rive a lè nan klas la.*
3. liv kreyòl la avan nou vin nan kou. (*to buy*) → *Achte liv kreyòl la avan nou vin nan kou.*
4. liv nou nan paj 12 (*to open*) → *Ouvri liv nou nan paj 12.*
5. tout bagay nan valiz nou pou n kapab koumanse egzamen an. (*to put*) → *Mete tout bagay yo nan valiz nou pou n kapab koumanse egzamen an.*
6. kaye nou souple. (*to close*) → *Fèmen kaye nou souple.*
7. pale nan klas la. (*to stop*) → *Sispann pale nan klas la.*
8. men nou avan nou poze kesyon. (*to raise*) → *Leve men nou avan nou poze kesyon.*
9. sa m ap di a. (*to listen*) → *Koute sa map di a.*
10. nan klas la jouk klòch la sonnen. *(to stay)* → *Rete nan klas la jouk klòch la sonnen.*

C. Bon jan konsèy - Itilize mo ki anba yo pou fòme yon fraz enperativ korèk. Fòk ou toujou bay bon konsèy positiv menm jan ak egzanp yo ki anba yo.

Example 1: leson /etidye/ ou → **Answer:** *Wi, etidye leson ou.*
Example 2: nan klas/an reta /rive → **Answer:** *Non, pa rive an reta nan klas.*

ANSWERS VARY FOR THIS OPEN QUESTION EXERCISE

1. pou/ leve bonè/ al lekòl→ *Wi, leve bonè pou ou al lekòl.*
2. leve bonè /dòmi ta /pou → *Non, pa dòmi ta pou ou ka leve bonè.*
3. pwoblèm/travay/ matematik yo → *Wi, travay pwoblèm matematik yo.*
4. pwofesè/pandan/li jounal/ ap bay nòt → *Non, pa li nan jounal nou pandan pwofesè a ap bay nòt.*
5. nan klas/a lè/rive/ pou → *Wi, se pou nou rive nan klas a lè.*
6. anpil /etidye/avan/ egzamen an→ *Wi, etidye anpil anvan egzamen an.*
7. ap pale/lè/pran nòt /pwofesè→ *Wi, pran nòt lè pwofesè a ap pale.*
8. byen/nan klas/ koute→ *Wi, koute byen nan klas.*

D. Annou fòme fraz refleksif! - Itilize yon pwonon refleksif kòrèk pou kont li oswa "***tèt***", "***kò***" ansanm ak pwonon refleksif kòrèk la pou fòme yon fraz ki fè sans ak mo anba yo. Suiv ezanp yo ki anba a.

Example 1: Andre - raze chak maten → **Answer:** *Andre raze l chak maten.*
Example 2: Fi a – touye yè swa → **Answer:** *Fi a touye tèt li yè swa.*
1. Mari – toujou fè respè → *Mari toujou fè respè l.*
2. Direktè a – pa respekte→ *Direktè a pa respekte tèt li.*
3. Yo - enkyete pou anyen. → *Yo enkyete yo pou anyen.*
4. Mari ak Anri - ap trakase → *Mari ak Anri ap trakase kò yo.*
5. Mwen – wè nan glas la→ *Mwen wè tèt mwen nan glas la.*
6. Li – bat anpil→ *Li bat kò l anpil.*
7. Nou – ap gade nan televizyon→ *Nou ap gade tèt nou nan televizyon.*
8. Timoun yo – pa rete nan wòl→ *Timoun yo pa rete nan wòl yo.*

II. The consonants /s/ and /z/

CD 2-25 – S oswa Z? One letter is missing in the following words. Choose (**s**) or (**z**) to complete these words in the following sentences.
1. Mi**z**isyen ayi**s**yen yo di King Posse se yon ba**z** nòmal.
2. Wòzlò achte yon kou**s**en pou kou**z**en l lan.
3. Ra**s** moun sa yo ra**z** anpil!
4. Avanyè **s**wa, nou manje **z**wa nan restoran an.
5. Kouzin mwen bay **s**an Lakwa wouj chak de **z**an.
6. Azizwèl sa a yo rele **S**olanj lan se kouzin mwen.
7. Vini m zipe **z**ip kanson ou ti ga**s**on!
8. Bò**s** sa yo toujou ap fimen bò**z** nan izin nan leswa.
9. Mekanisyen an be**z**wen apranti pou **s**iveye **z**outi yo.
10. Pwofe**s**è a be**z**wen chifon pou l efa**s**e tablo a.

89

🔊 **CD 2-26 – Yon ti dikte.** Listen carefully and write down the missing words in the following sentences.

1. Mwen **sonje** m te konn chase **zwazo** lè m te jenn ti gason.
2. Tout **zanmi** m yo te soti al nan **sinema** samdi **swa.**
3. Pèsonn moun pa ta **sipoze** konsome bwason **alkolize** ak **sigarèt**.
4. **Peyizan** yo te rete **siyonnen** tè a jiska **sizè** nan aswè.
5. **Kouzin** Mariz la soti nan **dispansè** paske l **soufri** kansè disen.
6. Jozafa **derefize** zipe zip **kanson** l lè l ap **soti**.
7. **Zèklè** yè swa a **sanble** sote tranzistò **televizyon** nan **salon** an.
8. **Samdi** swa, **masisi** ak **sanzave** fè kenken sou **plas** Channmas.
9. **Lapolis** te sezi **plizyè** fizi **chas** ak lòt gwo **zam** lou nan Site Solèy.
10. Kouzen m yo ap **soti** a **sizè** aswè a.

Answer key for exercises in chapter 4, Leson 4 : *Pwofesyon ak travay*

I. Ki pwofesyon yo?

🔊 **ANNOU TCHEKE SI NOU KONPRANN DYALÒG LA**

➢ **Answer the following questions in English according to the dialogue.**

1. Ki kalite travay manman ak papa Filip ap fè? → *Manman Filip se yon kontab, papa li se yon enjenyè.*
2. Ki kalite travay manman ak papa Monik ap fè? → *Manman Monik se yon koutiryè, papa li se yon chofè taksi.*
3. Dapre ou menm, ki fanmi k ap fè plis lajan? Poukisa? → *Daprè mwen menm, fanmi Filip ap fè plis lajan, paske yo genyen pi bon metye nan men yo.*
4. Ki kalite pwofesyon papa Monik vle li aprann ? → *Papa Monik vle Monik vini yon doktè, yon avoka, yon enjenyè oswa yon agwonòm.*
5. Kisa Monik vle fè kòm pwofesyon? → *Monik vle mànkina oswa vedèt kòm pwofesyon.*
6. E Filip, kisa li vle fè? → *Filip vle chante. Li ta renmen vin yon atis.*

ANNOU PRATIKE

A. CD 2-28 – **Koute byen. Se yon pwofesyon liberal oswa yon metye teknik?** Ou pral tande douz fraz. Gen kèk ladan yo ki pale sou pwofesyon liberal. Gen lòt se de metye teknik yo pale. Koute byen epi chwazi sa w tande a.

PWOFESYON LIBERAL	METYE TEKNIK	PWOFESYON LIBERAL	METYE TEKNIK
1. ☐	☑	7. ☑	☐
2. ☑	☐	8. ☐	☑
3. ☐	☑	9. ☑	☐
4. ☑	☐	10. ☑	☐
5. ☐	☑	11. ☑	☐
6. ☑	☐	12. ☐	☑

1. Bòs mason an ap leve mi an.
2. Agwonòm okipe koze plant.
3. Se yon chapantye ki fè pòt kay la.
4. Gen de avoka k ap defann akize a.
5. bòs tayè a ap koud rad yo.
6. Se achitèk Bosan ki te fè plan Palè Nasyonal la.
7. Franketyèn se yon ekriven ayisyen.
8. Nou bezwen yon elektrisyen pou ranje kouran an.
9. Enjenyè yo sou chantye a.
10. Gi Diwozye se youn nan pi gwo mizisyen ayisyen.
11. Mari ap mennen chat li a kay veterinè.
12. Mekanisyen an ap ranje machin yo.

B. Pwofesyon ak metye – Pou chak definisyon nan premye kolonn nan, jwenn pwofesyon oswa metye ki matche ak li nan dezyèm kolonn nan.

1. Yon bòs ki fè travay bwa nan kay. **(l)**
2. Yon bòs ki ranje soulye. **(e)**
3. Yon moun ki kuit manje byen. **(c)**
4. Yon moun ki travay nan radyo ak televizyon. **(i)**
5. Yon pwofesyonèl ki trete malad lopital. **(h)**
6. Yon pwofesyonèl ki fè makèt ak plan kay. **(g)**
7. Yon pwofesyonèl ki fè travay konte lajan. **(a)**
8. Yon bòs ki itilize pèl, bourèt pou bati kay. **(j)**
9. Yon pwofesyonèl ki jwe nan fim. **(k)**
10. Yon moun ki kondui otobis oswa taksi. **(f)**
11. Yon moun ki konn ranje machin. **(d)**
12. Yon moun ki asiste yon medsen nan lopital. **(b)**

a. kontab
b. enfimyè
c. kuizinyè
d. mekanisyen
e. kòdonye
f. chofè
g. achitèk
h. medsen/doktè
i. jounalis
j. bòs mason
k. aktè/aktris sinema
l. chapantye

C. Ki pwofesyon oswa ki metye? – Di ki pwofesyon oswa ki metye moun sa yo genyen. Suiv egzanp lan.

Egzanp : Fi a ki nan biwo a toujou ap tape sou òdinatè. → **Answer:** *Li se sekretè.*

1. Mimoz konn koud rad byen. → *Li se koutiryè.*
2. Jozi ap kuit manje nan restoran. → *Li se kuizinyè.*
3. Travay Mariya se fè bidjè epi konte lajan antrepriz la. → *Li se kontab.*
4. Nèg sa toujou fè bèl foto. → *Li se fotograf.*
5. Tonton Wozlò konn koud pantalon ak kostim. → *Li se bòs tayè.*

6. Jak ak Ivon konn ranje sandal ak soulye. → **Li se kòdonye.**
7. Frenand fè kou kreyòl ak franse byen. → **Li se pwofesè lang.**
8. Medam yo achte machandiz angwo pou vann andetay. → **Yo se revandè.**
9. Jozafa ap sakle tè a avan li plante kafe. → **Li se kiltivatè.**
10. Kouzen mwen an itilize zam leta ba li pou l arete kriminèl. → **Li se polisye.**

D. Ki zouti oswa ki enstriman? – Devine ki zouti oswa ki enstriman. Pa bliye ekri atik defini kòrèk ki mache ak chak non zouti oswa enstriman. Suiv egzanp lan ki anba a.

Egzanp: Ou itilize sa pou drese bwa. → **Answer:** Se <u>rabo a</u>.

ANSWERS VARY FOR THIS OPEN QUESTION EXERCISE

1. Se yon zouti bòs mason bezwen pou l brase mòtye. → **Se <u>pèl la.</u>**
2. Mekanisyen kapab vise oswa devise ak zouti sa a. → **Se <u>tounvis la.</u>**
3. Polisye bezwen sa a pou l konbat kriminèl. → **Se <u>zam nan.</u>**
4. Ebenis itilize sa a pou l siye bwa. → **Se <u>si a.</u>**
5. Doktè sèvi ak sa a pou l koute batman kè pasyan l yo. → **Se <u>sonn nan.</u>**
6. Bòs tayè bezwen sa a pou l koupe twal. → **Se <u>sizo a.</u>**
7. Bòs mason kapab monte sou sa pou l travay nenpòt kote ki wo. → **Se <u>lechèl la.</u>**
8. Koutiryè sèvi ak sa pou l koud rad ala men. → **Se <u>zegui a.</u>**
9. Bòs mason itilize sa a pou l pote blòk, sab, mòtye. → **Se <u>bourèt la.</u>**
10. Pè a bezwen sa a pou l preche pawòl Bondye a. → **Se <u>bib la.</u>**

E. Ki zouti oswa ki enstriman yo bezwen? – Di ki zouti ouvriye yo bezwen e ki enstriman pwofesyonèl yo bezwen pou yo fè travay yo. Si posib, jwenn omwen twa zouti oswa enstriman menm jan ak egzanp lan ki anba a.

Egzanp : Bòs ebenis la bezwen fè kèk chèz. → **Answer:** *Li bezwen mato, goyin ak rabo.*

ANSWERS VARY FOR THIS OPEN QUESTION EXERCISE

1. Ekriven an bezwen ekri kèk paj nan liv li a. → *Li bezwen plim ak papye oswa òdinatè.*
2. Pastè a bezwen preche pawòl Bondye a. → *Li bezwen bib la.*
3. Polisye yo bezwen arete yon kriminèl. → *Yo bezwen zam ak minòt.*
4. Kontab la bezwen fè kalkil epi konte lajan an. → *Li bezwen kalkilatris oswa òdinatè.*
5. Medsen an bezwen koute son nan kò moun yo. → *Li bezwen sonn.*
6. Bòs mason an bezwen leve mi kay la. → *Li bezwen blòk ak mòtye.*
7. Achitèk la bezwen desinen plan kay la. → *Li bezwen règ, kreyon, papye oswa òdinatè.*
8. Bòs tayè a bezwen fè yon kostim. → *Li bezwen sizo, egui, twal, fil ak santimèt.*
9. Bòs chapant lan bezwen fè yon fenèt ak yon pòt anbwa. → *Li bezwen bwa, rabo, goyin...*
10. Mekanisyen an bezwen ranje machin nan. → *Li bezwen kle, tounvis, pens...*

F. **Lavi inivèsitè ak pwofesyonèl** – Konplete paragraf sa a ak mo vokabilè yo ki anba a. Chwazi mo oswa ekpresyon ki fè sans lan.

tribinal - avoka - medsin - elektrisite - kouti - travay, enfimyè - metye - trete malad

Lè yon etidyan enskri nan fakilte dwa, se paske li vle vin yon **_avoka_** pou l kab defann dwa akize yo nan **_tribinal_**. Men, si etidyan sa a ta renmen **_travay_** nan lopital pou l kab **_trete malad_** epi fè operasyon, se nan fakilte **_medsin_** pou li enskri. Se pa tout moun ki kab aprann pwofesyon liberal. Gen moun se **_metye_** tankou ebenis ak mekanisyen yo aprann. Si yon moun ta vle konn ranje kouran, se **_elektrisite_** pou li aprann. Men, si moun sa a se rad li ta renmen konn koud, se **_kouti_** pou l al aprann.

II. Making polite requests and expressing obligation

ANNOU PRATIKE

A. **Ann bay lòd nan yon fason janti!** - The following statements are too harsh. Soften them up by using the appropriate format as in the example provided.

   Example: Ede m netwaye kay la. → **Answer:** *Ou ta ede m netwaye kay la.*

   1. Fè travay yo pi souvan. → *Ou ta fè travay yo pi souvan.*
   2. Etidye lesson w! → *Ou ta etidye lesson w!*
   3. Pa fimen la! → *Ou pa ta fimen la!*
   4. Dòmi pi bonè. → *Ou ta dòmi pi bonè.*
   5. Vin isit! → *Ou ta dwe vin isit!*
   6. Pinga ou monte bisiklèt la. → *Ou pa ta dwe monte bisiklèt la.*

B. **PINGA!** – Indicate whether "*pinga*" is used in the following sentences to tell someone to watch out or tell someone not to do something.

   Example 1: Pinga ou vin lakay mwen. → **Answer:** *Telling someone not to do something.*
   Example 2: Pinga ou tonbe non. → **Answer:** *Telling someone to be careful.*

   1. Pinga ou soti aswè a non. → *Telling someone not to do something.*
   2. Pinga ou bwè tafya. → *Telling someone not to do something.*
   3. Pinga timoun nan tonbe non. → *Telling someone to be careful.*
   4. Pinga lapli mouye w non. → *Telling someone to be careful.*
   5. Pinga ou pa vini non. → *Telling someone to be careful.*
   6. Pinga ou monte chwal mwen. → *Telling someone not to do something.*
   7. Pinga ou bliye al pran egzamen an non. → *Telling someone not to do something.*
   8. Pinga nou rate egzamen an non. → *Telling someone not to do something.*

C. **Fòk oswa Pinga?** – Depending on the meaning of each statement, use **fòk** or **pinga** to express an obligation or a prohibition. Follow the example.
Example: M ap kouri nan mitan lari a. → **Answer:** *Pinga ou kouri nan mitan lari a.*

1. M ap fimen tabak. → *Pinga ou fimen tabak.*
2. L ap fè twalèt li pou l al lekòl. → *Fòk li fè twalèt li pou l al lekòl.*
3. Y ap bwè anpil wonm. → *Pinga yo bwè anpil wonm.*
4. N ap travay matematik. → *Fòk nou travay matematik.*
5. M ap etidye leson m. → *Fòk mwen etidye leson m.*
6. Y ap goumen nan klas la. → *Pinga yo goumen nan klas la.*
7. L ap lave machin nan. → *Fòk li lave machin nan.*
8. Y ap pale anpil nan klas la. → *Pinga yo pale anpil nan klas la.*

D. **Sa pou nou fè** – Children's parents are telling them what they can and cannot do. Use **fòk/fò; se pou** or **pinga** depending on the meaning of each statement.

Example: Leve bonè pou n al lekòl. → **Answer:** *Fòk nou leve bonè pou n al lekòl.*

1. Monte bisiklèt nan mitan lari a. → *Pinga nou monte bisiklèt nan mitan lari a.*
2. Benyen epi abiye pou nou al legliz. → *Se pou nou benyen epi abiye pou nou al legliz.*
3. Fimen sigarèt ak mariwana. → *Pinga nou fimen sigarèt ak mariwana.*
4. Lave men nou avan nou manje. → *Fòk nou lave men nou avan nou manje.*
5. Etidye leson nou avan nou al jwe. → *Se pou nou etidye leson nou avan nou al jwe.*
6. Fè frekan ak pwofesè lekòl la. → *Pinga nou fè frekan ak pwofesè lekòl la.*
7. Travay di pou n kapab reyisi. → *Fòk nou travay di pou n kapab reyisi.*
8. Banboche chak jou. → *Pinga nou banboche chak jou.*

III. The consonant /t/

CD 2-30 – *Yon ti dikte*. Listen carefully and write down the entire sentences.

Example: **You hear** → Tonton l te mete tout tiwèl yo nan tiwa a.
You write → *Tonton l te mete tout tiwèl yo nan tiwa a.*

1. Toto te fè sèt pitit.
2. Tèt Toma pa dwat ditou.
3. Li te rete ap travay matematik nan inivèsite a.
4. Achitèk, atis, doktè, kontab kab travay ak tèt yo.
5. Agrikiltè, chapantye ak bòs tayè se metye teknik yo ye.
6. Enstitit sot vizite Ti Twou de Nip ak timoun yo.
7. Koutiryè te mete twal jip la sou tab la.
8. Sekretè patwon an travay toutan.

Dosye sosyokiltirèl

The education system in Haiti

❖ **Lè ou fin li**. Work in group of three or four to answer the following questions about the chart. Answer in Kreyòl.

1. Nan ki lekòl pou timoun nan ale avan li rantre nan lekòl fondamantal? → *Lekòl preskolè.*
2. Konbyen nivo ki genyen nan lekòl fondamantal la? → *Gen nèf nivo ladan l.*
3. Ki laj yon elèv dwe genyen pou li antre nan lekòl fondamantal? → *6/7 tan.*
4. A ki laj yon elèv ta dwe fini lekòl fondamantal? → *15 zan.*
5. Konbyen nivo ki genyen nan lekòl segondè yo? → *3 nivo.*
6. Ki opsyon elèv yo genyen lè yo fini lekòl fondamantal? → *Lekòl nòmal, lekòl segondè klasik oswa teknik, epi lekòl pwofesyonèl.*
7. Ki lekòl yon elèv dwe chwazi si l pa vle al nan egzamen bakaloreya? → *Lekòl nòmal ak Lekòl pwofesyonèl.*
8. Èske elèv yo oblije al nan inivèsite lè yo fini lekòl segondè klasik? Poukisa? → *Wi, paske yo pa fòme pou y al travay.*

CHAPIT SENK
Vakans lan rive, plezi gaye!

Answer key for exercises in chapter 5, Leson 1 : *Nou pral andeyò!*

I. Nou pral an vakans andeyò

🔊 **ANNOU TCHEKE SI NOU KONPRANN DYALÒG LA**

➢ **Answer the following questions in English according to the dialogue.**

1. Ki kote Sofya prale pou vakans ete a? E Mara? → *Sofya prale pase vakans ete a Jeremi. Mara li menm prale Ozetazini nan Nouyòk.*
2. Poukisa Sofya ta renmen vizite Manatann? → *Sofya ta renmen ale vizite Manatann pou li ka al vizite tout sa ki ladan l tankou Estati Libète ak Pak Santral.*
3. Kisa Sofya gen pwojè fè pandan li Jeremi? → *Li gen pwojè fè menm aktivite yo: al nan lanmè, al peche pwason, monte chwal, jwe kat, fè piknik elatriye. Men sèl bagay fwa sa a, li ap pote anpil liv pou li li.*
4. Ki gwoup mizikal ki pral jwe jeremi pandan vakans lan? → *Gwoup mizikal ki pral jwe Jeremi pandan vakans lan se Konpa Kreyòl ak plizyè lòt jaz ankò.*
5. Kilè Mara ap pati? E konbyen tan l ap pase lòtbò? → *Mara ap pati nan kòmansman mwa Jiyè a, li ap retounen nan fen mwa Sektanm. Li ap fè twa mwa lòtbò a.*
6. Pou ki moun Sofya ap voye komisyon an? → *Sofya ap voye komisiyon an pou yon kouzen l.*

ANNOU PRATIKE

A. Aktivite pandan vakans – Chwazi sa ou prefere fè lè ou an vakans. Ekri yon fraz konplè menm jan ak egzanp lan.

Egzanp: Vizite yon il twopikal. / Vizite yon gran vil.
Repons posib: *Mwen prefere vizite yon il twopikal.*

1. Al nan bal pou ou danse. / Fè jaden anba solèy cho. → *Mwen prefere fè jaden anba solèy cho.*
2. Jwe domino epi kat. / Li woman foto. → *Mwen prefere li woman foto.*
3. Benyen nan rivyè. / Benyen nan lanmè. → *Mwen prefere benyen nan lanmè.*
4. Al nan kan ete. / Al nan peyi etranje. → *Mwen prefere al nan kan ete.*
5. Kontinye etidye. / Pran plezi. → *Mwen prefere kontinye etidye.*
6. Travay matematik. / Banboche ak zanmi. → *Mwen prefere travay matematik.*
7. Fè espò. / detann. → *Mwen prefere detann.*
8. Gade bèl peyizaj. / Koute mizik. → *Mwen prefere koute mizik.*
9. Fè piknik. / Peche pwason → *Mwen prefere peche pwason.*
10. Ede moun yo plante. / Pran plezi. → *Mwen prefere ede moun yo plante.*

B. **Pandan vakans lan** – Chwazi youn nan mo oswa ekspresyon ki kòrèk la pou konplete chak grenn fraz sa yo ki anba a.

Fè espò – sit istorik – bèl peyizaj – tan lib – koute– detann – al danse – peche – naje –fè jaden – li – detann – fè piknik

1. Lè vakans mwen renmen **_naje_** nan rivyè ak lanmè.
2. Mari pase tout jounen ap **_li_** woman foto lè l an vakans.
3. Adriyen renmen **_peche_** pwason lè l an vakans.
4. Yo konn **_fè espò_** tankou jwe foutbòl lè yo an vakans.
5. Sofya toujou **_al danse_** nan bal lè l an vakans.
6. Papa m travay anpil ane sa a, li bezwen **_detann_** li pandan vakans lan.
7. Palè Sansousi ak Sitadèl Laferyè se **_sit istorik_** yo ye.
8. Manman m louvri radyo a pou l kab **_koute_** mizik.
9. Granmoun yo monte nan mòn nan pou gade **_bèl peyizaj_**.
10. Lè m gen **_tan lib_**, m prefere pran plezi pase travay.

C. **Ann reponn kesyon!** Gen yon moun k ap poze ou anpil kesyon osijè de aktivite ou konn fè lè ou an vakans. Fòk ou reponn kesyon yo menm jan ak egzanp lan.

Egzanp: Ki aktivite ou konn fè pandan vakans ou?
Repons posib: *Mwen konn monte chwal, al nan lanmè epi jwe baskètbòl.*

ANSWERS VARY FOR THIS OPEN QUESTION EXERCISE

1. Èske ou konn etidye oswa travay matematik pandan vakans? → *Mwen konn travay matematik pandan vakans mwen.*
2. Ki kote ou konn ale pandan vakans ete? → *Mwen konn al pase vakans ete mwen Dammari.*
3. Ki aktivite ou konn fè kote sa a? → *Mwen konn ale naje nan lanmè ak nan larivyè, mwen konn al jwe oslè, ale mache andeyò tou,*
4. Kisa ou prefere nan tout aktivite moun konn fè pandan vakans? Poukisa? → *Mwen prefere jwèt oslè paske mwen renmen sa anpil.*
5. Ki espò ou pi renmen? → *Mwen pi renmen danse.*
6. Èske ou konn naje? → *Wi, mwen konn naje.*
7. Èske ou konn al nan bal? → *Non, mwen pa konn al nan bal.*
8. Ki djaz ou pi renmen? Poukisa? → *Mwen pi renmen Septantriyonal, paske jazz sa a toujou jwe byen.*

II. Aspectual verbs

ANNOU PRATIKE

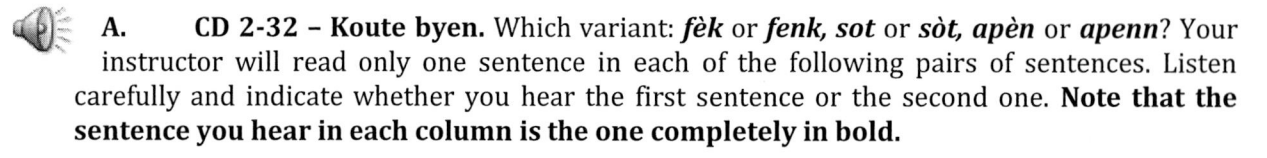

A.   CD 2-32 – Koute byen. Which variant: *fèk* or *fenk, sot* or *sòt, apèn* or *apenn*? Your instructor will read only one sentence in each of the following pairs of sentences. Listen carefully and indicate whether you hear the first sentence or the second one. **Note that the sentence you hear in each column is the one completely in bold.**

1. Li <u>fèk</u> manje.
2. Yo <u>apenn</u> soti.
3. Jaki <u>sot</u> travay. √
4. Nou <u>fenk</u> fin etidye.
5. Mwen <u>sòt</u> lave rad yo. √
6. Wòzlò <u>apèn</u> fini. √
7. Wozmari <u>sot</u> ekri yon lèt.
8. M <u>fèk</u> desann bakaloreya. √
9. Yo <u>apenn</u> rantre la a. √
10. Nou <u>sot</u> manje yon bon diri ak pwa.

1. Li <u>fenk</u> manje. √
2. Yo <u>apèn</u> soti. √
3. Jaki <u>sòt</u> travay.
4. Nou <u>fèk</u> fin etidye. √
5. Mwen <u>sot</u> lave rad yo.
6. Wòzlò <u>apenn</u> fini.
7. Wozmari <u>sòt</u> ekri yon lèt. √
8. M <u>fenk</u> desann bakaloreya.
9. Yo <u>apèn</u> rantre la.
10. Nou <u>sòt</u> manje yon bon diri ak pwa. √

B. VÈB ASPEKTYÈL OSWA VÈB PRENSIPAL? The following sentences contain *tonbe, pran, sot/sòt* and *konn*. Indicate whether they are used as aspectual verbs or main verbs. As in the examples provided below, draw two lines under these verbs when they are used as aspectual verbs and one line when they are used as main verbs.

Egzanp 1: *Tidjo <u>tonbe</u> rele lè l pran nouvèl la.*
Egzanp 2: *Yo <u>pran</u> rad yo deja.*
Egzanp 3: *Adriyen <u>tonbe</u> kriye paske manje li <u>tonbe</u> atè.*

1. Nou fèk <u>sot</u> lavil.
2. Mari <u>sòt</u> lave rad yo.
3. Wòzlò te <u>konn</u> dòmi ta.
4. Mari <u>konn</u> Pòtoprens byen.
5. Jidèks pa janm <u>tonbe</u> lè l ap jwe.
6. Misye <u>tonbe</u> danse lè l tande djaz la.
7. Nou <u>fenk sot</u> manje yon bon diri ak pwa.
8. Bòn nan <u>fèk</u> netwaye kay la.
9. Elèv yo <u>konn</u> rantre bonè.
10. Jaki <u>sot</u> nan travay bonè.

C. Vèb aspektyèl: *konn* – Use the aspectual verb *konn* to say what you used to do when you were younger. You must say something opposite in meaning as in the examples below.

Egzanp 1: Kounye a, m leve bonè. Men, lontan, m… → **Repons:** <u>te konn leve ta.</u>
Egzanp 2: Kounye a, m pa kouri vit. Men, lontan, m… → **Repons:** <u>te konn kouri vit.</u>

1. Kounye a, mwen pa manje anpil. Men, lontan, m… → *te konn manje anpil.*
2. Kounye a, m renmen ak fi lèd. Men, lontan, m… → *pa t konn renmen ak fi lèd.*
3. Kounye a, m pa travay chak jou. Men, lontan, m… → *te konn travay chak jou.*
4. Kounye a, m pa konduivit. Men, lontan, m… → *te konn kondui vit.*
5. Kounye a, m pa dòmi souvan. Men, lontan, m… → *te konn dòmi souvan.*
6. Kounye a, m pa al lekòl. Men, lontan, m… → *te konn al lekòl.*

D. **Vèb aspektyèl:** *tonbe* ak *pran* – Chwazi ekspresyon ki pi lojik la pou konplete fraz sa yo ki anba
   a. Suiv egzanp lan.

   tonbe ekri – pran kouri – tonbe danse – pran pase – tonbe chante – tonbe ri – pran tonbe – tonbe kriye – pran manje – tonbe dòmi – pran pale

   Egzanp: *Lè yo tande mizik la, yo _____.* **Repons:** *Lè yo tande mizik la, yo <u>tonbe danse</u>.*

   1. Animatè a bay yon blag ki fè yo **<u>tonbe ri.</u>**
   2. Elèv la nan pinisyon, li **<u>tonbe kriye.</u>**
   3. Lè nèg la wè li an reta, li **<u>pran kouri.</u>**
   4. Lè yo pote diri a, moun yo **<u>pran manje</u>** tousuit.
   5. Loray gwonde epi lapli **<u>pran tonbe</u>** lè siklòn nan.
   6. Kou Mari monte kabann nan, li **<u>tonbe dòmi.</u>**
   7. Manman m **<u>pran pale</u>** lè m reponn telefòn nan.
   8. Lè mayestwo a bay siyal la, koral la **<u>tonbe chante.</u>**
   9. Li **<u>tonbe ekri</u>** lè yo ba l plim nan.
   10. Yo **<u>pran pase</u>** kou rad yo fin lave.

E. **Vèb aspektyèl:** *fèk/fenk, sot/sòt,* ak *apèn/apenn* – Someone is asking a lot of questions. Use one of the aspectual verbs to answer each question in a positive way. Make sure you answer in a way to indicate that the action expressed by the main verb is recently completed..

   Egzanp 1: *Èske Adriyen etidye deja? _____.* **Repons:** *Wi, li fèk sot etidye.*
   Egzanp 2: *Èske elèv yo fin fè devwa a? _____.* **Repons:** *Wi, yo apenn fin fè l.*

   1. Èske Wozlò manje deja? → *Wi, li fenk sot manje.*
   2. Èske timoun yo dòmi deja? → *Wi, yo fenk sot dòmi.*
   3. Èske lapli fin tonbe? → *Wi, li apenn fin tonbe.*
   4. Èske mekanisyen an ranje machin nan? → *Wi, li apenn fin ranje l.*
   5. Èske elèv la efase tablo a? → *Wi, li fèk sot efase l.*
   6. Èske Mari ranje kabann nan? → *Wi, li fenk sot ranje l.*
   7. Èske yo fè devwa yo deja? → *Wi, yo fèk sot fè l.*
   8. Èske egzamen an koumanse? → *Wi, li apenn koumanse.*
   9. Èske fi a lave rad yo? → *Li fenk sot lave yo.*
   10. Èske kouzin ou an jwenn yon travay? → *Wi, li apenn jwenn yon travay.*

III. The consonant /ng/ and /g/

CD 2-34 –Yon ti dikte. Listen carefully and write down the entire sentences.

1. Fann nan kanpe sou bwenzeng li.
2. Timoun yo ap jwe pingpong nan lakou a.
3. Kreyòl se lang manman tout Ayisyen.
4. Sonèt la fè dingdong anndan kay la.
5. Manzè Lisi se yon madanm ki gen anpil.
6. Prezidan diktatè a te kanpe king nan palè a.
7. Koulèv sanble ak kong anpil.
8. Nèg la ban m yon zong manje.
9. Gen yon gang ki kache nan mang nan.
10. Te gen yon sèl bingbang andann kay la lè m te rive a.

IV. Annou Koute

CD 2-35 – *Vakans lavil ak andeyò*

Script for summer vacation in two places

Ane pase, mwen ak madanm mwen te ale pase vakans ete nou nan vil Nouyòk. Nou te vizite anpil sit istorik ak touristik epi nou te banboche nèt ale nan gwo kokennchenn vil sa a. Nan maten, nou te al vizite Estati Libète a. Nou te pran yon bato pou ale sou ti zile kote Estati a ye a. Nan apremidi, nou te al gade yon pyès teyat nan Bwòdway. Apre nou te al manje nan yon bèl restoran. Nan aswè nou te al nan yon bal ayisyen ki t ap fèt nan Bwouklin.

Lane pwochenn, se Bloumingtonn nou pral pase vakans ete nou. Bloumingtonn piti anpil men gen anpil bagay pou n fè. N a va lwe yon bato pou n al peche pwason nan lak yo. N ava pase anpil tan ap gade bèl peyizaj. Kòm kote sa trankil, madanm mwen ap kab li woman, fè piknik epi detann li toutlasentjounen. Mwen menm, m pral jwe basketbòl nan inivèsite a chak jou.

❖ **Pandan w ap koute.** A man is talking about different activities he and his wife did during their last summer vacation in New-York as well as activities they are planning to do during their next summer vacation in Bloomington, a small town in the Midwest. Listen carefully to what he is saying about each situation.

1. Indicate what the couple did in each place by ticking at the appropriate space. The first two answers are provided as examples.

	NEW-YORK	**BLOOMINGTON**
vizite sit istorik ak touristik	√	
al peche pwason nan lak		√
Pran anpil plezi	√	
banboche nèt ale	√	
gade bèl peyizaj		√
gade yon pyès teyat	√	
fè piknik epi detann		√
ale nan bal	√	
jwe basketbòl		√
manje nan restoran	√	

2. Listen again to verify that you have ticked all details mentioned.

❖ **Lè ou fin koute.** Answer the following questions in Kreyòl in groups of three or four students. Your answers must be based on what Jan said.

1. Ki sit istorik moun yo te vizite nan vil Nouyòk. → *Yo te vizite estati Libète a.*
2. Ki mwayen transpò yo te itilize pou yo ale sou zile a? → *Yo te pran yon bato.*
3. Kisa yo te fè nan apremidi? → *Yo te al gade yon pyès teyat Bwòdway.*
4. Ki kote yo te al danse bal la? → *Nan vil Bwouklin.*
5. Kilè moun yo prevwa ale an vakans Bloumingtonn, Indiana? → *Lane pwochenn.*

6. Kisa yo va fè pou yo kab ale peche pwason. → *Yo va lwe yon bato.*
7. Kisa madanm nèg la va fè kòm ativite nan Bloumington, Indiana? Poukisa? → *Madanm nèg la va li woman, fè piknik epi detann li toutlasentjounen paske Bloumington se yon kote trankil.*
8. Kisa nèg la va fè nan inivèsite a? → *Li va jwe basketbòl nan inivèsite a chak jou.*

Answer key for exercises in chapter 5, Leson 2 : *Sou wout Jeremi!*

I. **N ap kondui sou wout nasyonal la**

ANNOU TCHEKE SI NOU KONPRANN DYALÒG LA
> **Reponn kesyon yo an Kreyòl dapre DYALÒG la.**

1. Pou ki rezon polisye a rete Benito? → *Polisye a rete Benito paske li komèt plizyè enfraksyon epi li t ap kondwi twò vit.*
2. Ki kote Benito prale ? → *Benito prale Jeremi.*
3. Poukisa Benito ap kondui vit? → *Benito ap kondwi vit paske li prese, li bezwen rive Jeremi anvan solèy kouche.*
4. Èske Benito fè aksidan? → *Non, li pa fè aksidan.*
5. Ki dokiman polisye a mande Benito? Poukisa? → *Polisye a mande Benito lisans li pou l ka ba li kontravansyon.*
6. Konbyen enfraksyon Benito komèt? → *Benito komèt twa enfraksyon.*

ANNOU PRATIKE

A. **Wete sa k depaman an.** – Fè yon tras sou mo ki pa matche ak lòt mo nan lis sa yo. Suiv egzanp lan.

   Egzanp: mete van, mete luil, ~~mete vitès~~, mete gaz, mete dlo

   1. Otowout, wout tè, ~~woulibè~~, wout asfalte, wout dekoupe,
   2. Kamyon, kamyonèt, ~~otowout~~, katpakat, vwati
   3. Fè sèvis, ~~fè vitès~~, fè tyounòp, chanje fren, chanje luil
   4. Pran limyè wouj, fè eksèdvitès, ~~tache senti w~~, komèt enfraksyon, konduinan ri sans inik
   5. Pyès machin, levye, fren, ~~klaksonnen~~, volan,
   6. Machin otomatik, ~~machin a koud~~, machin a levye, machin kous, machin de pòt

B. **Machin ak sikilasyon** – Sèvi ak youn nan mo oswa ekspresyon ki anba yo pou ou konplete fraz sa yo. Se pou ou itilize chak mo oswa ekspresyon yon sèl fwa.

   pyès machin – machin kous – fren – ba l gaz – enfraksyon – akseleratè – limyè wouj – woule dousman – wout tè – pano siyalizasyon – chanje vitès

   1. Chofè a pran yon kontravansyon paske l komèt yon **enfraksyon**.
   2. Papa m bliye kanpe; li pran **limyè wouj** la.

101

3. Mwen prese. Fòk mwen double machin sa a k ap *woule dousman* an.
4. Gen yon *pano siyalizasyon* ki entèdi machin pakin nan zòn nan.
5. Machin otomatik yo ka *chanje vitès* pou kont yo.
6. Bouji, radyatè, altènatè, kabiratè, ak piston se *pyès machin* yo ye.
7. Yon chemen ki pa asfalte se yon *wout tè* li ye.
8. Si ou vle machin nan rete se pou peze *fren* an.
9. Machin nan p ap kouri vit si ou pa *ba l gaz*.
10. Si ou ta vle fè vitès pou double tout machin, se yon *machin kous* pou ou achte.

C. Respekte lwa sikilasyon yo! – Ou se yon bon chofè ki respekte lwa sikilasyon yo. Chwazi youn nan de fraz anba yo pou w kab di sa ou ta prefere fè nan chak sitiyasyon sa yo. Ekri yon fraz konplè menm jan ak egzanp lan.

Egzanp: Fè eksèdvitès. / Woule dapre vitès limit la.
Repons: *Mwen ta prefere woule dapre vitès limit la.*

1. Double machin san gade. / Gade byen avan w double.
   Repons: *Mwen ta prefere gade byen anvan mwen double.*
2. Pran limyè wouj. / Kanpe pou limyè wouj.
   Repons: *Mwen ta prefere kanpe pou limyè wouj.*
3. Fè vitès nan mitan vil la. / Woule dousman nan vil la.
   Repons: *Mwen ta prefere woule dousman nan vil la.*
4. Tache senti w lè ou ap kondui. / Detache senti w lè ou ap kondui.
   Repons: *Mwen ta prefere tache senti m lè m ap kondui.*
5. Klaksonnen nan zòn lopital la. / Evite fè bri nan zòn lopital la.
   Repons: *Mwen ta prefere evite fè bri nan zòn lopital la.*
6. Evite double nan tinèl ak sou pon. / Double nan tinèl ak sou pon.
   Repons: *Mwen ta prefere evite double nan tinèl la ak sou pon.*
7. Fè sèvis ak tyounòp regilyèman. / Fè sèvis ak tyounòp lè w sonje.
   Repons: *Mwen ta prefere fè sèvis ak tyounòp regilyèman.*
8. Woule ak machin san limyè. / limen limyè machin nan awsè ak nan bouya.
   Repons: *Mwen ta prefere limen limyè machin nan aswè ak nan bouya.*
9. Kanpe pou pyeton. / Klaksonnen pyeton yo.
   Repons: *Mwen ta prefere kanpe pou pyeton.*
10. Fè enspeksyon chak ane. / Komèt enfraksyon chak semenn.
    Repons: *Mwen ta prefere fè enspeksyon chak ane.*

D. **Machin ak sikilasyon** – Marye de eleman ki matche ansanm yo pou ou di kisa pyès machin ak moun sa yo itil.

   Egzanp: 1. Polisye → **Repons:** i. Li konn bay kontravansyon

Kolòn I	Kolòn II
1. **polisye**	a) Li konn ranje machin
2. fren **(h)**	b) Se pou toujou tache yo lè w ap kondui.
3. mekanisyen **(a)**	c) Se pou ou toujou mete sa nan tank machin ou.
4. senti sekirite **(b)**	d) Ou dwe kanpe pou li; Ou pa gen dwa travèse l.
5. lisans **(j)**	e) Ou pa gen dwa sonnen sa nan zòn lopital.
6. gaz **(c)**	f) Se pou ou toujou rale li lè ou pakin machin ou.
7. Limyè wouj **(d)**	g) Se moun k ap mache a pye nan lari a.
8. Klaksòn **(e)**	h) Itilize yo si ou vle ralanti oswa kanpe machin ou.
9. fren a men **(f)**	i) **Li konn bay kontravansyon**
10. pyeton **(g)**	j) Se dokiman ofisyèl ki ba ou dwa kondui.
	k) Se pou ou toujou gade lè w ap double.

E. **Ann fè yon ti konvèsasyon !** – Travay ak yon lòt elèv nan klas la : Youn ap poze kesyon ; lòt la ap reponn. Se pou nou chanje wòl apre chak kesyon ak repons.

   ANSWERS VARY FOR THIS OPEN QUESTION EXERCISE

   1. Èske ou gen lisans pou ou kondui?
   2. Ki kalite machin ou genyen oswa ou ta renmen genyen?
   3. Konbyen machin ki gen lakay ou ? Ki mak yo ?
   4. Èske ou renmen kondui? Poukisa?
   5. Dapre ou menm, ki mak machin ki pi bèl?
   6. Èske ou deja fè aksidan?
   7. Èske machin deja pran pàn avèk ou? Ki kalite pàn?
   8. Konbyen kontravansyon ou pran deja? Poukisa?

II. Modal verbs expressing ability, permission, obligation or necessity

ANNOU PRATIKE

A. Vèb modal: *ka/kab/kapab* – The modal verb ***ka/kab/kapab*** is used in the following five ways: to express uncertain future; to show ability; to ask for and to give permission; to make requests; and to express possibility. Look at the way ***ka/kab/kapab*** is used in the following sentences and decide in which of the above ways (1- 5) it is being used. Follow the example below.

Example: Nèg sa a gen lontan l ap jwe loto; li <u>ka</u> genyen yon jou. (*Uncertain future*)

1. Mekanisyen an <u>kapab</u> repare machin nan. → *to show ability*
2. Èske m <u>ka</u> al nan sinema avè w? → *to ask for permission*
3. Nou <u>ka</u> ale nan bal demen si Dye vle. → *to express possibility*
4. Èske ou <u>kab</u> bese volim radyo a souple? → *to make requests*
5. Men wi monchè, ou <u>ka</u> al nan sinema avè m. → *to express permisssion*
6. Jak soti lontan ; li <u>ka</u> tounen talè konsa. → *to express uncertain future*

B. Di sa ou gen dwa fè ak sa ou pa gen dwa fè. – Sèvi ak youn nan de vèb modal sa yo (***ka/kab/kapab, gen dwa***) pou di sa ou gen dwa fè ak sa ou pa gen dwa fè dapre lwa sikilasyon yo. Ekri yon fraz konplè menm jan ak egzanp sa yo.
Egzanp 1: Pase sou limyè vèt. → **Repons:** *Mwen gen dwa /ka pase sou limyè vèt.* **Egzanp 2:** Fè eksèdvitès. → **Repons:** *Mwen pa gen dwa /ka fè eksèdvitès.*

1. Woule dapre vitès limit la. → <u>*Mwen gen dwa / ka woule dapre limit vitès la.*</u>
2. Double nan tinèl ak sou pon. → <u>*Mwen pa gen dwa / ka double nan tinèl ak sou pon.*</u>
3. Pakin nan lakou lakay ou. → <u>*Ou gen dwa / ka pakin nan lakou lakay ou.*</u>
4. Boule limyè wouj. → <u>*Mwen pa gen dwa / ka boule limyè wouj.*</u>
5. Klaksonnen yon lòt machin. → <u>*Mwen gen dwa / ka klaksonnen yon lòt machin.*</u>
6. Fè vitès nan mitan vil la. → <u>*Mwen pa gen dwa / ka fè vitès nan mitan vil la.*</u>
7. Detache senti w lè ou p ap kondwi. → <u>*Ou gen dwa / ka detache senti w lè ou p ap kondui.*</u>
8. Pakin nan mitan lari a. → <u>*Mwen pa gen dwa / ka pakin nan mitan lari a.*</u>
9. Mande eksplikasyon lè ou pran kontravansyon. → <u>*Ou gen dwa / ka mande eksplikasyon lè ou pran kontravansyon.*</u>
10. Double machin san gade. → <u>*Mwen pa gen dwa / ka double machin san gade.*</u>

C. **Say what you may do and what you must do.** – Imagine that you are teaching someone how to drive. Use (***mèt*** or ***dwe***) to tell her/him what she/he may do and what she/he must do according to the traffic laws. Write a complete sentence as in the following examples.

Example 1: Rete pou limyè wouj. → **Repons:** *Ou dwe rete pou limyè wouj.*
Example 2: Detache senti w lè w rive. → **Repons:** *Ou mèt detache senti w lè w rive.*

1. Lave machin ou regilyèman. → *Ou dwe lave machin ou regilyèman.*
2. Limen limyè machin nan aswè. → *Ou dwe limen limyè machin nan aswè.*
3. Gare machin nan devan lakay ou. → *Ou mèt gare machin nan devan lakay ou.*
4. Woule dousman nan vil la. → *Ou dwe woule dousman nan vil la.*
5. Detache senti w lè ou p ap kondwi. → *Ou mèt detache senti w lè ou p ap kondui.*
6. Kanpe pou pyeton. → *Ou dwe kanpe pou pyeton.*
7. Fè enspeksyon machin ou chak ane. → *Ou dwe fè enspeksyon machin ou chak ane.*
8. Tache senti w lè ou ap kondwi. → *Ou dwe tache senti ou lè ou ap kondui.*
9. Pase anba limyè vèt. → *Ou mèt pase anba limyè vèt.*
10. Fè atansyon lè ou ap double yon machin. → *Ou dwe fè atansyon lè ou ap double yon machin.*

D. **Vèb modal yo** – Chwazi youn nan de vèb modal sa yo pou konplete fraz sa yo. Se pou ou chwazi vèb modal ki pi lojik la menm jan ak egzanp lan.

Egzanp: Mwen pa **mèt/gen dwa** fè eksèdvitès.
Repons: *Mwen pa gen dwa fè eksèdvitès.*

1. Menm lè li te timoun, li te **mèt / kapab** jwe baskètbòl byen.
   Repons: *Menm lè li te timoun, li te kapab jwe baskètbòl byen.*
2. Machin Wozlò a la, donk li ta **ka/dwe** la tou.
   Repons: *Machin Wozlò a la, donk li ta dwe la tou.*
3. Adriyen twò piti; li pa **mèt/gen dwa** kondui machin.
   Repons: *Adriyen twò piti; li pa gen dwa kondui machin.*
4. Tout chofè **dwe/ mèt** gen pèmi kondwi.
   Repons: *Tout chofè dwe gen pèmi kondwi.*
5. Mari pa **gen dwa / ka** kondui san lisans.
   Repons: *Mari pa gen dwa kondui san lisans.*
6. Èske ou **kab / gen dwa** prete m liv ou a?
   Repons: *Èske ou kab prete m liv ou a?*

III. The front vowel /u/ and the semivowel /w/ before /i/

A. **CD 2-38 – Yon ti dikte.** Listen carefully and write down the entire sentences.

1. Fi a mete luil la nan kwi a.
2. Jak ap kwit zuit yo nan kwizin nan.
3. Gen uit zegwi nan tiwa a.
4. Limen limyè nan kwizin nan pandan lannuit.
5. Si ou kwit manje nan kui a, l ap boule.

Answer key for exercises in chapter 5, Leson 3: *Ann amize nou!*

I. **Kijan Ayisyen amize yo?**

🔊 **ANNOU TCHEKE SI NOU KONPRANN DYALÒG LA**

➢ **Reponn kesyon yo an Kreyòl dapre dyalòg la.**

1. Èske Wozlò ak Filip amize yo souvan? → *Non, yo pa amize yo souvan.*
2. Kisa yo pral fè pou yo amize yo pandan vakans nwèl la? → *Yo pral pase yon semen nan yon bèl otèl sou yon zile.*
3. Kijan yo rele kote yo prale a? → *Kote yo prale a rele Ilavach.*
4. Kisa k genyen pou moun fè kote yo prale a? → *Kote yo prale a genyen mizik ak twoubadou, genyen plaj pou yo benyen.*
5. Kisa y ap fè nan aswè? → *Yo pral danse mizik didje nan aswè.*
6. Kisa y ap fè pandan jounen an? → *Yo pral nan plaj pandan jounen an, epi yo pral danse twoubadou, manje fwi, bwè dlo kokoye epi vizite vilaj yo.*

ANNOU PRATIKE

A. **Ki ativite ou konn fè pi souvan pou ou amize w?** Chwazi aktivite ou konn fè pi souvan an pou ou amize w. Suiv egzanp lan.

Egzanp: *Mwen konn jwe baskètbòl pi souvan.*

1. Mwen konn jwe foutbòl/jwe baskètbòl/jwe tenis.
   Repons: *Mwen konn jwe foutbòl pi souvan.*
2. Mwen konn gade televizyon/koute radyo/ gade foutbòl.
   Repons: *Mwen konn gade televizyon pi souvan.*
3. Mwen konn koute mizik / jwe enstriman mizik/chante nan koral.
   Repons: *Mwen konn koute mizik pi souvan.*
4. Mwen konn al nan bal/al sou plaj/ al nan sinema.
   Repons: *Mwen konn al nan sinema pi souvan.*
5. Mwen konn al lachas / al peche/ li yon liv.
   Repons: *Mwen konn li yon liv pi souvan.*
6. Mwen konn Jwe kat/jwe domino / al nan gagè.
   Repons: *Mwen konn Jwe kat pi souvan.*
7. Mwen konn bay lodyans/ bay blag/tire kont.
   Repons: *Mwen konn bay lodyans pi souvan.*
8. Mwen konn fè espò/ gade foutbòl /fè nouvèl.
   Repons: *Mwen konn fè nouvèl pi souvan.*

B. Poukisa ou fè aktivite sa yo. Marye kolòn I ak II pou ou fè yon fraz lojik ak de pati ou chwazi yo. Suiv egzanp lan.

Egzanp: 1. louvri televizyon → **Repons:** h. pou mwen gade nouvèl
Fraz lojik: *Mwen louvri televizyon pou mwen gade fim.*

1.	**louvri televizyon**	a)	pou mwen gade fim
2.	louvri radyo **(i)**	b)	pou mwen gade foutbòl
3.	al nan gage **(e)**	c)	pou mwen peche pwason
4.	tann gen van **(j)**	d)	pou mwen naje
5.	al nan bal **(f)**	e)	pou mwen bat kòk
6.	al nan sinema a **(a)**	f)	pou mwen danse
7.	bay lodyans ak blag **(h)**	g)	**pou mwen gade nouvèl**
8.	al nan larivyè **(c)**	h)	pou mwen kab ri
9.	al nan match **(b)**	i)	pou mwen tande mizik
10.	al nan lanmè **(d)**	j)	pou mwen monte kap

C. Jwèt timoun oswa jwèt granmoun? Di ki aktivite granmoun fè epi aktivite timoun fè pou yo amize yo. Se pou ou ekri yon fraz konplè menm jan ak egzanp lan.

Egzanp: al nan gagè/al benyen nan rivyè
Repons: *Pou yo amize yo, granmoun al nan gagè, timoun al benyen nan rivyè.*

1. gade foutbòl / fè lago kache → *Pou yo amize yo, granmoun yo ale gade foutbòl, timoun yo al fè lago.*
2. jwe marèl / al nan bal→ *Pou yo amize yo, granmoun yo al nan bal, timoun yo jwe jwèt marèl.*
3. al nan sinema / jwe mab → *Pou yo amize yo, granmoun yo al nan sinema, timoun yo jwe mab.*
4. gade televizyon / fè nouvèl→ *Pou yo amize yo, granmoun yo fè nouvèl, timoun yo gade televizyon.*
5. sote kòd / bay lodyans→ *Pou yo amize yo, granmoun yo bay lodyans, timoun yo sote kòd.*
6. monte sèvolan / jwe kat→ *Pou yo amize yo, granmoun yo jwe kat, timoun yo montre sèvolan.*
7. li jounal / al naje nan rivyè→ *Pou yo amize yo, granmoun yo li jounal, timoun yo al naje nan rivyè.*
8. al keyi mango /jwe pokè→ *Pou yo amize yo, granmoun yo jwe pokè, timoun yo al keyi mango.*
9. li yon liv / monte bekàn→ *Pou yo amize yo, granmou yo li yon liv, timoun yo monte bekàn.*
10. Fè wonn /jwe mizik nan djaz→ *Pou yo amize yo, granmoun yo jwe mizik nan djaz, timoun yo fè wonn.*

D. Ann fè yon ti konvèsasyon! – Travay ak yon lòt elèv nan klas la: Youn ap poze kesyon; lòt la ap reponn. Se pou nou chanje wòl apre chak seri kesyon epi repons.

ANSWERS VARY FOR THIS OPEN QUESTION EXERCISE

1. Èske ou renmen amize w?
2. Ki kalite aktivite ou konn fè lè w ap pran plezi w?
3. Ki aktivite papa w ak manman w renmen fè pou amize yo?
4. Ki aktivite ou pi renmen: lapèch oswa lachas? Poukisa?
5. Èske aktivite ou fè kounye a menm ak sa ou te konn fè lontan? Poukisa?
6. Dapre ou menm, ki aktivite pifò Ayisyen renmen fè pou amize yo.

II. Verbal expresssions *kite* and *annou*

ANNOU PRATIKE

A. **Ekspresyon vèbal:** *kite* – Look at the way *kite* is used in the following sentences and say how it is being used. Follow the example below.

Example: Kite m lave rad yo pou ou. (*volunteer to do something*)

1. Pa janm kite m wè figi w nan kay. (*to threaten someone*)
2. Kite madanm nan an repo! (*to make suggestions*)
3. Kite nou al avèk ou tanpri ! (*volunteer to do something*)
4. M grangou. Kite m al manje. (*to request permission*)
5. Kite mekanisyen an ranje machin nan pou ou. (*to make suggestions*)
6. Kite m di w kouman sa te pase. (*volunteer to do something*)

B. *Kite* oswa *Annou*? – Sèvi ak *kite* oswa *annou* pou ou konplete fraz sa yo.
1. *Kite* m pran plezi m.
2. *Annou* ale nan sinema pita.
3. *Kite* li fè travay yo pou ou.
4. *Kite* nou soti aswè a souple!
5. *Annou* tache senti nou pou n pa pran kontravansyon.
6. *Annou* limen limyè machin nan.
7. *Kite* m ralanti pou m pa fè aksidan.
8. Pa *kite* m tande ou manyen machin sèlman!
9. *Annou* estasyone machin nan nan lakou a.
10. *Annou* fè devwa yo pi vit tande!

III. The consonants /j/ and /y/ after /d/

CD 2-41 – Yon ti dikte. Listen carefully and write down the entire sentences.

1. Lè yo di Djoni li pa jwenn djòb la, mise vinn andjable.
2. Nèg sa a renmen fè dyòlè anpil.
3. Mari ap kwit yon diri ak djondjon.
4. Dyaspora etazini voye anpil lajan ann Ayiti.
5. M ta kontan si dyòlè a te kab fèmen dyòl li.

Answer key for exercises in chapter 5, Leson 4 : *Nou pral nan fèt chanpèt!*

I. Fèt patwonal nan peyi Ayiti

ANNOU TCHEKE SI NOU KONPRANN DYALÒG LA

> **Reponn kesyon yo an Kreyòl dapre dyalòg la.**

1. Kisa k fè Maksorèl al pale ak Wozlò? → *Maksorèl al pale ak Wozlò paske li wè Wozlò ap gade toupatou, li panse Wozlò pa moun zòn nan.*
2. Kisa Wòzlò vle fè avan l al sou plaj la? → *Li te vle al vizite vil la anvan li ale sou plaj la.*
3. Kisa Maksorèl ap mennen Wozlò vizite an premye? → *Li ap mennen li al vizite de pi gwo legliz katolik yo anvan.*
4. Èske Wozlò dakò pou l vizite bagay sa yo? Poukisa? → *Wi li dakò pou li vizite yo, paske li katolik.*
5. Kisa Wozlò ap pwofite fè pandan l ap vizite bagay sa yo? → *Li ap pwofite priye, epi wè mache a ak plas dam nan.*
6. Kisa Maksorèl ak Wozlò ap fè pandan yo sou wout Jele a? → *Pandan yo sou wout jele a, yo ap tou vizite kafou Machatè a.*
7. Nan ki lane moun Okay te revòlte kont blan Meriken ? → *Moun Okap te revòlte kont blan Meriken nan lane 1929.*
8. Kisa sòlda ameriken te fè nan Kafou Machatè ? → *Sòlda Ameriken te touye patriyòt ayisyen avèk zam nan kafou Machatè.*

❖ ANNOU PRATIKE

A. Fèt patwonal – Li fraz sa yo ki anba a epi reponn VRÈ oswa FO dapre enfòmasyon ki nan tèks ak dyalòg la. Suiv egzanp lan.

Egzanp: Relijyon ofisyèl peyi Ayiti se Katolik ak Vodou. → **Repons: VRÈ**

1. Fèt patwonal se menm bagay ak fèt chanpèt. → ***VRÈ***
2. Moun yo pa konn pran anpil plezi nan fèt patwonal yo. → ***FO***
3. Moun yo konn al legliz pou yo priye lè fèt patwonal. → ***VRÈ***
4. Se katolik sèlman ki ale nan fèt patwonal. → ***FO***
5. Ayisyen k ap viv nan peyi etranje konn patisipe nan fèt patwonal. → ***VRÈ***
6. Pa gen zafè danse ak mizik nan fèt patwonal. → ***FO***
7. Yo fete fèt Nòtredam nan vil Okay. → ***VRÈ***
8. Fòk ou ale nan legliz Sakrekè ak Katedral avan ou ale sou plaj Jele. → ***FO***
9. Moun yo pa konn bwè bwason alkolize lè yo nan fèt chanpèt. → ***FO***
10. Imakile Konsepsyon ak Sentantwàn se sen patwon yo ye. → ***VRÈ***

B. **Fèt patwonal nan vil Okay** – Chwazi mo oswa ekspresyon ki pi lojik la pou ou ranpli espas vid yo nan chak fraz ki anba yo.

Dyaspora – lapriyè – wonm ak byè – uit desanm – kafou machatè – fèt chanpèt – Nòtredam – festival Jele – popilè – Imakile Konsepsyon – venn senk out

1. Sen katolik ki se patwon vil Okay la rele **Nòtredam**.
2. Se nan dat **vennksenk out** yo fete fèt patwonal Sen Lui nan vil Jeremi.
3. Lè gen fèt patwonal, katolik yo toujou al legliz pou **lapriyè**.
4. **Festival Jele** se yon fèt yo fè sou yon bèl plaj ki pa lwen vil Okay.
5. **Kafou machatè** se kote sòlda ameriken yo te touye patriyòt Ayisyen yo.
6. Lè fèt chanpèt, moun yo konn bwè bwason alkolize tankou **wonm ak byè**.
7. **Fèt chanpèt** se yon fèt patwonal ki fèt nan zòn andeyò.
8. Se nan mwa desanm moun Ench fete **Imakile Konsepsyon**.
9. Menm **dyaspora** vwayaje soti nan peyi letranje pou yo vin nan fèt patwonal.
10. Fèt patwonal ki pi **popilè** yo se Nòtredam, Sen Lui, Sen Jak ak Imakile Konsepsyon.

C. **Aktivite moun yo pito fè lè yo nan fèt chanpèt** – Nan chak pè aktivite sa yo ki anba a, chwazi sa ki pi sanble ak aktivite moun konn fèt pandan fèt chanpèt oswa fèt patwonal. Reponn menm jan ak egzanp lan pou ou di sa moun yo pito fè lè yo nan fèt chanpèt.

Egzanp: dòmi tout jounen / al danse nan bal
Repons: *Lè fèt chanpèt, moun yo pito al danse nan bal.*

1. fè anpil travay nan kay / òganize bèl aktivite bò rivyè
   Repons: *Lè fèt chanpèt, moun yo pito fè anpil travay nan kay.*
2. pran anpil plezi / al travay nan jaden
   Repons: *Lè fèt chanpèt, moun yo pito pran anpil plezi.*
3. al legliz pou yo priye / kuit manje
   Repons: *Lè fèt chanpèt, moun yo pito al legliz pou yo priye.*
4. banboche tout jounen / gade televizyon
   Repons: *Lè fèt chanpèt, moun yo pito banboche tout jounen.*
5. al lekòl / bwè tafya, wonm ak byè
   Repons: *Lè fèt chanpèt, moun yo pito bwè tafya, wonm ak byè.*
6. detann ou sou plaj / suiv kou nan inivèsite
   Repons: *Lè fèt chanpèt, mwen pito detann mwen sou plaj.*
7. li yon liv / al nan kèmès
   Repons: *Lè fèt chanpèt, moun yo pito al nan kèmès.*
8. al nan konsè / etidye leson
   Repons: *Lè fèt chanpèt, moun yo pito al nan konsè.*

D. **Ann fè yon ti konvèsasyon!** - Travay ak yon lòt elèv nan klas la: Youn ap poze kesyon; lòt la ap reponn. Se pou nou chanje wòl apre chak kesyon ak repons.

1. Èske ou renmen banboche anpil?
2. Ki jou nan semenn nan ou konn banboche?
3. Ki aktivite ou konn fè lè w ap banboche?

4. Èske ou konn bwè bwason alkolize tankou wonm ak byè lè ou nan fèt? Poukisa?
5. Èske nan vil oswa nan zòn ou abite a gen fèt patwonal?
6. Èske ou ta renmen patisipe nan yon fèt chanpèt? Poukisa?

II. Aspectual and Modal verbs versus main verbs

ANNOU PRATIKE

A. **VÈB OKSILYÈ OSWA VÈB PRENSIPAL?** Fraz ki anba yo gen *tonbe; pran; konn* and *sot/sòt* ladan yo. Gade chak fraz byen pou ou kapab detèmine si ekspresyon sa yo se vèb oksilyè oswa si yo se vèb prensipal. Fè yon tras anba vèb prensipal yo epi de tras anba vèb oksilyè yo menm jan ak egzanp lan.

Egzanp 1: *Tidjo tonbe kriye lè l tonbe a -*   **Egzanp 2:** *Yo sot nan jaden deja.*

1. Nou sot lavil.
2. Jak sòt pase chemiz li.
3. Wòzlò te konn danse anpil.
4. Mari konn leson an byen.
5. Jidèks poko janm tonbe la.
6. Yo tonbe bwè wonm nan fèt la.
7. Jaki pran pale lè l reponn telefòn nan.
8. Vòlè a pran twa san dola nan pòch mwen.
9. Jan sot netwaye kay la.
10. Elèv yo sot lekòl a twazè.

B. **FÈ FRAZ AK VÈB OKSILYÈ EPI VÈB PRENSIPAL** – Create your own personal sentences with *tonbe; pran; konn* and *sot/sòt*. Use each of these verbal expressions in two different sentences. Each verbal expression must be used as an auxiliary verb in the first sentence and as a main verb in the second sentence. You must create eight sentences in total. Make sure you do not copy the examples in your textbook.

ANSWERS VARY FOR THIS OPEN QUESTION EXERCISE

III. The letter /h/

CD 2-44 – Yon ti dikte. Listen carefully and write down the entire sentences.

1. Woje mete halfò l sou do l pou l al nan jaden.
2. Gen yon pakèt dasomann k ap hise monte sou mi an.
3. Toujou gen yon hinghang nan kay la.
4. Si m te ou m ta hont.
5. Nèg bèl hotè a keyi mango a pou mwen.
6. Houngan an chita nan hounfò a.
7. Se houke Ganga houke lè l ap pale.
8. Hounsi se fi ki ede houngan fè seremoni Vodou.

IV. Annou li epi koute

❖ Linguistic cues to help you better understand the text.

➢ *The following sentences are from the text. Translate them into English:*
1. Nòtredam manman ban m yon ti chans pou m bwè tafya m manman.
   Our lady Notre Dame, let me have a few drinks.
2. Depi le premye out m ap sere ti kòb mwen pou m al fete nan Tigwav.
   I've been saving money since August 1st to go enjoy the country festival of Tigwav.
3. Se jou tout banbochè met lajan nan pòch yo pou yo ale pran plezi yo.

It's the day all feaster must find money to go have fun.
4. Wout Sid la chofe machin ap monte, machin ap desann.
The country road to the South is buzy with heavy traffics.
5. Se tout Ayisyen k ap viv lòtbò dlo ki prese rantre pou yo vin fete.
All Haitians in the Diaspora hurry to come back to enjoy the festival.

❖ **Answer the following questions in English.**
1. In lines 4-9, the singer is praying Our Lady. What is he asking for?
   Repons: *He is asking a chance to have some drink.*
2. From what exact date does the singer start to save money for the festival?
   Repons: *The singer start to save money from August 1st.*
3. When is the patronal festival of Tigwav celebrated?
   Repons: *It is celebrated on August 15th.*
4. Is it easy to find hotel rooms in Tigwav during the festival? Why?
   Repons: *No. Because of too many visitors.*
5. What do people do if they can't find a hotel?
   Repons: *They carry their beddings.*

CHAPIT SIS
Vwayaj nan peyi etranje!

Answer key for exercises in chapter 6, Leson 1 : *Nan ki peyi nou prale?*

I. Nou pral fè letou dimonn

🌿 **ANNOU TCHEKE SI NOU KONPRANN DYALÒG LA**

➤ **Reponn kesyon yo an Kreyòl dapre dyalòg la.**

1. Konbyen peyi Wòzlò vle vizite nan chak kontinan? → <u>**Wozlò vle vizite twa peyi nan chak kontinan.**</u>
2. Konbyen tan Wòzlò vle pase nan chak peyi? → <u>**Wozlò vle pase yon semenn nan chak peyi.**</u>
3. Nan ki kontinan Wòzlò p ap vizite twa peyi? → <u>**Se nan kontinan Oseyani Wozlò p ap vizite twa peyi.**</u>
4. Ki peyi nan kontinan ewopeyen an Wòzlò vle vizite imedyatman? → <u>**Peyi Wozlò vle vizite imedyatman nan kontinan ewopeyen an yo se Angletè, Almay ak Frans.**</u>
5. Ki lè Wòzlò vle vizite lòt peyi ewopeyen tankou Lasyèd, lawolann ak Lagrès? → <u>**Wozlò vle vizite lòt peyi ewopeyen yo tankou Lasyèd, lawolann ak Lagrès yon lòt lè.**</u>
6. Ki peyi Wòzlò vle vizite nan kontinan afriken an? → <u>**Wozlò vle vizite Nijerya, Benen ak Angola nan kontinan Afriken an.**</u>
7. Ki peyi Wòzlò vle vizite nan kontinan Ameriken an? → <u>**Wozlò vle vizite Etazini, Kostarika ak Trinidad nan kontinan Ameriken an.**</u>
8. Dapre Filip, Konbyen tan konsa tout vwayaj la ka dire? → <u>**Dapre Filip, tout vwayaj la ka dire nèf mwa.**</u>

ANNOU PRATIKE

A. **Ki kontinan?** – Di nan ki kontinan peyi sa yo ye. Se pou ou reponn ak yon fraz konplè menm jan ak egzanp lan ki anba a.

  Egzanp: Etazini → **Repons:** *Se nan kontinan <u>Amerik Dinò</u> Etazini ye.*
1. Senegal→ **Se nan kontinan <u>Afrik</u> Senegal ye.**
2. Etyopi→ **Se nan kontinan <u>Afrik</u> Etyopi ye.**
3. Japon→ **Se nan kontinan <u>Azi</u> Japon ye.**
4. Perou→ **Se nan kontinan <u>Amerik Disid</u> Pewou ye.**
5. Pakistan → **Se nan kontinan <u>Azi</u> Pakistan ye.**
6. Almay→ **Se nan kontinan <u>Ewòp</u> Almay ye.**
7. Jamayik → **Se nan kontinan <u>Amerik Dinò</u> Jamayik ye.**
8. Matinik → **Se nan kontinan <u>Amerik Dinò</u> Matinik ye.**
9. Bahamas→ **Se nan kontinan <u>Amerik Dinò</u> Bahamas ye.**
10. Kanada→ **Se nan kontinan <u>Amerik Dinò</u> Kanada ye.**

B. **Wete sa k depaman an.** Travay ak yon lòt etidyan pou ou eseye jwenn mo ki pa matche ak lòt mo yo. Lè ou jwenn mo depaman an, se pou ou di pou ki sa se li chwazi.

   Egzanp: Japon, Lachin, Meksik, Kore
   Repons: *Meksik: Tout lòt peyi yo nan kontinan Azi.*

   1. Senegal, ~~Itali~~, Etyopi, Afrik Disid→ **Itali : Tout lòt peyi yo nan kontinan Afrik.**
   2. Lafrans, Lespay, Bulgari, ~~taylannn~~→ **Taylann : Tout lòt peyi yo nan kontinan Ewòp.**
   3. ~~Lend~~, Matinik, Gwadloup, Sent Lisi→ **Lend : Tout lòt peyi yo nan kontinan Amerik Dinò.**
   4. Perou, Brezil, Nikaragwa, ~~Kanada~~→**Kanada : Tout lòt peyi yo nan kontinan Amerik Disid.**
   5. Pakistan, ~~Ayiti~~, Afganistan, Irak→ **Ayiti : Tout lòt peyi yo nan kontinan Azi.**
   6. Almay, ~~Bahamas~~, Pòtigal, Angletè→ **Bahamas : Tout lòt peyi yo nan kontinan Ewòp.**
   7. Jamayik, Pòtoriko, Dominikani, ~~larisi~~→ **Larisi : Tout lòt peyi yo nan kontinan Amerik Dinò.**
   8. Panama, Kanada, ~~Meksik~~, Etazini→ **Meksik paske se li menm ki nan Amerik Santral**

C. **Ki peyi ou ta renmen vizite?** – Di ki peyi ou ta renmen vizite nan kontinan oswa rejiyon sa yo. Se pou ou jwenn omwen twa peyi menm jan ak egzanp lan ki anba a.

   Egzanp: Ann Amerik Disid
   Repons.: *Ann Amerik Disid, m ta renmen vizite Brezil, Kolonbi ak Ajantin.*

   1. Amerik Dinò → **Ann Amerik Dinò, m ta renmen vizite Etazin, Kanada ak Meksik.**
   2. Afrik→ **Ann Afrik, m ta renmen vizite Kongo, Nijerya ak Angola.**
   3. Oseyani→ **Ann Oseyani, m ta renmen vizite Ostrali, Samora ak Nouvèlzelann.**
   4. Azi→ **Ann Azi, m ta renmen vizite Izrayèl, Arabisawoudit ak Maldiv.**
   5. Ewòp→ **Ann Ewòp, mwen ta renmen vizite Lafrans, Wayomini ak Itali.**
   6. Karayib→ **Nan Karayib, mwen ta renmen vizite Bahamas, Jamayik ak Matinik.**
   7. Amerik Disid→ **Nan Amerik Disid, m ta renmen vizite Ilmalwin, Brezil ak Pewou.**
   8. Mwayenoryan→ **Nan Mwayenoryan, m ta renmen vizite Yemenn, Siri ak Palestin.**

D. **Ki nasyonalite yo epi ki lang yo pale?** Di ki nasyonalite yo epi ki lang moun sa yo pale depandan kote yo te fèt oswa kote y ap viv la. Reponn menm jan ak egzanp lan.

   Egzanp: Wòzlò te fèt Pòtoprens. Se la l ap viv.
   Repons : *Li se Ayisyèn epi li pale kreyòl ak franse.*

   1. Mannyèl ap viv Dominikani. → **Li se Ayisyen epi li pale kreyòl, fransè ak espanyòl.**
   2. Manno Sanon fèt Ayiti. → **Li se Ayisyen epi li pale kreyòl ak franse.**
   3. Jak ak Andre fèt Fòdefrans. → **Yo se Matiniken epi yo pale fransè ak kreyòl.**
   4. Madan Klintonn fèt Ozetazini. → **Li se Ameriken epi li pale anglè.**
   5. Nikola Sakozi fèt an Frans. → **Li se fransè epi li pale Fransè.**
   6. Peri Kristi fèt Bahamas. → **Li se yon Bayameyen epi li pake Anglè.**
   7. Mikayèl Jan fèt ann Ayiti. Men se Kanada l ap viv. → **Li se ayisyèn men li pale kreyol, fransè ak Anglè.**

8. Mannyèl ap viv Dominikani. → **Li se Ayisyen epi li pale kreyòl, fransè ak anglè.**
9. Larèn Elizabèt fèt Angletè. → **Li se Anglèz epi li pale Anglè Britanik.**
10. Bòb Male fèt Jamayik. → **Li se Jamayiken epi li pale Anglè ak Patwa.**

E. **Ann reponn kesyon yo!** Travay ak yon lòt elèv nan klas la: Youn ap poze kesyon; lòt la ap reponn. Se pou nou chanje wòl apre chak kesyon ak repons.

<u>**ANSWERS VARY FOR THIS OPEN QUESTION EXERCISE**</u>

1. Èske ou renmen vwayaje nan peyi etranje?
2. Ki peyi ou ta renmen vizite? Pou ki sa?
3. Ki peyi ou vizite deja?
4. Nan ki kontinan peyi sa yo ye?
5. Ki peyi ou poko vizite nan Amerik Disid la?
6. Ki peyi ou poko vizite nan kontinan Afrik la?

II. Emphatic constructions with fronted elements with (se)

ANNOU PRATIKE

A. **NASYONALITE AK PWOFESYON ?** Itilize fraz anfatik ak adjektif pou di ki nasyonalite oswa pwofesyon moun sa yo. Reponn wi si w dakò, non, si w pa dakò. Suiv egzanp lan.

Egzanp 1 : Emlin Michèl te fèt Ayiti ; li se Ayisyèn. → **Repons :** *Wi, se Ayisyèn li ye.*
Egzanp 2 : Filip kondi machin chak jou ; li se kontab. → **Repons :** *Non, se chofè li ye.*

1. Anri ap fè kou nan inivèsite a ; li se elèv. → **Non, se pwofesè li ye.**
2. Michou konn koud rad byen ; li se koutiryè. → **Wi, se koutiryè li ye.**
3. Bill Klintonn abite Ozetani ; li se Afriken. → **Non, se Ameriken li ye.**
4. Malou toujou ap konte lajan ; li se kontab. → **Wi, se kontab li ye.**
5. Nèlson Mandela te prezidan Afrik Disid ; li se Bayameyen. → **Non, se Afriken li ye.**
6. Franketyèn toujou ap ekri ; li se ekriven. → **Wi, se ekriven li ye.**
7. Nikola Sakozi ap viv an frans, li se Ayisyen. → **Non, se Fransè li ye.**
8. Michèl Matelì toujou ap chante ; li se chantè. → **Wi, se chantè li ye.**
9. Larèn Elizabèt te fèt Angletè ; li se Koreyèn. → **Non, se Anglèz li ye.**
10. Wonaldo konn jwe foutbòl byen ; li se foutbolè. → **Wi, se foutbolè li ye.**

B. **Ki nasyonalite yo epi ki lang yo pale ?** Itilize fraz anfatik ak adjektif epi non pou di ki nasyonalite moun sa yo ak ki lang yo pale depandan de kote yo te fèt la. Reponn menm jan ak egzanp lan.

Egzanp : Emlin Michèl te fèt ann Ayiti.
Repons : *Se Ayisyèn li ye epi se kreyòl ak franse li pale.*

1. Maryo te fèt nan peyi Lespay. → **Se Espanyòl li ye, epi se anglè ak fransè li pale.**
2. Aristid te fèt Ayiti. → **Se Ayisyen li ye epi se kreyòl ak fransè li pale.**

115

3. Rita Male te fèt Jamayik. → **Se Jamayikèn li ye epi se Anglè ak patwa li pale.**
4. Michlin ak Felisk te fèt an Frans. → **Se Fransè yo ye epi se fransè yo pale.**
5. Beyonse te fèt Ozetazini. → **Se Amerikèn li ye epi se anglè li pale.**
6. Larèn Elizabèt te fèt Angletè. → **Se Anglèz li ye, epi se anglè ak fransè li pale.**
7. Kristòf Kolon te fèt an Itali. → **Se Italyen li ye, epi se italyen li pale.**
8. Pyè te fèt Bahamas. → **Se Bayameyen li ye epi se anglè li pale.**
9. Twouwilyo te fèt Dominikani. → **Se Dominiken li ye epi espanyòl li pale.**
10. Jèt Li te fèt an Chin. → **Se Chinwa li ye, epi se chinwa li pale.**

C. KI SA Y AP FÈ KOUNYE A? Gade desen yo epi di sa moun sa yo ap fè nan moman an. Itilize fraz anfatik ak vèb menm jan ak egzanp lan.

Egzanp 1: *Se jwe l ap jwe foutbòl.*

1. Se jwe l ap jwe foutbòl.	2. Se gita l ap jwe.	3. Se radyo l ap koute.
4. Se televizyon l ap gade.	5. Se danse y ap danse.	6. Se vyolon l ap jwe.
7. Se nan telefòn y ap pale.	8. Se gaz l ap fè.	9. Se espò y ap fè.

D. KI SA YO T AP FÈ? – Kreye fraz anfatik ki logik pou di sa moun sa yo t ap fè avanyè depandan de chak sityasyon. Itilize fraz anfatik menm jan ak egzanp lan.

Egzanp: Adriyen te gen yon plim ak yon kaye nan men l. → **Repons:** *Se ekri li t ap ekri.*

1. Filip te chita dèyè volan machin nan. → **Se kondui li t ap kondui.**
2. Adriyen te chita devan televizyon an. → **Se gade li t ap gade.**
3. Je Mimoz te fèmen sou kabann nan. → **Se dòmi li t ap dòmi.**
4. Mari te gen yon liv nan men l. → **Se li li t ap li.**
5. Mekanisyen an te gen zouti nan men l. → **Se travay li t ap travay.**
6. Koutiryè a te gen yon sizo nan men l. → **Se taye li t ap taye.**
7. Bòs tayè a te gen zegwi ak fil nan men l. → **Se file li t ap file.**

> 8. Ebenis lan te gen yon goyin nan men l. → **Se koupe li t ap koupe.**
> 9. Mwen te chita sou òdinatè a nan biwo a. → **Se travay mwen t ap travay.**
>   Jozèf te gen yon gita nan men l. → **Se jwe li t ap jwe.**

E. **Ann reponn kesyon yo!** Itilize fraz anfatik sèlman pou reponn kesyon yo. Travay ak yon lòt elèv nan klas la: Youn ap poze kesyon; lòt la ap reponn. Se pou nou chanje wòl apre chak kesyon ak repons.

ANSWERS VARY FOR THIS OPEN QUESTION EXERCISE

1. Ki jan ou rele ?
2. Ki laj ou genyen ?
3. Ki pwofesyon w ?
4. Ki kote ou rete ?
5. Nan ki peyi ou te fèt?
6. Nan ki kontinan peyi ou te fèt la ye?

III. Consonant blends: /bl/ and /br/

CD 2-48 – Yon ti dikte. Koute epi ekri fraz sa yo ki gen **/bl/** ak **/br/** ladan yo.

1. *Bresonyè a bliye al nan etid biblik.*
2. *Blan an mete biblo a sou bibliyotèk la.*
3. *Nèg ak blouz ble a blese nan bra.*

4. *Bibliyotekè a bliye klase bibliyografi yo.*
5. *Limyè machin yo ap briye nan blokis la.*
6. *Blakawout blayi nan tout peyi a.*
7. *Blan yo ap debleye ranblè ak debri tranblemanntè a.*
8. *Brigan yo bloke lari pou yo fè deblozay.*

Answer key for exercises in chapter 6, Leson 2: *Mwayen transpò*

I. **Ki mwayen transpò n ap itilize?**

✦ **ANNOU TCHEKE SI NOU KONPRANN DYALÒG LA**

➢ **Reponn kesyon yo an Kreyòl dapre dyalòg la.**

1. Pou ki sa Wòzlò vle pran bato ? → Wozlò _vle pran bato paske li pa janm gen mal bato._
2. Ki mwayen transpò Wòzlò ak Filip ap itlize pou yo ale Miyami ? → Yo _ap itilize avyon pou yo ale Miyami._
3. Ki mwayen transpò Wòzlò ak Filip ap itlize pou yo ale ann Ewòp ? → Yo _ap itilize bato pou yo ale ann Ewòp._
4. Ki mwayen transpò Wòzlò ak Filip ap itlize pou yo vizite peyi ewòpeyen yo ? → _Yo ap itilize tren ak otobis pou yo vizite peyi ewopeyen yo._

5. Ki enkonvenyan ak avantaj ki genyen lè ou pa vwayaje nan avyon ? → **_Lè ou pa vwayaje nan avyon, ou ap vwayaje mwen vit men ou ap kab wè peyizaj yo pi byen._**
6. Pou ki sa Filip vle pran avyon soti ann Ewòp pou ale ann Afrik ? → **_Paske li panse se pa yon bon lide pou kondui soti an Ewòp pou ale an Afrik, epi li pa konnen si gen bato kwazyè ki soti en Ewòp pou ale an Afrik._**
7. Ki jan Wòzlò santi l lè li monte avyon ? → **_Lè Wozlò monte avyon, li toujou ap tranble tèlman l pè._**
8. Apre avyon, ki lòt mwayen transpò Wozlò pa renmen? → **_Wozlò renmen tout lòt mwayen transpò yo. Li pa gen okenn pwoblèm avèk yo._**

ANNOU PRATIKE

A. Wete sa k depaman an. Jwenn mo ki pa matche ak lòt mo yo. Lè ou jwenn mo depaman an, se pou ou di pou ki sa se li ou chwazi. Suiv egzanp lan ki anba a.

Egzanp: Avyon, bekàn, elikoptè, djèt
Repons: _Bekàn_: paske se sèl li ki pa kouri anlè. OSWA paske tout lòt yo vole anlè.

1. Bisiklèt, motosiklèt, tren, bekàn→ **Tren** paske se sèl li menm ki genyen plis pase 2 plas.
2. Vwalye, bato kwazyè, kannòt, chwal→ **Chwal** paske se sèl li menm moun pa itilize sou lanmè.
3. Bwa fouye, vwati, kamyon, bis→ **Bwa fouye** paske se lè li menm moun itilize nan dlo.
4. Bourik, cheval, ti moto, milèt → **Ti moto** Paske se sèl li menm ki genyen kawouchou.
5. Taksi, gwo moto, taptap, bis→ **Gwo moto** paske se sèl li menm ki pa yon mwayen transpò piblik.

B. Mwayen transpò – Annou klase mwayen transpò yo nan bon kategori a. Gen yon egzanp pou chak kategori. Se pou ou konplete chak kategori ak lòt mo.

1. Transpò aeryen: **elikoptè**, ...
2. Transpò atè: **kamyon**, ...
3. Transpò maritim: **bato**, ...
4. Transpò piblik: **tren**, ...
5. Transpò pèsonèl: **bisiklèt**, ...

C. **Ki mwayen transpò sa a?** Travay ak yon lòt etidyan pou ou fè egzèsis sa a. Se pou nou ekri yon deskripsyon byen detaye sou chak imaj. Apre sa a, li deskripsyon yo pou yon lòt gwoup. Lòt gwoup la dwe eseye devine (guess) ki imaj nou dekri. Suiv egzanp lan.

Egzanp: *Image # 1-* **Se yon bagay ki kab vole anlè; se pou ou ale nan ayewopò pou ou monte ladan l.** → **Respons :** *Se yon avyon.*

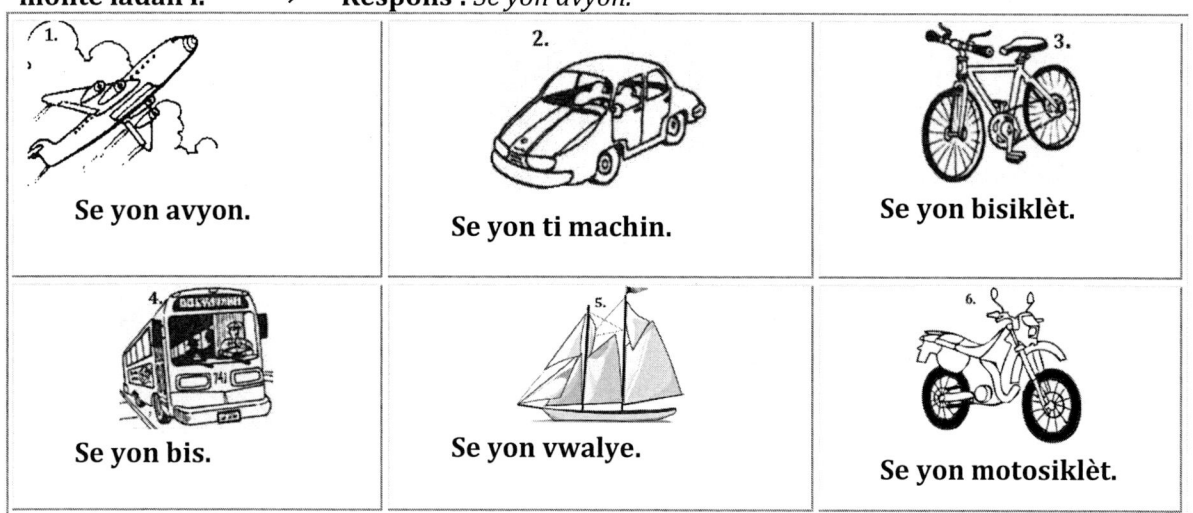

Se yon avyon.	Se yon ti machin.	Se yon bisiklèt.
Se yon bis.	Se yon vwalye.	Se yon motosiklèt.

D. **Ki mwayen transpò?** Chwazi mo korèk la pami mo ki anba yo pou reponn chak kesyon.

avyon - bis - ti bato a motè - bato kwazyè - elikoptè - vwalye - kamyon - bisiklèt - bwa fouye - chwal - motosiklèt

1. Li gen de kawotchou men li pa gen motè. → **bisiklèt**
2. Li kouri sou dlo men li pa gen motè. → **bwa fouye**
3. Li gen kat kawotchou epi li kab pote anpil pasaje. → **bis**
4. Li kouri sou dlo epi li gen yon ti motè tou piti. → **ti bato a motè**
5. Li kouri sou dlo epi li gwo anpil. Li kab pote anpil pasaje. → **bato kwazyè**
6. Li gen de kawotchou epi li gen yon motè. → **motosiklèt**
7. Li gen kat pye; li kab monte mòn byen. → **kamyon**
8. Li kouri anlè epi li gen de gwo elis k ap vire sou tèt li. → **elikoptè**
9. Li kouri anlè; li gen de gwo zèl epi li bezwen anpil espas pou ateri. → **avyon**
10. Li kouri sou dlo men si pa gen van li pa kapab deplase. → **vwalye**

ANSWERS VARY FOR THIS OPEN QUESTION EXERCISE

F. **Ann fè yon ti konvèsasyon!** - Travay ak yon lòt elèv nan klas la: Youn ap poze kesyon; lòt la ap reponn. Se pou nou chanje wòl apre chak kesyon ak repons.

1. Nan ki mwayen transpò ou pi renmen vwayaje? Pou ki sa?
2. Ki mwayen transpò ki pi chè nan peyi ou ?
3. Ki mwayen transpò ki mwen chè nan peyi ou?
4. Ki mwayen transpò ou itilize pou ou ale lekòl?
5. Ki mwayen transpò ou itilize lè ou prale nan peyi etranje.

II. **Emphatic construction with fronted elements introduced by (*se pa ti; se pa de, ala*) and the emphatic adverbial menm**

ANNOU PRATIKE

A. **Fraz anfatik ak *se pa ti/se pa de*** - Marye kolòn I ak II. Suiv egzanp lan.

Egzanp: **1.** Chofè a prese anpil. → **Repons: c.** Se pa ti kouri li kouri machin nan.

Kolòn I	Kolòn II
1. **Chofè a prese anpil.**	a) Se pa de bèl li bèl.
2. Mara fèk sot makiye. **(a)**	b) Se pa ti sèk tè a sèk.
3. Bato kwazyè a kab pote anpil moun. **(j)**	c) **Se pa ti kouri li kouri machin nan.**
4. Lapli pa janm tonbe. **(b)**	d) Se pa ti danse yo danse.
5. Wozlò ak Filip te al nan bal. **(d)**	e) Se pa ti kontan l kontan.
6. Mari travay tout jounen. **(h)**	f) Se pa de frèt mwen frèt.
7. Papa m genyen nan loto. **(e)**	g) Se pa ti cho li cho.
8. Andre sot mache anba solèy la. **(g)**	h) Se pa ti bouke li bouke.
9. Adriyen te reyisi egzamen an. **(i)**	i) Se pa de etidye li etidye.
Lanèj ap tonbe. **(f)**	Se pa ti gwo li gwo.

B. **Fraz anfatik ak *ala*** - Itilize *ala* pou met anfaz sou adjektif yo. Suiv egzanp lan.

Egzanp : Ti dam nan bèl. → **Repons** : *Ala bèl li bèl.*

1. Chwal la mèg. → **Ala mèg li mèg.**
2. Kamyon an gwo. → **Ala gwo li gwo.**
3. Tren an long. → **Ala long li long.**
4. Machin nan bèl. → **Ala bèl li bèl.**
5. Milèt la move. → **Ala move li move.**
6. Limyè a klere. → **Ala klere li klere.**
7. Solèy la cho. → **Ala cho li cho.**
8. Adriyen piti. → **Ala piti li piti.**
9. Timoun nan frèt. → **Ala frèt li frèt.**
10. Elèv sa entelijan. → **Ala entèlijan li entèlijan.**

C. **Fraz anfatik ak *menm*** – Ajoute *menm* apre non oswa pwonon ki nan fraz sa yo pou mete anfaz sou yo. Suiv egzanp yo.

Egzanp 1 : Se yo ki te fè aksidan an. → **Repons** : Se yo <u>menm</u> ki te fè aksidan an.
Egzanp 2 : Se Filip ki te malad la. → **Repons** : Se Filip <u>menm</u> ki te malad la.

1. Se nan jaden an yo ye. → **Se nan jaden an <u>menm</u> yo ye.**
2. Se Jak k ap konduijodi a. → **Se Jak <u>menm</u> k ap kondui jodi a.**
3. Se òdinatè sa a m vle. → **Se òdinatè sa a <u>menm</u> m vle.**
4. Se papa m k ap pale a. → **Se papa m <u>menm</u> k ap pale a.**
5. Se li ki t ap navige bato a. → **Se li <u>menm</u> ki t ap navige bato a.**

> 6. Se nan peyi Bahamas l ap viv. → **Se nan peyi Bahamas <u>menm</u> l ap viv.**
> 7. Se Ayisyen m ye. → **Se Ayisyen <u>menm</u> m ye.**
> 8. Se Ayiti m prale. → **Se Ayiti <u>menm</u> m prale.**
> 9. Se lendi lekòl ap louvri. → **Se lendi <u>menm</u> lekòl ap louvri.**
> 10. Se a uitè kou Kreyòl le fini. → **Se a uitè <u>menm</u> kou Kreyòl la fini.**

D. Fraz anfatik ak *menm* – Itilize "*menm*" pou ou reponn kesyon sa yo nan yon fason ki <u>negatif</u>. Se pou ou toujou di non menm jan ak egzanp lan.

Egzanp: Èske gen anpil taptap sou wout la? → **Repons :** *Non, pa gen taptap menm.*

1. Èske egzamen an te fasil? →**Non, li pa t fasil menm.**
2. Èske lapli tonbe souvan nan zòn nan ? → **Non, li pa tonbe souvan menm.**
3. Èske ou konn jwe baskètbòl byen ? → **Non, mwen pa konn jwe baskètbòl menm.**
4. Èske ou renmen manje diri ak pwa ? → **Non, mwen pa renmen diri ak pwa menm.**
5. Èske Filip konn chante? → **Non, li pa konn chante menm.**
6. Èske bòs tayè sa a konn fè bon travay ? → **Non, li pa konn fè bon travay menm.**

IV. Consonant blends: /dl/ and /dr/

A. CD 2-51 – Yon ti dikte. Koute epi ekri fraz sa yo ki gen */dr/* ladan yo.

1. **Ankadrè** a chita ap **drage** medam yo olye li **ankadre** yo.
2. **Andre aladriv** depi li fin pèdi travay la.
3. **Andrelita** bezwen anpil dlo pou lave **dra** yo.
4. Enjenyè a di l ap vinn fè **drenaj** la **vandredi**.
5. **Drivayè** ak **malandren** se menm bagay yo ye.
6. Ti foutbolè sa a **drible** moun pi **dri** pase Wonaldo.
7. Si tèt ou pa **drèt**, m kab **drese** l pou ou wi.
8. Fòk nou al bay lave **drapo** yo nan **dray**.

IV. Annou li

A. Lè ou fin li. Reponn kesyon sa yo an Kreyòl dapre enfòmasyon ki nan tèks la.

1. Pou ki sa anpil moun pa gen machin prive ann Ayiti? → <u>**Paske peyi Dayiti pòv.**</u>
2. Èske se leta oswa sektè prive a ki gen kontwòl transpò piblik la ? → <u>**Se sektè prive a ki gen kontwòl transpò piblik la.**</u>
3. Ki sa ou bezwen pou ou kab rantre nan biznis transpò piblik la ? →<u>**Ou bezwen yon machin ak yon lisans pou ou rantre nan biznis transpò piblik la.**</u>
4. Pou ki sa gen yon pakèt chofè tètmato nan lari a ? → <u>**Gen yon pakèt chofè tètmato nan lari a paske chofè yo pa menm bezwen yon otorizasyon espesyal ki soti nan men Leta.**</u>
5. Pou ki sa gen anpil aksidan nan lari a ? → <u>**Gen anpil aksidan nan lari a paske chofè sa yo fè sa yo vle. Anpil ladan yo pa respekte trajè yo ak prensip sikilasyon yo.**</u>

Answer key for exercises in chapter 6, Leson 3 : *Bon vwayaj!*

I. Vwayaj nan peyi etranje!

✦ **ANNOU TCHEKE SI NOU KONPRANN DYALÒG LA**

➢ **Reponn kesyon yo an Kreyòl dapre dyalòg la.**

1. Pou ki sa ofisye imigrasyon an mande Wòzlò si l marye ak Filip? → **Pou li te ka konnen si Wozlò dwe ba li paspò pa li a ak pa Filip la an menm tan.**
2. Ki sa Wòzlò ak Filip pral fè an Frans ? → **Yo pral fè touris an France.**
3. Ki sit touristik yo pral vizite a Pari ? → **Yo pral vi zite Latou Efèl, Mize Lelouv, Notredam, Vèsay, Chan Elize elatriye.**
4. Konbyen jou Wòzlò ak Filip ap pase a Pari ? → Yo **ap pase yon semèn a Pari.**
5. Ki bò yo pral abite nan Pari ? → **Yo pral abite nan otèl Bèl Ami ki nan Ri Sen Benwa.**
6. Èske ajan imigrasyon an te janti ak Wozlò ? → **Wi li te janti ak Wozlò.**

ANNOU PRATIKE

A. Vwayaj nan peyi etranje – Ki sa ou fè avan ou pati, pandan w ap pati ak lè ou rive? Travay an gwoup pou ou mete aksyon sa yo annòd. Ekri nimewo soti nan 1 rive nan 6. Ou gen premye repons lan kòm egzanp.

Avan ou pati
- __6__ Gade si ou pa bliye tikè a.
- __5__ Ranje valiz yo.
- __3__ Fè rezèvasyon an nan yon ajan de vwayaj.
- __4__ Chache tikè sou Entènèt.
- __1__ Ekonomize lajan pou vwayaj la.
- __2__ Gade si paspò ou pa ekspire.

Nan ayewopò a lè w ap pati
- __4__ Pase sekirite.
- __3__ Al anrejistre bagaj yo.
- __1__ Gade si ou gen tout pyès ou bezwen yo.
- __6__ Monte nan avyon an.
- __2__ Gade si w pa gen anyen ki entèdi nan bagaj amen yo.
- __5__ Chache sal datant lan ki tou pre pòt kote anbakeman an ap fèt la.

Nan ayewopò lè ou rive
- __3__ Pase ladwàn
- __4__ Al chache bagaj ou.
- __2__ Pase imigrasyon.
- __5__ Mete bagaj ou sou yon charyo
- __6__ Soti nan ayewopò a pou ou pran yon taksi.
- __1__ Desann avyon an.

B. **Wete sa k depaman an.** Travay ak yon lòt etidyan pou ou eseye jwenn mo ki pa matche ak lòt mo yo. Lè ou jwenn mo depaman an, se pou ou di pou ki sa se li ou chwazi. Suiv egzanp lan.

> **Egzanp :** Fè yon sejou, ale an vakans, rete ~~nan kay~~, pran konje
> **Repons:** *rete nan kay: Se sèl li ki pa enplike vwayaj.*

1. Fè rezèvasyon, achte biyè sou Entènèt, ~~fè yon sejou~~, ale nan ajan de vwayaj→ **Fè yon sejou : se sèl li menm ki pa enplike nan prosesis vwayaj.**
2. Pase ladwàn, ~~pase vakans~~, pase imigrasyon, pase sekirite→ **Pase vakans: se sèl li menm ki pa enplike nan ayewopò.**
3. Pran tren, ~~pran vakans~~, pran avyon, pran bato→ **Pran vakans: Se sèl li menm ki pa enplike nan mwayen transpò.**
4. ~~Yon biyè lotri~~, yon biyè elektwonik, yon biyè aleretou, yon biyè alesenp→ **Yon biyè lotri: paske se li menm ki pa enplike nan vwayaj.**
5. ~~Sejou~~, bagaj, valiz, malèt→ **Sejou: paske se li menm ki pa enplike nan aranjman pou vwayaj.**
6. Chèk de vwayaj, ~~paspò~~, kat de kredi, kat bank→ **Paspò : paske se li menm ki pa enplike nan lajan pou vwayaj.**
7. Ayewopò, estasyon tren, estasyon bis, ~~estasyon radyo~~→ **Estasyon radyo : paske se li menm ki pa enplike nan vwayaj.**
8. Itinerè, kat anbakeman, tikè, ~~plan~~→ **Plan: paske se li menm ki pa enplike nan pwosesis wayaj.**

C. **Lè w ap vwayaje nan avyon.** – Chwazi mo oswa ekspresyon ki pi lojik la pou ou ranpli espas vid yo nan chak fraz ki anba yo.

> paspò - pase vakans – ayewopò - valiz – itinerè - pase sekirite - ajans de vwayaj - pase ladwàn - chèk de vwayaj- biyè ale senp - premyè klas

1. Moun yo ale nan yon ***ajans de vwayaj*** pou yo fè rezèvasyon epi achte biyè avyon yo.
2. Lè pasaje yo rive, fòk yo ***pase ladwàn*** pou yo deklare bagay yo pote nan valiz yo.
3. Moun yo pran konje yon mwa pou y al ***pase vakans*** an Frans.
4. ***Ayewopò*** se kote ou ale pou ou pran avyon lè w ap pati lòtbò dlo.
5. ***Itinerè*** se dokiman ki gen lè, dat ak destinasyon kote w ap vwayaje yo.
6. Lè w ap vwayaje nan avyon, pwa chak ***valiz*** pa dwe depase 50 liv.
7. Lè w ap pran avyon, fòk ou ***pase sekirite*** pou yo kab fouye w.
8. Lè w ap vwayaje, fòk ou itilize ***chèk de vwayaj*** ak kat de kredi olyede lajan kach.
9. M ap vwayaje nan klas touris paske li mwen chè pase ***premyè klas***.
10. Lè w ap pase imigrasyon, fòk ou montre ***paspò*** ak viza ki ladan l lan.

D. **Ki dokiman ou bezwen ?** Di ki dokiman ou bezwen pou ou fè bagay sa yo lè w ap vwayaje. Reponn menm jan ak egzanp lan.
Egzanp : Se dokiman ou achte sou Entènèt avan ou vwayaje.
Repons : *Se biyè elektwonik*

1. Se yon dokiman ofisyèl ofisye imigrasyon mete so ak viza sou li. → **Se paspò.**
2. Se dokiman ou achte nan ajans de vwayaj avan ou pran avyon. → **Se tikè.**
3. Se dokiman yo ba ou lè ou fin tcheke valiz ou. San li ou pa ka monte nan avyon an. → **Se kat anbakman.**
4. Se dokiman ki gen lè, dat ak non tout kote ou prale yo. → **Se itinerè.**
5. Se dokiman ou bezwen pou w kab fè depans nan peyi etranje. → **Se kat de kredi.**
6. Se dokiman ki gen plan peyi oswa vil kote ou prale ak lòt enfòmasyon ankò. → **Se plan.**
7. Se dokiman ki endike nò ak sid epi li gen non tout ri nan vil kote ou prale a. → **Gid touristik.**

E. **Ki kote yo fè bagay sa yo?** Di ki bò yo fè bagay sa yo lè w ap vwayaje. Reponn menm jan ak egzanp lan.

   Egzanp : Se kote ou al pran viza ki pèmèt ou al nan lòt peyi legalman.
   Repons : *Se biwo konsila oswa anbasad.*

   1. Se kote ou ale pou w achte tikè avyon ou avan ou pati. →**Se nan ajans de vwayaj.**
   2. Se kote ou ale pou w al pran tren lè w ap pati. →**Se nan estasyon tren.**
   3. Se kote ou ale pou yo kab fouye w ak tout valiz ou. →**Se nan sekirite.**
   4. Se kote ou ale pou ou pran avyon lè w ap pati nan lòt peyi. →**Se nan ayewopò.**
   5. Se kote ou ale pou ou pran bis lè w ap vwayaje pa lawout. →**Se nan estasyon bis.**
   6. Se kote ou ale pou w chita tann jiskaske ou kab anbake nan avyon an. →**Se nan sal datant lan.**
   7. Se kote ou pase lè avyon an rive pou w kab deklare sa k nan valiz ou. →**Se ladwàn.**
   8. Se kote nan ayewopò a, yo ba ou otorizasyon pou ou antre nan peyi kote ou ale a. → **Se nan imigrasyon.**

F. **Ann fè yon ti konvèsasyon !** - Travay ak yon lòt elèv nan klas la : Youn ap poze kesyon ; lòt la ap reponn. Se pou nou chanje wòl apre chak kesyon ak repons.

<u>**ANSWERS VARY FOR THIS OPEN QUESTION EXERCISE**</u>

   1. Ki nasyonalite ou ?
   2. Konbyen fwa ou vwayaje al nan peyi etranje deja ?
   3. Èske ou bezwen yon viza pou w ale vizite lòt peyi?
   4. Èske ayewopò a lwen kote ou abite a?
   5. Ki mwayen transpò ou konn itilize pou ou ale nan ayewopò a?
   6. Lè ou tounen soti nan peyi etranje, èske ajan dwanye yo bay anpil pwoblèm?

II. **Negative adverbs (menm, ditou, ankò, nonplis, janm, poko)**

ANNOU PRATIKE

A. **Mo negatif yo -** Marye kolòn I ak II. Suiv egzanp lan.
   Egzanp: 1. Plim elèv la pèdi.   →   **Repons: h)** Li pa ka ekri ditou.

Kolòn I	Kolòn II
1. **Plim elèv la pèdi.**	a) Li poko kab kondui machin.
2. Wozlò rayi vwayaje anlè. **(k)**	b) Menm gwo valiz yo, yo pa fouye.
3. Filip pa gen lisans. **(a)**	c) Yo pran menm vòl.
4. Adriyen te pran pinisyon nan lekòl la. **(j)**	d) Se paske li pa fè espò ditou.
5. Ofisye ladwàn yo pa fè travay yo byen. **(b)**	e) Li se etidyan; li poko doktè.
1. Filip ak Wozlò monte avyon an ansanm. **(c)**	f) Se paske li pa t janm etidye.
6. Mari pa reyisi egzamen bakaloreya a. **(f)**	g) Li pa janm fè chanm li nonplis.
7. Kabann Mari pa janm ranje. **(g)**	**h) Li pa ka ekri ditou.**
8. Wobè ap etidye lamedsin toujou. **(e)**	i) Yo p ap janm lage l.
9. Yo arete Jak mete l nan prizon pou lavi. **(i)**	j) Li di li p ap fè dezòd ankò.
10. Fi a vin gra anpil. **(d)**	k) Li p ap monte avyon menm.

B. **Ann itilize mo negatif yo!** – Chwazi sa ki pi apwopriye a nan sis mo negatif sa yo pou w konplete chak fraz ki anba yo. Ou kab sèvi ak menm mo a plizyè fwa. Suiv egzanp lan.

menm – ditou – ankò - nonplis – janm - poko

Egzanp: Wozlò te renmen avyon lontan men kounye a li pa renmen avyon _____.
Repons: Wozlò te renmen avyon lontan; men kounye a li pa renmen avyon **_ankò_**.

1. Ofisye ladwàn yo parese anpil; **_menm_** gwo valiz yo, yo pa fouye.
2. Wozlò pa pale ditou nan avyon an ; Filip pa janm pale **_nonplis_**.
3. Filip fòse Wozlò vwayaje anlè tandiske l konnen fi a pa **_menm_** renmen avyon.
4. Manman m ak papa m vwayaje ansanm; yo pran **_menm_** avyon.
5. Wozlò p ap **_janm_** renmen avyon jouk li mouri.
6. Filip te rich paske l te genyen nan loto; men aktyèlman li pa gen lajan **_ankò_**.
7. Ou mèt kite liv yo pou mwen **_menm_** si m pa lakay la.
8. Bis Okay yo pa janm anreta ; sa k fè trajè Okap yo pa janm anreta **_nonplis_**.
9. Apre aksidan an, Adriyen deside pou l pa **_janm_** monte bisiklèt nan lari ankò.
10. Avyon an fèk ateri; yo **_poko_** pase imigrasyon ak ladwàn.
11. Èske ou **_poko_** vizite peyi azyatik yo ?
12. M kouche sou kabann nan m ap li ; m **_poko_** dòmi.

C. **Ann reponn kesyon !** – Reponn chak kesyon sa yo ak youn nan mo negatif sa yo : *menm – ditou – ankò – nonplis – janm – poko.* Suiv egzanp lan.

Egzanp : Papa m pa jenn ; èske papa w jenn? → **Repons :** *Non, papa m pa jenn nonplis.*

1. Èske ou pase imigrasyon deja ? → **Non, mwen poko pase imigrasyon.**
2. Èske ou kondui chak jou ? → **Non, mwen pa kondui chak jou ankò.**
3. Èske ou renmen monte avyon ? → **Non, mwen pa renmen monte avyon ditou.**
4. Ak tout pwoblèm politik sa yo, èske ou prale ann Ayiti ? → **Non, mwen pa prale Ayiti menm.**
5. Èske manman w prale Kanada? → **Non, manman m pa prale Kanada ankò.**
6. Èske ou monte tren deja ? → **Non, mwen poko janm monte tren.**
7. M sonje ou te konn jwe foutbòl ; èske ou toujou jwe ? → **Non, mwen pa p jwe foutbòl ankò.**
8. Mari pa al lekòl ; èske Adriyen ale ? → **Adriyen pa ale nonplis.**

III. Consonant blends: /fl/ and /fr/

A. **CD 2-54 – Yon ti dikte.** Koute epi ekri fraz sa yo ki gen /fl/ ak /fr/ ladan yo.

1. *Frè m nan pa manje fritay paske sante l frajil.*
2. *Lè flach la sispann flache, n a fè yon flanbo dife.*
3. *Frero frekan men poutan l ap flate fleris la.*
4. *Fredi a desann jouk li pa fè fret ankò.*
5. *Yo kenbe nèg ki konn jwe flamengo a an flagran deli.*
6. *Flannè yo ap flannen anba fredi a.*
7. *Machann fritay la ap fri bannann yo nan yon flanm dife.*

8. *Fleris* la koupe *flèch flè* yo pou yo kab *fleri* ankò.
9. **Franswa frape** machin nan paske l bliye **frennen**.
10. Fòk ou *flite* twalèt la ak *flit* la avan ou *flòch* li.

Answer key for exercises in chapter 6, Leson 4 : *Nan otèl Vila Kreyòl*

I. Nan ki otèl n ap desann?

✦ **ANNOU TCHEKE SI NOU KONPRANN DYALÒG LA**

➢ **Reponn kesyon yo an Kreyòl dapre dyalòg la.**

1. Ki jan yo rele otèl kote Wòzlò ak Filip desann a Pari a? → <u>**Otèl Wozlò te rete a rele Otèl Bon ami.**</u>
2. Ki non Wòzlò te bay lè li t ap fè rezèvasyon otèl la? → <u>**Wozlò te bay non Wozlò Petitòm lè li t ap fè rezèvasyon otèl la.**</u>
3. Ki kalite chanm Wòzlò te rezève? → <u>**Li te rezève yon chanm endivizyèl ak yon kabann de plas.**</u>
4. Pou konbyen jou Wòzlò te fè rezèvasyon otèl la? → <u>**Wozlò te fè rezèvasyon an pou sis jou.**</u>
5. Èske Wòzlò te tou peye pou chanm nan lè li te fè rezèvasyon otèl la? → <u>**Wi, Wozlò te tou peye pou chanm nan lè li te fè rezèvasyon otèl la.**</u>
6. Pou ki sa resepsyonis la mande kat de kredi a ? → <u>**Resepsyonis la mande li kat de kredi li a pou garanti.**</u>
7. Dapre resepsyonis la, ki kote Wòzlò ak Filip ap jwenn enfòmasyon sou otèl la? → <u>**Daprè resepsyonis la, Wozlò ap jwenn enfòmasyon sou otèl la nan yon dokiman sou biwo ki nan chanm nan.**</u>
8. Èske ou kwè resepsyonis la fè travay li byen? Pou ki sa? → <u>**Wi, mwen panse li fè travay li byen.**</u>

ANNOU PRATIKE

A. **Rezèvasyon otèl** – Wozlò telefòne Otèl Vila Kreyòl pou l fè yon rezèvasyon. Mete fraz yo nan lòd kwonolojik. Ou gen premye ak katriyèm repons lan kòm egzanp.

a) __2___ Lè yo reponn, mwen mande yon chanm doub nan premye etaj.
b) __3___ Fi a di m pa gen chanm disponib nan premye etaj la. Men genyen nan senkyèm etaj.
c) __8___ Yo remande m nimewo kat de kredi pou yo kab finalize rezèvasyon an.
d) __1__ Dabò, mwen rele Otèl Vila Kreyòl pou m fè yon rezèvasyon.
e) __5__ Donk li ban m yon chanm nan dezyèm etaj.
f) __6__ Apre sa a, otèl la rele m pou di m fi a te fè yon erè, gen chanm disponib nan premye etaj la.
g) __4__ M di l m pa vle monte nan senkyèm etaj.
h) _7___ Yo anile premye rezèvasyon m nan pou yo kab mete nan premeye etaj la.

B. **Ki sa yo ye?** - Marye kolòn I ak kolòn II. Se pou ou jwenn definisyon oswa deskripsyon nan kòlon II ki matche ak sa ki nan kòlon I. Suiv egzanp lan.

Egzanp : 1. Kòfrefò → **Answer:** j. Se kote ou sere lajan ak bijou.

Kolòn I
1. **Kòfrefò**
2. Diskotèk **(i)**
3. Ba **(a)**
4. Sal espò **(h)**
5. Kabann yon plas **(g)**
6. Poubwa **(b)**
7. Resepsyon **(c)**
8. Sal datant **(k)**
9. Nòt **(d)**
10. Rezèvasyon **(f)**

Kolòn II
a) Se kote moun al bwè tafya (have a drink).
b) Se yon ti lajan ou bay moun ki sèvi w.
c) Se kote nan otèl la pou al peye pou chanm nan.
d) Se dokiman ki di konbyen lajan pou w peye.
e) Se kote pou ou ale naje.
f) Se pou ou fè sa avan ou rive nan otèl la.
g) Se yon sèl moun ki konn dòmi sou sa.
h) Se kote moun al fè egzèsis.
i) Se kote pou moun al danse.
j) **Se kote ou sere lajan ak bijou.**
k) Se kote nan otèl la ou chita tann.

C. **Nan otèl Vila Kreyòl** – Chwazi mo oswa ekspresyon ki pi lojik la pou ranpli espas vid yo nan chak fraz ki anba yo.

nòt – otèl – kòfrefò – chanm doub – kle chanm – anile rezèvasyon – diskotèk – kabann yon plas – otèl senk etwal – poubwa

1. Wozlò ak Filip te rezève yon ***chanm doub*** pou yo kab gen ase espas.
2. Yo te desann nan yon bèl ***otèl senk etwal*** nan vil Pari.
3. Moun yo pa deside al nan otèl la ankò ; kidonk yo ***anile rezèvasyon*** an.
4. Wozlò gen anpil lajan pou l peye konfò; se nan yon ***otèl*** li vle desann.
5. Nèg la mande yon ***kabann yon plas*** paske se sèl li menm k ap dòmi sou li.
6. Wozlò bezwen lajan pou l kab bay nèg ki pote valiz yo yon ti ***poubwa***.
7. Moun yo bezwen yon ***kòfrefò*** pou mete lajan ak bijou yo an sekirite.
8. Filip pa kapab louvri pòt la paske li pèdi ***kle chanm*** nan.
9. Lè moun yo fin manje nan restoran an, yo mande ***nòt la*** pou yo kab peye.
10. Filip di li prale nan ***diskotèk*** pou li al fè yon ti danse.

D. **Ann fè yon ti konvèsasyon !** Imajine ou pase vakans ann Ayiti. Ou te desann nan yon bèl otèl. Travay ak yon lòt elèv nan klas la : Youn ap poze kesyon ; lòt la ap reponn.

<u>**ANSWERS VARY FOR THIS OPEN QUESTION EXERCISE**</u>

1. Ki dènye fwa ou te pran vakans ?
2. Ki kote ou te ale? Nan ki peyi/vil?
3. Nan ki otèl ou te desann?
4. Konbyen jou ou te pase nan otèl la?
5. Kouman otèl la te ye ? Pale de chanm nan ak sèvis la.
6. Èske ou te oblije bay kat de kredi kòm depo ? Èske yo te pran lajan sou li ?

III. **Negative determiners and pronouns**

ANNOU PRATIKE

A. **Mo negatif yo** - Marye kolòn I ak II. Suiv egzanp lan.

   Egzanp: 1. Ekriven an pa wè plim ak papye l. → **Repons: h)** Li pa ka ekri anyen.

Kolòn I	Kolòn II
1. **Ekriven an pa wè plim ak papye l.**	a) Li pa kab kondui pyès machin.
2. Wozlò pa renmen vwayaje anlè. **(k)**	b) Yo pa fouye okenn valiz.
3. Filip pa gen lisans. **(a)**	c) Filip pa wè pèsonn nan ayewopò a.
4. Avyon yo vwayaje vid. **(j)**	d) Se paske pèsonn pa manje.
5. Ofisye ladwàn yo p ap fè travay yo. **(b)**	e) Li pa gen pyès lajan sou kont li.
6. Pa gen moun k ap vwayaje. **(c)**	f) Se sa k fè pèsonn pa renmen l.
7. Manmi Lisi pa janti ditou. **(f)**	g) Kounye a, pa gen anyen ladan l.
8. Yo vòlè tout bagay nan kofrefò a. **(g)**	h) **Li pa ekri anyen**
9. Kanè bank Wobè vid. **(e)**	i) Anyen p ap fonksyone ladan l
10. Tout bagay anpàn nan chanm nan. **(i)**	j) Pèsonn pa t monte ladan yo.
	k) Li p ap monte okenn avyon.

B. **Ann itilize mo negative yo!** – Chwazi sa ki pi apwopriye a nan sis mo negatif sa yo pou w konplete chak fraz ki anba yo. Ou kab sèvi ak menm mo a plizyè fwa. Suiv egzanp lan.

okenn – pyès – anyen – pèsonn

   Egzanp: Avyon an te vid paske _____ pa t monte ladan l.
   Repons: Avyon an te vid paske ____ ***pèsonn*** _____ pa t monte ladan l.

1. Ofisye ladwàn yo parese paske yo pa fouye **_okenn_** valiz.
2. Ekriven an pa ekri **_pyès_** liv paske li pa gen plim ak papye
3. Filip grangou anpil paske li pa manje **_anyen_**.
4. Wozlò fèmen televizyon an paske pa gen **_okenn_** bon pwogram ladan l.
5. Mesye a fèmen bouch li; li pa janm pale paske li pa gen **_anyen_** pou l di.
6. Lontan Wozlò te rich, men kounye a, li pa gen **_pyès_** lajan.
7. Adriyen pa reyisi egzamen an paske li pa t etidye **_okenn_** leson.
8. **_Pèsonn_** pa renmen Lisi paske li pa janti.

C. **Ann reponn kesyon!** – Reponn chak kesyon sa yo ak youn nan mo negatif sa yo : *okenn - pyès – anyen – pèsonn.* Ou kab itilize menm mo a plizyè fwa. Suiv egzanp lan.

Egzanp: Èske gen anpil moun nan biwo ladwàn nan? → **Repons:** *Non, pa gen pèsonn.*

1. Èske ou te wè anpil moun nan ayewopò a? → **Non, mwen pa t wè pèsonn nan ayewopò a.**
2. Konbyen machin ou genyen. → **Mwen pa genyen pyès machin.**
3. Ak ki moun ou te pale nan avyon an? → **Mwen pa t pale ak okenn moun nan avyon an.**
4. Ki manje yo te bay pandan vòl la? → **Yo pa t bay okenn manje pandan vòl la.**
5. Nan ki peyi ou prale lane pwochenn? → **Mwen pa prale nan okenn peyi ane pwochenn.**
6. Ki sa k genyen? → **Pa genyen anyen.**

IV. **Consonant blends:** */gl/ ; /gr/*

A. **CD 2-57 – Yon ti dikte.** Koute epi ekri mo ki nan fraz sa yo ki gen */gl/* ak */gr*/ ladan yo.

1. **Grann** mwen gen yon gwo **glann** nan kuis li.
2. Yo te **agrese** ouvriye **agrikòl** ayisyen yo.
3. Cheve **granmoun** nan **grenn** paske li pa **grese** l.
4. **Globalizasyon** an ap rale ti peyi yo **glise** desann nan mizè.
5. **Granpè** m al **legliz** pou l al bay Bondye **glwa**.
6. **Glasyè** ki gen **glas** ladan l lan ap fè **glisad** dèyè machin nan.

CHAPIT SÈT
Manje ak bwason

Answer key for exercises in chapter 7, Leson 1 : *Ann ale nan mache!*

I. Nou pral fè pwovizyon alimantè!

ANNOU TCHEKE SI NOU KONPRANN DYALÒG LA

> Reponn kesyon yo an kreyòl dapre dyalòg la.

1. Ki moun ki voye Wozmari nan mache? → **Se Wozlò ak Filip ki voye Wozmari nan mache.**
2. Ki sa yo voye Wozmari al achte? → **Yo voye Wozmari al achte fwi ak legim ak lòt kalite manje.**
3. Ki kote Wozmari al nan mache? → **Wozmari al nan mache kwabosal.**
4. Èske machann k ap pale ak Wozmari a gen tout sa Wozmari bezwen ? → **Wi, machann ki ap pale ak Wozmari a gen tout sa li bezwen.**
5. Èske machann nan dakò pou vann Wozmari pil mango yo pou onz goud? → **Wi, machann nan dakò pou li vann Wozmari pil mango yo pou onz goud.**
6. Konbyen zaboka Wozmari achte? → **Wozmari pa achte okenn zaboka.**
7. Èske machann nan vann Wozmari pwa nwa a pou swasann di goud la? Pou ki sa? → **Non, machann nan pa vann Wozmari pwa nwa a pou swasann di goud.**
8. Ki kantite diri Wozmari achte? Konbyen kòb diri a koute? → **Wozmari achte yon ti sak diri. Diri a koute mil goud.**
9. Pou ki sa machann nan bay Wozmari diri a pou nèf san goud? → **Machann nan bay Wozmari diri a pou nèf san goud paske Wozmari achte anpil bagay nan men li.**
10. Konbyen lajan monnen machann nan remèt Wozmari ? → **Machann nan remèt Wozmari 20 goud.**

ANNOU PRATIKE

A. Wete sa ki depaman an. Jwenn mo ki pa matche ak lòt mo yo. Lè ou jwenn mo depaman an, se pou ou di pou ki sa se li ou chwazi. Suiv egzanp lan ki anba a.

Egzanp: Yanm, malanga, sitwon, patat, pòmdetè
Repons: <u>Sitwon</u>: *paske se sèl li ki se yon fwi.* (OSWA) *paske tout lòt yo se rasin (root).*

1. Pòm, ~~diri~~, mango, rezen seriz→ **Diri, paske se sèl li menm ki pa fwi.**
2. Chou, joumou, kawòt, berejenn, ~~anana~~→ **Anana, paske se sèl li menm ki se yon fwi.**
3. ~~Frèz~~, krab, woma, krevèt, lanbi→ **Frèz paske se sèl li menm ki se fwi.**
4. Chadèk, kowosòl, ~~kalalou~~, kachiman, mandarin→ **Kalalou, paske se sèl li menm ki se legim.**
5. Kochon, bèf, mouton, ~~pwason~~, kabrit→ **Pwason, paske se sèl li menm ki se fwi lanmè.**
6. Poul, ~~zoranj~~, pentad, kodenn, kanna→ **Zoranj, paske se sèl li menm ki se yon fwi.**

7. Leti, pwa vèt, chou, ~~manyòk~~, bwokoli→ **Manyòk, paske se sèl li menm ki se yon viv alimantè.**
8. Pèch, grenadya, ~~pwatann~~, kayimit, melon→ **Pwatann paske se sèl li menm ki se legim.**
9. ~~Kokoye~~, lay, pèsi, pwav, piman→ **Kokoye, pase se sèl li menm ki pa yon epis.**
10. Mamit, sak, pànye, pake, ~~zaboka~~→ **Zaboka, paske se sèl li menm ki se yon fwi epi yon legim.**

B. **Ki fwi oswa ki legim?** Chwazi mo ki kòrèk la pami mo ki anba yo pou w reponn chak kesyon. Itilize atik defini kòrèk la pou w reponn kesyon yo menm jan ak egzanp lan.

Egzanp: Se yon legim won ki gen koulè wouj; yo konn fè salad ak li.
Repons: *Se tomat la.*

sitwon – pòm – rezen – seriz – pwa – leti – fig bannan – kawòt – tomat

1. Se yon legim ki gen koulè oranj; lapen tankou Bugs Bunny renmen l anpil. → **kawòt**
2. Se yon fwi long ki gen koulè jòn; makak renmen manje l anpil. → **fig bannan**
3. Se yon legim vèt yo itilize souvan pou fè salad. → **leti**
4. Se yon seri ti fwi won ki gen koulè wouj ; yo konn fè tat (pie) ak yo. → **seriz**
5. Se yon seri ti legim won ki gen koulè vèt; yo konn mete yo nan diri. → **pwa**
6. Yo sèvi ak fwi sa a pou fè diven (wine). → **rezen**
7. Se yon fwi ki gen koulè vèt ; yo konn fè limonad ak li. → **sitwon**
8. Se yon fwi ki konn wouj, jòn oswa vèt ; yo konn fè tat avèk li. → **pòm**

C. **Kategori manje** – Klase manje yo nan bon kategori a. Gen yon egzanp pou chak kategori. Se pou ou konplete chak kategori ak omwen senk lòt mo.

1. Fwi: *fig bannann,* **anana, pòm, frèz, seriz, zoranj,** …
2. Legim: *kawòt ,* **militon, berejèn, bètrav, bwokoli**…
3. Vyann: *kochon,* **kabrit, mouton, bèf, chat, cheval**…
4. Volay: *poul,* **kodenn, pentad, kana, malfini, kòk** …
5. Bèt lanmè: **pwason, lanbi, oma, chèvrèt, krab, ame**…

D. **Devine ki bèt yo ye** – Jwenn non bèt ki koresponn ak chak deskripsyon sa yo. Itilize atik defini kòrèk la pou reponn kesyon yo menm jan ak egzanp lan ki anba a.

Egzanp: Se yon bèt lanmè ki sanble ak woma; men li pi piti pase woma.
Repons: *Se krevèt la.*
1. Se bèt lanmè ki nan koki (*shell*) ; fòk ou plonje fon pou jwenn li. → **Se lanbi.**
2. Se bèt volay moun Ozetazini konn manje lè Tenksgivin. → **Se kodenn.**
3. Se gwo bèt ki ba ou lèt pou w ka manje ak sereyal. → **Se bèf.**
4. Se bèt volay ki mawon; li viv nan bwa; ou pa kapab aprivwaze l. →**Se pentad.**
5. Se yon bèt ki gen kat pye; li renmen benyen nan labou. → **Se kochon.**
6. Se bèt volay ki leve ou lèmaten lè l chante kokorikooo ! → **Se kòk.**
7. Se yon bèt lanmè ki gen de gwo pens ; li kapab mòde (*bit*) où. → **Se woma.**
8. Se yon bèt volay ki renmen naje anpil ; yo konn kuit li ak zoranj. → **Se kana.**
9. Se yon bèt ki se yon wonjè ; li pi gwo pase yon rat ; li renmen manje kawòt. → **Se lapen.**
10. Se yon bèt ki gen kat pye ; li monte mòn byen ; li rele bèèèèè ! → **Se kabrit.**

E. **Ann fè yon ti konvèsasyon !** - Travay ak yon lòt elèv nan klas la : Youn ap poze kesyon ; lòt la ap reponn. Se pou nou chanje wòl apre chak kesyon ak repons.

<u>**ANSWERS VARY FOR THIS OPEN QUESTION EXERCISE**</u>

1. Ki fwi ou pi renmen ? Pou ki sa ?
2. Ki legim ou pa renmen ditou? Pou ki sa ?
3. Ki epis ou konn mete nan manje w?
4. Ki sa ou pi renmen bèt lanmè oswa vyann ? Pou ki sa ?
5. Ki bèt lanmè ou pi renmen manje ?
6. Ki volay ou pa renmen ? Pou ki sa ?

II. Expressions of quantity

ANNOU PRATIKE

A. **Èske gen twòp, ase oswa twò piti?** – Ki kantite ki genyen? Pou ckak sitiyasyon, se pou ou di si kantite a twòp, ase oswa twò piti (*not enough*). Suiv egzanp lan ki anba a.

Egzanp : Ou bezwen lèt pou mete nan kafe w. Ou jwenn yon galon lèt.
Repons : *Gen twòp lèt.*

1. De moun ap manje ; gen yon po dlo sou tab la. → Dlo **a ase.**
2. Ou pral kuit manje pou dis moun ; Ou jwenn yon ti mamit diri. → **Diri a twò piti.**
3. Ou pral fè salad pou yon sèl moun ; gen yon kilo tomat. → **Tomat la twòp.**
4. Douz moun swaf (thirsty); gen de ti boutèy dlo. → Dlo **a twò piti.**
5. Ou pral fè yon omlèt pou kat moun ; gen yon sèl grenn ze. → Ze **a twò piti.**
6. Ou bezwen sèl pou kuit manje ; gen yon bwat sèl. → Sèl **la twò piti.**
7. Ou pral fè ji zoranj pou kat moun ; gen sis zoranj. → **Zoranj yo ase.**
8. Ou pral fè yon gato (*cake*); gen yon kilo farin (*flour*). → **Farin nan ase.**

B. **Ann chanje abitid nou!** – Sèvi ak ekspresyon kantite ki nan parantèz yo pou refè fraz yo. Suiv egzanp lan.

Egzanp: Filip pa janm bwè byè. (yon bann)   →   **Repons:** *Jodi a li bwè yon bann byè.*

1. Pa konn gen anpil vyann sou tab la. (yon pakèt) → **Jodi a, genyen yon pakèt vyann sou tab la.**
2. Wozmari pa konn achte anpil diri. (yon chay) → **Jodi a li achte yon chay diri.**
3. Li konn mete yon pakèt luil nan manje a. (yon ti gout) → **Jodi a, li mete yon ti gout luil.**
4. Fi a konn ban m anpil manje. (yon ti kras) → **Jodi a, li ban m yon ti kras manje.**
5. Mari konn manje anpil legim. (yon zong) → **Jodi a, li manje yon zong legim.**
6. Machann nan konn vann yon dividal mango. (kèk ti grenn) → **Jodi a, li vann kèk ti grenn mango.**
7. Adriyen konn bwè anpil lèt. (yon ti tak) → **Jodi a, li bwè yon ti tak lèt.**
8. Jaki konn ban m yon pen. (yon moso) → **Jodi a, li ban m yon moso pen.**

9. Jozèf konn bay pòv la anpil manje. (yon ti zing) → **Jodi a, li ba l yon ti zing manje.**
10. Machann nan pa konn pote anpil mango. (yon dividal) → **Jodi a, li pote yon dividal mango.**

C. **Ann itilize ekspresyon kantite yo!** – Chwazi ekpresyon kantite ki pi apwopriye a nan lis la pou w konplete chak fraz. Suiv egzanp lan.

moso – lit – twòp – ka – kès – lonn –bwat – sak – tèt – douzenn – ase

Egzanp : Wozlò koupe yon gwo _____ gato pou l manje.
Repons: Wozlò koupe yon gwo **_moso_** gato pou l manje.

1. Wozmari sale manje a paske li mete **twòp** sèl ladan l.
2. Li pa mete **ase** sik nan kafe a ; se sa k fè li pa sikre.
3. Se fèt Sen Valanten, Filip fenk achte yon **bwat** chokola pou Wozlò.
4. Kuizinyè a bezwen yon **ka** lèt ak yon liv farin pou gato a.
5. **Lit** wonm Babankou a koute de san goud sèlman.
6. Wozmari achte **sak** diri a pou de san katreven goud.
7. Machann fritay la bezwen yon **tèt** chou pou l fè pikliz la.
8. Li achte yon **douzenn** ze pou l fè gato a.
9. Gen venn kat boutèy byè nan **kès** la.
10. Bòs tayè a bezwen sèt **lonn** twal pou l fè kostim nan.

D. **Ki jan ou kapab achte bagay sa yo !** –Se pou ou reponn kesyon yo pou di ki mezi ou itlize pou achte chak bagay ki anba yo. Suiv egzanp lan.

Egzanp: Ki jan yo kapab achte dlo? → **Repons:** *Yo kapab achte dlo pa boutèy oswa pa galon.*

1. Ki jan yo kapab achte diven (wine)? → **Yo kapab achte diven pa boutèy oswa pa kès.**
2. Ki jan yo kapab achte twal? → **Yo kapab achte twal pa lonn.**
3. Ki jan yo kapab achte fwomaj oswa janbon? → **Yo kapab achte fwomaj oswa janbon pa liv.**
4. Ki jan yo kapab achte fwi tankou melon? → **Yo kapan achte fwi tankou melon pa pil.**
5. Ki jan yo kapab achte byè oswa koka? → **Yo kapab achte byè oswa koka pa boutèy oswa pa kès.**
6. Ki jan yo kapab achte pèsi ak ten. → **Yo kapab achte pèsi ak ten pa lo.**
7. Ki jan yo kapab achte diri ak pwa? → **Yo kapab achte diri ak pwa pa mamit oswa pa sak.**
8. Ki jan yo kapab achte luil? → **Yo kapab achte luil pa glòs oubyen pa mwatye oubyen pa galon.**
9. Ki jan yo kapab achte ze? → **Yo kapab achte ze pa douzèn oswa pa kès.**
10. Ki jan yo kapab achte chokola? → **Yo kapab achte chokola pa**

E. **Ki bagay yo ka vann pa lit?** – Di ki bagay yo vann pa inite mezi sa yo. Si posib, se pou w jwenn omwen twa bagay pou chak mezi. Reponn ak yon fraz konplè tankou egzanp lan.

Egzanp: Lit → **Repons:** *Yo kapab vann bagay likid tankou dlo, lèt ak luil pa lit.*

1. Demi lit→ **Yo kapab vann bagay likid tankou dlo, lèt ak luil pa lit.**
2. Pil→**Yo kapab vann fui tankou zoranj ak sitwon pa pil.**
3. Ka→**Yo kapab vann bagay likid tankou lèt, kleren ak diven pa ka.**
4. Kès→**Yo kapab vann bwason tankou malta, byè ak koka pa kès.**
5. Galon→**Yo kapab vann bagay likid tankou kremas, dlo ak jis pa galon.**
6. Lonn→**Yo kapab vann tisi tankou twal pa lonn.**
7. Sak→**Yo kapab vann sereyal tankou diri pa sak.**
8. Pake→**Yo kapab vann legim tankou epina ak lalo pa pake.**
9. Ti mamit→**Yo kapab vann manje angren tankou mayi ak diri pa ti mamit.**
10. Tèt→**Yo kapab vann legim tankou chou, zonyon ak lay pa tèt.**
11. Glòs→**Yo kapab vann likid tankou luil pa glòs.**
12. Douzenn→**Yo kapab vann ze pa douzèn.**

III. Consonant blends: /kl/; /kr/

A. **CD 2-60 – Yon ti dikte.** Koute epi ekri mo sa yo ki nan fraz sa yo ki gen /kl/ ak /kr/ ladan yo.

1. **Klan** moun ki viktim yo **kraponnen** devan **kliyan** yo.
2. Elèv yo mande **klarifikasyon** paske seksyon lekti a pa **klè** pou yo.
3. Pwofesè a **klarifye** seksyon lekti a pou tout **kreten** ki t ap **kriye** yo.
4. **Kliyan akrèk** la mete **kravat** pou l vin mande **kredi**.
5. **Maksorèl krabinen krapo** a ak **klipsè** a.
6. Ou a va eskize **Klotid** si l pa t gen tan **klase** liv yo avan **klòch** la sonnen.
7. **Kliyan** yo di **klima** a pa pwopis pou **klinik** lan louvri.
8. **Kretyen** legliz pa dwe chita ap bwè **kleren**.

IV. Annou li

❖ **Lè ou fin li**. – Reponn kesyon sa yo an Kreyòl dapre enfòmasyon ki nan lis la.

1. Konbyen kòb chak baton bè koute? → **Chak baton bè koute 15 goud.**
2. Èske ou kwè moun ki ekri lis la pral fè gato ? Pou ki sa ? → **Non, mwen pa kwè li pral fè gato pase li pa genyen tout sa li ap bezwen pou li fè gato a**.
3. Èske moun ki ekri lis la renmen bwason alkolize ? Pou ki sa ? → **Wi, li renmen bwason alkolize paske li achte yon kès byè.**
4. Èske ou kwè moun ki ekri lis la pral fè yon salad ? Pou ki sa ? → **Wi, li pral fè yon salad, paskeli achte legim tankou zonyon, tomat ak legim.**
5. Konbyen lajan moun nan bezwen pou l kapab achte tout bagay ki nan lis la ? → **Moun nan bezwen 1063 goud pou l kapab achte tout bagay ki nan lis la.**

Answer key for exercises in chapter 7, Leson 2 : *Nan makèt la!*

I. Se nan makèt la li prale!

✚ ANNOU TCHEKE SI NOU KONPRANN DYALÒG LA

➤ **Reponn kesyon yo an Kreyòl dapre dyalòg la.**

1. Kouman yo rele makèt kote Wozlò ak Filip ale a? → **Makèt Wozlò ak Filip ale a rele Piyay Nasyonal.**
2. Nan konbyen tan moun yo gentan agrandi makèt la ? → **Moun yo agrandi makèt la nan sèt mwa.**
3. Ki sa k fè Wozlò plis plezi nan agrandisman makèt la ? Pou ki sa ? → **Paske yo louvri yon seksyon pamasetik kote pou achte medikaman ak yon seksyon prodwuidbote, li pa p bezwen ale twò lwen pou li achte losyon, krèm, savon ak poud ankò.**
4. Pou ki sa seksyon aparèy eletwonik la ta sipoze fè Filip kontan ? → **Paske Filip renmen achte radyo ak opalè pou fè mizik byen fò nan kay la.**
5. Ki sa Wozlò ak Filip te al achte nan makèt la ? → **Wozlò ak Filip te al achte pwovizyon alimantè nan makèt la.**
6. Ki premye bagay yo achte nan makèt la? → **Yo te achte vyann kochon pou griyo a.**
7. Pou ki sa Wozlò bezwen fwomaj la? → **Wozlò bezwen fwomaj pou li mete nan gratine a.**
8. Èske Wozlò ak Filip gen bwason alkolize nan lis pwovizyon yo genyen pou achte yo? →**Wi, Wozlò ak Filip gen bwason alkolize nan lis pwovizyon yo genyen pou achte yo.**

ANNOU PRATIKE

A. **Nan ki seksyon oswa depatman ?** Di nan ki depatman oswa seksyon nan makèt la yo vann bagay sa yo? Suiv egzanp lan ki anba a.

Egzanp : janbon
Repons : *Se nan chakitri oswa bouchri yo vann janbon.*

1. biftèk→ **Se nan chakitri oswa bouchri yo vann biftèk.**
2. woma→ **Se nan pwasonnri yo vann vyann woma.**
3. fwomaj→ **Se nan seksyon pwodwi letye yo vann fwomaj.**
4. vyann kabrit→ **Se nan chakitri oswa bouchri yo vann vyann kabrit.**
5. krevèt→ **Se nan pwasonnri yo vann krevèt.**
6. sosis→ **Se nan chakitri oswa bouchri yo vann sosis.**
7. yogout→ **Se nan seksyon pwodwi letye yo vann yogout.**
8. gato→ **Se nan boulanje yo vann gato.**
9. pen→ **Se nan boulanje yo vann pen.**
10. aspirin→ **Se nan seksyon famasi yo vann aspirin.**
11. kodenn→ **Se nan chakitri oswa bouchri yo vann kodenn.**
12. losyon→ **Se nan seksyon pwoduidbote yo vann losyon.**

B. Ki sa yo vann nan seksyon oswa depatman sa yo? – Se pou ou di o mwen senk bagay yo vann nan seksyon oswa depatman sa yo ki nan makèt modèn yo. Suiv egzanp lan.

Egzanp: chakitri
Repons: *Yo vann sosis, sosison, pate, janbon fime, vyann fime.*

1. Seksyon pwoduidbote→ **Yo vann krèm, poud, fa, kitèks losyon, savon.**
2. Bouchri→ **Yo vann vyann bèf, vyann kabrit.**
3. Pwasonnri→ **Yo vann pwason, lanmi ak woma.**
4. Boulanje→ **Yo vann pen.**
5. Famasi→ **Yo vann medikaman.**
6. Seksyon pwodui letye→ **Yo vann lèt ak fwomaj.**

C. Nan makèt la! Chwazi sa ki kòrèk la pami mo ki anba yo pou reponn. Itilize atik defini kòrèk la pou reponn menm jan ak egzanp lan ki anba a.

Egzanp: Se yon bagay ou jwenn nan makèt; ou itlize li pou pote pwovizyon ou achte yo.
Repons: *Se pànye a.*

kesye – kòdba – etajè – sachè plastik – likidasyon – balans- frizè- charyo – kès

1. Se yon bagay ki gen kat wou; ou mete pwovizyon ou achte yo ladan l epi ou pouse l. → **charyo**
2. Se yon aparèy ou itilize pou peze pwovizyon ou achte nan makèt la. → **balans**
3. Se kote sa a pou w ale pou w peye sa ou achte yo. → **kès**
4. Se moun ki touche lajan pou sa ou achte yo. → **kesye**
5. Se sou bagay sa yo machandiz yo etale nan makèt la. → **etajè**
6. Se yon seri gwo frijidè ki kenbe pwovizyon yo byen glase pou yo pa gate. → **frizè**
7. Lè gen bagay sa a, ou peye mwens lajan pou machandiz yo. → **likidasyon**
8. Lè ou fin peye, yo ranje pwovizyon ou yo nan bagay sa yo pou w ka pote yo lakay où. → **sachè plastik**

D. Ann fè yon ti konvèsasyon ! - Travay ak yon lòt elèv nan klas la : Youn ap poze kesyon ; lòt la ap reponn. Se pou nou chanje wòl apre chak kesyon ak repons.

<u>**ANSWERS VARY FOR THIS OPEN QUESTION EXERCISE**</u>

1. Ki jan yo rele makèt ki pi pre lakay ou?
2. Èske makèt ki pi pre lakay ou a modèn ?
3. Èske gen anpil seksyon nan makèt bò lakay ou a?
4. Èske kesye nan makèt bò lakay ou yo janti?
5. Ki kote ou pi renmen ale fè pwovizyon : nan makèt oswa nan mache ? Pou ki sa ?
6. Ki kalite bagay ou pi renmen achte nan makèt?

II. Comparison with adjectives

ANNOU PRATIKE

A. Ann fè konparezon egal ego – Konpare de eleman ki anba yo pou w di pa gen diferans. Sèvi ak *tankou/kou/kouwè* pou fè fraz yo. Suiv egzanp lan.

   Egzanp: Lakansyèl bèl. Wozlò bèl tou. → **Repons:** *Wozlò bèl tankou lakansyèl.*

   1. Melon an gwo. Joumou an gwo tou. → **Joumou an gwo tankou melon.**
   2. Seriz yo piti. Rezen yo piti tou. → **Rezen an piti tankou seriz.**
   3. Syèl la ble. Je timoun nan ble tou. → **Je timoun nan ble kouwè syèl.**
   4. Dyab lèd. Lisi lèd tou. → **Lisi lèd kouwè dyab.**
   5. Siwo dous. Mango a dous tou. → **Mango a dous kou siwo.**
   6. Lanmè a sale. Manje a sale tou → **Manje a sale tankou lanmè.**

B. Ann fè konparezon pozitif – Konpare de eleman ki anba yo pou w di ki diferans ki genyen. Sèvi ak *pi ... pase* pou fè fraz yo. Suiv egzanp lan.

   Egzanp: Wozlò wo. Men Filip pi wo → **Repons:** *Filip pi wo pase Wozlò.*

   1. Zoranj gwo. Men chadèk pi gwo. → **Men chadèk pi gwo pase zoranj.**
   2. Mayi piti. Men diri pi piti. → **Men diri pi piti pase mayi.**
   3. Chen an move. Men towo a pi move. → **Men towo pi move pase men chen.**
   4. Dyab lèd. Men Lisi pi lèd. → **Men Lisi pi lèd pase men dyab.**
   5. Siwo dous. Men mango a pi dous. → **Men mango pi dous pase siwo.**
   6. Siro dous. Men mango a pi dous. → **Men mango pi dous pase siro.**

C. Ann fè konparezon negatif – Konpare de eleman ki anba yo pou w di ki diferans ki genyen. Sèvi ak *mwen ... pase* pou fè fraz yo. Suiv egzanp lan.

   Egzanp: Woma gwo. Krevèt mwen gwo. → **Repons:** *Krevèt mwen gwo pase woma.*

   1. Jiraf wo. Chwal mwen wo. → **Chwal mwen wo pase jiraf.**
   2. Tamaren dous. Kayimit mwen dous. → **Kayimit mwen dous pase tamaren.**
   3. Luil doliv bon. Bè mwen bon pou lasante. → **Bè mwen bon pou lasante pase luil doliv.**
   4. Foumi piti. Mouch mwen piti. → **Mouch mwen piti pase foumi.**
   5. Kochon an gra. Kabrit la mwen gra. → **Kabrit mwen gra passe kochon.**
   6. Remèd sa a anmè. Fyèl mwen anmè. → **Fyèl mwen anmè pase remèd.**

D. Ann itilize mo konparezon yo! – Chwazi sa ki pi apwopriye a nan mo konparezon pou w konplete chak fraz ki anba yo. Ou ka sèvi ak menm mo a plizyè fwa. Suiv egzanp lan.

   tankou/kou/kouwè   -   *mwen ... pase*   -   *pi ... pase*

   Egzanp: Yon chou _____ gwo pase yon tomat.
   Repons: Yon chou ___*pi*___ gwo pase yon tomat.

   1. Yon zoranj **mwen** gwo pase yon melon.
   2. Dan fi a blan **tankou** lèt.
   3. Yon kabrit **pi** piti pase yon kochon.
   4. Yon kamyon **pi** gwo pase yon kamyonèt
   5. Ekrevis **mwen** piti pase langous.
   6. Kafe nwa **kou** chokola.
   7. Fwi yo dous **tankou** siwo.
   Bè **pi** bon pou lasante pase luil doliv.

E. **Ann reponn kesyon !** – Reponn chak kesyon sa yo kòmsadwa. Suiv egzanp lan.

Egzanp : Ki bèt ki pi piti : rat oswa chat ? → **Repons :** *Yon rat pi piti.*

1. Ki bèt ki pi piti : chen oswa chat ? → **Chat pi piti.**
2. Ki fwi ki pi dous : sitwon oswa zoranj ? → **Zoranj pi dous.**
3. Ki legim ki pi wouj tomat oswa kawòt? → **Tomat pi wouj.**
4. Ki legim ki pi vèt: epina oswa kreson? → **Epina pi vèt.**
5. Ki bèt ki pi gwo : cheval oswa bourik ? → **Cheval pi gwo.**
6. Ki peyi ki pi rich: Etazini oswa Ayiti? → **Etazini pi rich.**
7. Ki vil ki pi gwo: Nouyòk oswa Okap? → **Nouyòk pi gwo vil.**
8. Ki peyi ki pi cho: Bahamas oswa Kanada? → **Bahamas pi gwo.**

III. **Consonant blends: /pl/ ; /pr/ and /pw/**

CD 2-63 – Yon ti dikte. Koute epi ekri fraz sa yo ki gen **/pl/ ; /pr/** ak **/pw/** ladan yo.

1. **Konplis** ki te **planifye konplo** a se **apranti** yo ye.
2. **Tanpri souple**, m ap **sipliye** nou pou nou sispann **aplodi malpwòpte**.
3. **Travayè** serye toujou **prepare** bon plan **travay**.
4. **Apranti** yo ap **aprann** fè **lapwòtay**.
5. Moun ki gen **lespri** pa **prete** lang **etranje** pou l **planifye aprantisay** nan lekòl.
6. **Pratike** pou w ka **eple** mo tankou **aprivwaze, eksprè** ak **prestasyon**.

Answer key for exercises in chapter 7, Leson 3: *Ann pase atab!*

I. **Ki sa nou pral manje?**

✦ **ANNOU TCHEKE SI NOU KONPRANN DYALÒG LA**

➢ **Reponn kesyon yo an Kreyòl dapre dyalòg la.**

1. Ki sa moun yo konn mete nan kafe a lè y ap bwè l nan maten? → <u>**Moun yo konn mete lèt nan kafe a lè y ap bwè l lematen.**</u>
2. Ki jan Ayisyen renmen prepare diri ? → <u>**Gen moun ki kuit diri kole ak pwa; gen lòt ki fè diri blan ak sòs pwa. Epi gen lòt ki manje diri a ak legim.**</u>
3. Apre diri, ki lòt bagay Ayisyen konn manje a midi kòm dine ? → <u>**Yo konn manje salad ak bannann oswa mayi ak vyann oubyen pwason.**</u>
4. An jeneral, ki sa moun yo pi renmen bwè lè y ap dine? → <u>**Pi fò moun renmen bwè ji fwi tankou ji zoranj, chadèk, kowosòl, kachiman, sitwon elatriye.**</u>
5. Èske se tout Ayisyen ki konn pran goute nan apremidi ? → <u>**Non, se moun kò bon yo ki konn pran goute nan apre midi.**</u>
6. Ki jan ou kapab defini ekspresyon « moun kò bon » ? → <u>**Moun kò bon se yon ekpresyon nou itilize pou pale de boujwa oubyen moun ki gen lajan.**</u>

7. Ki lòt nasyon, moun kò bon yo ap eseye imite ? → **Moun sa yo gen tandans manje tankou blan franse.**
8. Eske moun yo manje anpil lè y ap soupe nan aswè ? → **Non, moun yo pa manje anpil lè y ap soupe lè aswè.**
9. Pou ki sa granmoun yo bwè te fèy kowosòl avan y al kouche ? → **Granmoun yo renmen bwè te kannèl oubyen te fèy kowosòl avan y al kouche pou yo kab byen dòmi.**
10. Èske ou panse enfòmasyon Filip bay Djeni yo itil ? Pou ki sa ? → **Wi, yo itil paske se bon enfòmasyon yo ye.**

ANNOU PRATIKE

A. **Ki lè yo bwè oswa manje aliman sa yo?** Di si yo pran aliman sa yo pandan dejene, dine oswa soupe. Suiv egzanp lan.
Egzanp : kabrit griye
Repons : *Se pandan dine yo manje kabrit griye.*

1. pen ak manba→ **Se pandan dejene yo manje pen ak manba.**
2. griyo ak pikliz→ **Se pandan dine yo manje griyo ak pikliz.**
3. akasan→ **Se pandan dejene yo bwè akasan.**
4. mayi moulen ak pwa→ **Se pandan dine yo manje mayi moulen ak pwa.**
5. diri kole ak pwa→ **Se pandan dine yo manje diri kole ak pwa.**
6. labouyi→ **Se pandan soupe yo bwè labouyi.**
7. kafe olè→ **Se pandan dejene yo bwè kafe olè.**
8. te fèy kowosòl→ **Se pandan soupe yo bwè te fèy kowosòl.**
9. pen ak ze fri→ **Se pandan dejene yo manje pen ak ze.**
10. bannann peze→ **Se pandan dine yo manje bannann peze.**
11. poulè fri→ **Se pandan dine yo manje poulè fri.**
12. chokola→ **Se pandan soupe yo bwè chokola.**

B. **Ann fè yon ti tès sou aliman yo** – Fè tès (*test*) la pou wè si ou byen enfòme sou zafè alimantasyon. Se pou ou chwazi bon repons lan. Suiv egzanp lan.

Ki aliman oswa bwason...

1. ki gen mwens sèl?
   a) diri ak pwa
   b) **labouyi**
   c) mayi moulen
   d) griyo ak pikliz

2. ki gen mwens grès (*fat*)?
   a) poulè fri
   b) taso bèf
   c) **salad leti ak tomat**
   d) ze fri

3. ki pa gen anpil sik?
   a) akasan
   b) labouyi
   c) ji zoranj
   d) **lanbi ansòs**

4. ki gen mwens kalori?
   a) gato chokola
   b) krèm kokoye
   c) **salad fwi**
   d) tat opòm

5. ki gen mwens pwoteyin?
   a) vyann kochon
   b) biftèk
   c) ze bouyi
   d) **soup legim**

6. ki gen plis vitamin C?
   a) te fèy kowosòl
   b) labouyi bannann
   c) **ji seriz ki fèk fèt**
   d) diri ak sòs pwa

C. **Etap nan preparasyon yon repa** – Pou prepare epi manje yon repa konplè, gen plizyè etap pou ou suiv. Annou klase etap sa yo dapre lòd kwonolojik. Suiv egzanp lan.

   a. __7__ sèvi manje a.
   b. __4__ kuit manje a.
   c. __6__ di tout moun atab!
   d. __10__ fè vesèl la.
   e. __2__ fè lis pwovizyon alimantè yo.
   f. __3__ al achte pwovizyon yo.
   g. __1__ chache resèt epi òganize meni an.
   h. __5__ ranje tab la ak ajantri yo.
   i. __9__ mande envite yo si manje a te bon.
   j. __8__ sèvi desè a.

D. **Ajantri ak vesèl yo !** – Chwazi mo oswa ekspresyon ki pi apwopriye a nan lis ki anba a pou w konplete chak fraz ki anba yo. Suiv egzanp lan.

   bòl – graj – kiyè – kouto – paswa – bonm – vè – tas – pilon – vesèl – kaswòl

   Egzanp: Se nan _____ yo bwè kafe.
   Repons: Se nan ___tas___ yo bwè kafe.

   1. Pou manje soup joumou, ou dwe sèvi ak yon ___kiyè___.
   2. Se nan yon ___bòl___ ou dwe sèvi envite yo soup joumou an.
   3. Se yon ___bonm___ ou bezwen pou w kuit soup joumou an.
   4. Kuizinyè a bezwen yon ___kaswòl___ pou l fri pwason an.
   5. Ou kapab itilize yon ___vè___ pou bwè wonm Babankou oswa diven.
   6. Wozmari bezwen yon ___paswa___ pou l koule ji a.
   7. Se yon ___pilon___ ou bezwen pou w pile epis yo.
   8. Li sèvi ak yon gwo ___kouto___ pou l kapab koupe vyann nan.
   9. Se yon ___graj___ kuizinyè a bezwen pou li graje kokoye a.
   10. Fòk nou lave ___vesèl___ yo lè nou fin manje.

E. **VRÈ OU FO ?** – Di si fraz ki anba yo vrè oswa fo. Apre sa, korije fraz ki fo yo epi kite fraz ki vrè yo jan yo ye a. Suiv egzanp lan.

Egzanp 1 : Ayisyen konn bwè kafe olè epi manje akasan ak pen nan maten.
Repons 1 : VRÈ

Egzanp 2: Ayisyen pran senk repa an jeneral.
Repons 2: FO *Ayisyen pran __twa__ repa an jeneral.*

   1. Premye repa Ayisyen manje rele dejene oswa manje maten. → **VRÈ**
   2. Dezyèm repa a rele soupe oswa manje midi. → **FO Dezyèm** repa a rele __dine__ oswa __manje midi__.
   3. Twazyèm repa a rele dine oswa manje aswè. → **FO Twazyèm** repa a rele __soupe__ oswa __manje aswè__.
   4. Tout Ayisyen pran yon ti goute nan apremidi. → **FO Ayisyen __kò bon yo__** pran yon ti goute nan apremidi.
   5. Se pen ak ze Ayisyen manje kòm soupe leswa. → **FO Ayisyen** manje pen ak ze kòm __dejene__.
   6. Lèmaten, Ayisyen konn manje mayi moulen epi yo konn bwè kafe. → **VRÈ**

7. Lè yo leve nan dòmi, granmoun yo konn bwè te fèy kowosòl. → **FO Anvan** *yo al dòmi leswa*, granmoun yo konn bwè te fèy kowosòl.
8. Labouyi se yon pla yo manje pou dine. → **FO Labouyi** se yon pla yo manje pou *soupe*.

F. **Ann fè yon ti konvèsasyon !** - Travay ak yon lòt elèv nan klas la : Youn ap poze kesyon ; lòt la ap reponn. Se pou nou chanje wòl apre chak kesyon ak repons.

ANSWERS VARY FOR THIS OPEN QUESTION EXERCISE

1. Èske ou konn kuit manje ?
2. Ki manje ou konn kuit ? Kouman ou kuit manje sa a ?
3. Ki manje ou pi renmen ?
4. Ki sa ou manje epi ki sa ou bwè lè ou leve nan maten ?
5. Ki bwason ou pi renmen ?
6. Ki manje ou pa renmen ? Pou ki sa ?

II. Comparison with verbal expressions

ANNOU PRATIKE

A. **Ann fè konparezon egal ego** – Konpare de eleman ki anba yo pou w di pa gen diferans. Sèvi ak *menm jan ak, tankou/kou/kouwè* pou fè fraz yo. Suiv egzanp lan.

Egzanp: Mari jwe baskètbòl /Cheril Milè jwe baskètbòl
Repons: *Mari jwe baskètbòl menm jan ak Cheril Milè.*

1. Emlin chante/wosiyòl chante → **Emlin chante tankou wosiyòl.**
2. Jaki manje/kochon manje → **Jaki chante kou kochon.**
3. Chwal kouri/chen kouri → **Chwal kouri menm jan ak chen.**
4. Filip dòmi/ Wozlò dòmi → **Filip dòmi kouwè Wozlò.**
5. Fi a bwè tafya. Dyab bwè tafya. → **Fi a bwè tafya tankou dyab.**
6. Mara travay. Bèt travay. → **Mara travay kouwè bèt.**

B. **Ann fè konparezon pozitif** – Konpare de eleman ki anba yo pou w di ki diferans ki genyen. Sèvi ak *plis ... pase* pou fè fraz yo. Suiv egzanp lan.

Egzanp: Wozlò travay. Men Filip travay plis. → **Repons:** *Filip travay plis pase Wozlò.*

1. Zoranj gen ji. Men chadèk gen plis ji. → **Chadèk gen plis ji pase zoranj.**
2. Chen travay. Men bourik travay plis. → **Bourik travay plis pase chen.**
3. Kabrit manje. Men bèf manje plis. → **Bèf manje plis pase kabrit.**
4. Adriyen etidye. Men Anayiz etidye plis. → **Anayiz etidye plis pase Adriyen.**
5. Milèt kouri. Men Chwal kouri plis. → **Chwal kouri plis pase milèt.**
6. Lui gen lajan. Men Lisi gen plis lajan. → **Lisi gen plis lajan pase Lui.**

C. Ann fè konparezon negatif – Konpare de eleman ki anba yo pou w di ki diferans ki genyen. Sèvi ak *mwens ... pase* pou fè fraz yo. Suiv egzanp lan.

Egzanp: Woma koute lajan. Krevèt koute mwens lajan.
Repons: *Krevèt koute mwens lajan pase woma.*

1. Jiraf kouri. Chwal kouri mwens. → **Chwal kouri mwens pase jiraf.**
2. Anpoul klere. Lanp klere mwens. → **Lanp klere mwens pase anpoul.**
3. Ou gen lajan. Li gen mwens lajan → **Li gen mwens lajan pase w.**
4. Timoun jwe. Granmoun jwe mwens. → **Granmoun jwe mwens pase timoun.**
5. Etidyan etidye. Elèv etidye mwens. → **Elèv etidye mwens pase etidyan.**
6. Pwofesè pale. Kontab pale mwens. → **Kontab pale mwens pase pwofesè.**

D. Ann itilize mo konparezon yo! – Chwazi mo konparezon ki pi apwopriiye a pou w konplete chak fraz ki anba yo. Ou kapab sèvi ak menm mo a plizyè fwa. Suiv egzanp lan.

menm jan ak, tankou/kou/kouwè - *mwens ... pase* - *plis ... pase*

Egzanp: Yon Ayisyen pale Kreyòl _____ yon Bayameyen.
Repons: *Yon Ayisyen pale Kreyòl ___plis pase___ yon Bayameyen.*

1. Yon pwofesè lekòl pale ___**plis pase**___ yon bòs ebenis.
2. Yon kòdonye ekri ___**mwens pase**___ yon ekriven.
3. Yon chat manje ___**mwens pase**___ yon kochon.
4. Yon motosiklèt kouri ___**plis pase**___ yon bisiklèt.
5. Yon kay koute ___**plis**___ lajan ___**pase**___ yon machin.
6. Pastè a preche ___**menm jan ak**___ pè a.
7. Mari jwe baskètbòl ___**kouwè**___ Cheril Milè.
8. Yon bòs tayè chita ___**plis pase**___ yon pwofesè lekòl.

E. Ann reponn kesyon! – Reponn chak kesyon sa yo kòmsadwa. Suiv egzanp lan.

Egzanp: Ki bèt ki travay plis: yon chat oswa yon bourik?
Repons: *Yon bourik travay plis.*

1. Ki moun ki manje mwens: yon granmoun oswa yon timoun? → **Yon timoun manje mwens.**
2. Ki bèt ki manje plis: yon chwal oswa yon poul? → **Yon chwal manje plis.**
3. Ki moun ki ekri plis: yon pwofesè oswa yon koutiryè? → **Yon pwofesè ekri plis.**
4. Ki moun ki kuit manje mwens: yon kuizinyè oswa yon kontab? → **Yon kontab kuit manje mwens.**
5. Ki pwofesyon ki bay plis lajan: pwofesè oswa doktè? → **Doktè bay plis lajan.**
6. Ki moun ki etidye plis: yon enjenyè oswa yon bòs mason? → **Yon enjenyè etidye plis.**
7. Ki moun ki travay ak plis lajan: Yon bankye oswa yon ouvriye? → **Yon bankye travay ak plis lajan.**
8. Ki moun ki jwe mwens: yon granmoun oswa yon timoun? → **Yon granmoun jwe mwens.**

III. Consonant blend: /tr/

ANNOU PRATIKE

❖ **CD 3-3 – Yon ti dikte.** Koute epi ekri fraz sa yo ki gen /tr/ ladan yo.

1. **Etranje** yo pa janm jete **fatra** nan **tren** an.
2. Gen **katreven** atlèt nan pak **atraksyon** an.
3. Li kouri **atrap batri** a pou l pa tonbe.
4. Kounye a se **traka** ak **tribilasyon** toupatou.
5. Matlo a ap **travay** byen **trankil** sou bato a.
6. **Matris** li vin **ratresi** lè yo te **chatre** l la.
7. Li fin **tranpe** vyann nan a **katrè** karant.
8. Li **atrap** diri a epi l ap manje **pòtre** yon moun ki sot nan prizon.

IV. Annou koute

CD 3-4 – *Resèt labouyi bannann*

Engredyan ou bezwen
Pou fè labouyi bannann pou kat moun ou bezwen yon grenn bannann byen vèt, de gwo bwat lèt evapore, yon kèp lèt kokoye, yon vè sik, yon pense sèl, yon ti kiyè kannèl, yon ti kiyè miskad, yon ti kiyè esans vaniy, ak yon ti zès sitwon pou bay labouyi a bon gou.

Resèt la
Premye bagay ou fè lè w ap fè labouyi bannann se blennde oswa graje bannann nan. Ou kab blennde bannann nan ak youn nan bwat lèt yo. Lè ou fin blennde oswa graje bannann nan, mete l bouyi ak rès lèt la epi ak tout rès engredyan yo eksepte esans vaniy la ak zès sitwon an. Kite bannann nan bouyi sou yon dife mwayen pandan kenz a ven minit jouk li vinn epè. Fòk ou brase labouyi a souvan pou bannann nan pa kole epi boule anba bonm nan. Lè ou wè bannann nan kwit, ajoute esans vaniy lan ak zès sitwon an. Fèmen dife a epi kite labouyi frèt avan ou sèvi l. Labouyi bannann ka sèvi ak pen pou soupe.

❖ **Lè ou fin koute.** Reponn kesyon ki anba yo dapre anrejistreman an. Ou kab fè travay sa a an goup.

1. Ki kantite bannann ou bezwen si w ap fè labouyi bannann pou kat moun ? → **Yon grenn bannann.**
2. Pou ki sa ou dwe mete zès sitwon nan labouyi bannann nan ? → **Pou bay labouyi a bon gou.**
3. Ki sa ou fè an premye lè w ap fè labouyi bannann ? → **Ou dwe blennde oswa graje bannann nan.**
4. Ak ki sa pou ou mete bannann nan bouyi lè ou fin graje l oswa blennde l ? → **Ou dwe mete l bouyi ak rès lèt la epi ak tout rès engredyan yo eksepte esans vaniy la ak zès sitwon.**
5. Konbyen tan labouyi bannann nan bezwen pou l kuit ? → **Li bezwen kenz a ven minit.**
6. Ki sa k pèmèt ou wè labouyi bannann nan kuit ? → **Konsistans li. L ap vinn epè lè l kuit.**

7. Pou ki sa ou dwe brase labouyi bannann nan souvan ? → **Pou bannann nan pa kole epi boule anba bonm nan.**
8. Nan ki moman ou dwe mete esans vaniy lan ak zès sitwon an ? → **Lè ou wè bannann nan kuit.**

Answer key for exercises in chapter 7, Leson 4 : *Nan restoran an!*

I.   Ki sa n ap kòmande pou desè?

✦ **ANNOU TCHEKE SI NOU KONPRANN DYALÒG LA**

➢ **Reponn kesyon yo an Kreyòl dapre dyalòg la.**

1. Ki aperitif Djonn ak Djeni te kòmande ? → **Yo te kòmande diven blan.**
2. Ki òdèv sèvè a te pwopoze moun yo ? → **Sèvè a te pwopoze moun yo eskago a lay.**
3. Ki òdèv moun yo te chwazi ? → **Yo te kòmande eskago a epi patedfwa.**
4. Ki pla prensipal moun yo te pran ? → **Yo te pran somon griye ak kana aloranj.**
5. Konbyen boutèy diven moun yo bwè pou sware a? → **Yo te bwè 2 boutèy diven.**
6. Ki koulè diven moun yo te bwè? → **Yo te bwè diven blan.**
7. Èske moun yo te renmen pla prensipal yo te chwazi yo ? Pou ki sa ? → **Wi yo te renmen pla prensipal yo, paske yo di yo pa regrèt kòb yo a ditou.**
8. Èske moun yo te kòmande desè ? Pou ki sa ? → **Non, yo pa t kòmande desè paske vant yo te byen plen.**
9. Ki sa Djeni te pran apre pla prensipal la? E Djonn ? → **Djeni te pran yon te ositwon sèlman, epi Djonn pa te pran anyen.**
10. Èske moun yo te satisfè ak manje a epi ak sèvis la ? Pou ki sa ? → **Wi, yo te satisfè, paske manje a te ekselan epi yo te tou bay rès monnen an kòm poubwa.**

ANNOU PRATIKE

A. **Nan restoran ayisyen!** – Di ki lè yo fè bagay sa yo nan restoran ayisyen. Se pou ou chwazi repons *A* oswa *B* menm jan ak egzanp lan.

Egzanp: Yo manje salad...   **Repons :** a. *avan pla prensipal la.*

a. *avan pla prensipal la.*   b. *apre pla prensipal la.*

1. Yo kòmande manje...
   a. *apre yo fin gade meni an.*   b. *avan yo gade meni an.*

2. Yo manje òdèv...
   a. *apre desè a.*   b. *avan yo manje pla prensipal la.*

144

3. Yo bwè kafe oswa te...
   a. *avan yo manje desè a.*
   b. *lè yo fin manje desè a.*

4. Yo pran aperitif...
   a. *avan yo manje òdèv.*
   b. *lè yo fin manje òdèv.*

5. Yo manje pla prensipal la...
   a. *avan yo manje òdèv.*
   b. *lè yo fin manje òdèv.*

6. Yo manje desè...
   a. *apre pla prensipal la.*
   b. *avan yo manje pla prensipal la.*

7. Yo mande adisyon an...
   a. *Lè yo fin manje nèt.*
   b. *avan yo kòmande manje.*

8. Yo bay poubwa...
   a. *avan yo peye.*
   b. *lè yo fin peye.*

B. **Èske se aperitif, òdèv, pla prensipal oswa desè?** – Di si aliman sa yo se aperitif, òdèv, pla prensipal oswa desè. Suiv egzanp lan.

Egzanp: somon griye → **Repons :** *Somon griye se yon pla prensipal li ye.*

1. eskago oswa patedfwa → **Eskago oswa patedfwa se òdèv yo ye.**
2. diri ak sòs pwa ak vyann → **Diri ak sòs pwa ak vyann se pla prensipal yo ye.**
3. salad leti ak tomat → **Salad leti ak tomat se òdèv yo ye.**
4. gato chokola ak krèm kokoye → **Gato chokola ak krèm kokoye se desè yo ye.**
5. soup zonyon → **Soup zonyon se odèv li ye.**
6. byè oswa diven → **Byè oswa diven se aperitif yo ye.**
7. akra oswa marinad → **Akra oswa marinad se aperitif yo ye.**
8. krèm vaniy ak pen patat → **Krèm vaniy ak pen patat se desè yo ye.**
9. salad fwi oswa tat opòm → **Salad fwi oswa tat opòm se desè yo ye.**
10. pwason gwo sèl → **Pwason gwo sèl se pla prensipal li ye.**
11. kòk oven ak diri blan → **Kòk oven ak diri blan se pla prensipal yo ye.**
12. griyo, pikliz ak bannann → **Griyo, pikliz ak bannann se pla prensipal yo ye.**

C. **Nan restoran an!** – Chwazi mo oswa ekspresyon ki pi apwopriye a nan lis la pou w konplete chak fraz ki anba yo. Suiv egzanp lan.

adisyon – ochandèl – kuizinye – pla prensipal – poubwa – kòmande – òdèv – sèvè – aperitif – meni – desè – resèt

Egzanp: Se yon _____ ki kuit manje nan restoran an.
Repons: Se yon **kuizinye** ki kuit manje nan restoran an.

1. Lè ou rive nan restoran an, fòk ou gade ___**meni**___ an avan ou kòmande.
2. Si sèvè a ba ou bon sèvis, fòk ou ba l ___**poubwa**___.
3. Se___**sèvè**___ a ki vin pran kòmann manje a epi ki pote l pou ou.

4. Lè mesye yo bezwen fè madanm yo kontan, yo mennen yo nan dine **_ochandèl_**.
5. Se lè ou fin li meni an, ou kapab **_kòmande_** manje.
6. Sèvè a toujou pote **_adisyon_** an pou ou lè w fin manje nèt.
7. Wonm Babankou, byè prestij oswa diven, se pou **_aperitif_** yo konn sèvi yo.
8. An jeneral, yo pran **_òdèv_** apre aperitif epi avan pla prensipal.
9. Kana aloranj, somon griye se **_pla prensipal_** yo ye.
10. Tat opòm ak pen patat se **_desè_** yo ye.

D. VRÈ OU FO ? – Di si fraz ki anba yo vrè oswa fo. Apre sa, korije fraz ki fo yo epi kite fraz ki vrè yo jan yo ye ya. Suiv egzanp yo.

Egzanp 1: Nan restoran ayisyen, yo toujou pote nòt la lè ou fin manje nèt.
Repons 1: VRÈ
Egzanp 2: Nan restoran ayisyen, yo toujou sèvi desè a avan pla prensipal la.
Repons 2: FO - *Nan restoran ayisyen, yo toujou sèvi desè a <u>apre</u> pla prensipal la.*

1. Yon aperitif se yon bwason ou pran an premye lè w ap manje. → **VRÈ**
2. Dezyèm bagay ou pran lè w ap manje yon repa fòmèl nan restoran se desè a. → **FO** - *Dezyèm bagay ou pran lè w ap manje yon repa fòmèl nan restoran se **aperitif** la.*
3. Twazyèm bagay ou pran lè w ap manje yon repa nan restoran se pla prensipal la. → **VRÈ**
4. Sèvè a pa janm pote adisyon an nan koumansman repa a. → **VRÈ**
5. Akra, marinad ak eskago alay se desè yo ye. → **FO** - *Akra, marinad ak eskago alay se **òdèv** yo ye.*
6. An jeneral se apre desè a, moun bwè te oswa kafe. → **VRÈ**
7. Salad fwi, krèm kokoye se aperitif yo ye. → **FO** - *Salad fwi, krèm kokoye se **desè** yo ye.*
8. Lè ou al manje nan restoran, fòk ou bay poubwa a avan ou manje. → **FO** - *Lè ou al manje nan restoran, fòk ou bay poubwa a <u>apre</u> ou manje.*

E. Ann fè yon ti konvèsasyon ! - Travay ak yon lòt elèv nan klas la : Youn ap poze kesyon; lòt la ap reponn. Se pou nou chanje wòl apre chak kesyon ak repons.

ANSWERS VARY FOR THIS OPEN QUESTION EXERCISE

1. Èske ou renmen ale nan restoran ? Pou ki sa ?
2. Ki sa ou konn kòmande lè w al nan restoran ?
3. Èske ou toujou pran desè ? Ki desè ou konn kòmande ?
4. Èske ou konn bay gwo poubwa ? Pou ki sa ?
5. Ki rezon ki kapab fè ou pa bay gwo poubwa ?
6. Èske ou renmen al nan restoran pou kont ou oswa ak lòt moun ? Pou ki sa ?

I. The superlative

ANNOU PRATIKE

A. Sipèlatif ak « *nan* » – Konpare de eleman ki anba yo pou w eksprime sipèlatif. Sèvi ak ***nan*** pou fè fraz yo. Suiv egzanp lan.

Egzanp: Mango bon. (tout fwi) → **Repons:** *Se mango ki pi bon nan tout fwi.*

1. Melon gwo. (tout fwi) → **Se melon ki pi gwo nan tout fwi.**
2. Bilding sa a wo (nan vil la) → **Se bilding sa a ki pi wo nan vil la.**
3. Elèv sa a fò. (nan lekòl) → **Se elèv sa a ki pi fò nan lekòl la.**
4. Lisi rich. (nan fanmiy lan) → **Se Lisi ki pi rich nan fanmi an.**
5. Fi a gra. (nan kay la) → **Se fi a ki pi gra nan kay la.**
6. Adriyen jenn (nan klas la) → **Se Adriyen ki pi jenn nan klas la.**

B. Sipèlatif ak « *pi/plis* » oswa «*mwen/mwens*» sèlman – Reponn kesyon yo ki anba a. Konpare bèt ki anba yo pou w eksprime sipèlatif. Sèvi ak ***pi/plis*** oswa ***mwen/mwens*** pou fè fraz yo. Suiv egzanp lan.

labalèn – towo – bourik – kabrit – kochon – poul – kodenn – kòk – chen – chat – rat

Egzanp: Ki bèt ki pi gwo nan tout bèt sa yo? → **Repons:** *Se <u>labalèn</u> ki pi gwo.*

1. Ki bèt ki pi bèl? → **Se kodenn ki pi bèl.**
2. Ki bèt ki pi parese? → **Se chen ki pi parese.**
3. Ki bèt ki travay plis? → **Se bourik ki travay plis.**
4. Ki bèt ki pi dosil? → **Se chat ki pi dosil.**
5. Ki bèt ki pi piti? → **Se rat ki pi piti.**
6. Ki bèt ki manje mwens? → **Se poul ki manje mwen.**

C. Mwayen transpò – Reponn kesyon yo ak sipèlatif. Suiv egzanp lan.

Egzanp: Dapre ou menm ki mwayen transpò ki pi rapid?
Repons: *Dapre mwen menm, avyon se mwayen transpò ki pi rapid.*

1. Ki mwayen transpò ki pi mwen chè? → **Dapre mwen menm, bourik se mwayen transpò ki mwen chè.**
2. Ki machin ki pi rapid? → **Dapre mwen menm, se pickòp yo ki pi rapid.**
3. Ki machin ki pi bèl? → **Dapre mwen menm, se ti bis yo ki pi bèl.**
4. Ki machin ki pi lèd? → **Dapre mwen menm, se kamyon yo ki pi lèd.**
5. Ki machin ki pi solid? → **Dapre mwen menm, se zoreken yo ki pi solid.**
6. Ki machin ki koute plis lajan? → **Dapre mwen menm, se machin prive yo ki koute plis lajan.**

D. **Ann reponn kesyon yo!** – Reponn chak kesyon sa yo kòmsadwa. Suiv egzanp lan.

Egzanp: Dapre ou menm, ki peyi ki pi bèl nan karayib la?
Repons: *Dapre mwen menm, se Ayiti ki pi bèl nan karayib la.*

1. Dapre ou menm, ki bèt lanmè ki pi bon? → **Dapre mwen menm, se lanbi ki pi bon.**
2. Ki bèt ou pi renmen nan tout bèt? → **Dapre mwen menm, se chat mwen pi renmen nan tout bèt.**
3. Ki fwi ou pi renmen? → **Dapre mwen menm, mwen pi renmen mango.**
4. Dapre ou menm, ki peyi ki pi endepandan nan Karayib la? → **Dapre mwen menm, se Kiba ki pi endepandan nan Karayib la.**
5. Dapre ou menm ki aktè oswa aktris ki pi bon nan Woliwoud? → **Dapre mwen menm, se Will Smith ki pi bon nan Woliwoud.**
6. Dapre ou menm, ki dansè ki pi fò nan Amerik la? → **Dapre mwen menm, se Ciara ki pi fò nan Amerik la.**

II. Consonant blends: /vl/; /vr/

❖ **CD 3-7 – Yon ti dikte.** Koute epi ekri fraz sa yo ki gen /vl/ ak /vr/ ladan yo.

1. **Ouvriye** a **kouvri** kanape ak yon bèl moso **vlou**.
2. M bezwen yon **ouvrebwat** pou m **louvri** bwat lèt la.
3. Li **vlope** liv la epi li mete l nan yon gwo **anvlòp**.
4. Yo pa **vle kouvri** chodyè a.
5. Lendi ak madi se jou **ouvrab** yo ye.
6. **Vle** pa **vle**, n ap **louvri anvlòp** la kanmenm.
7. Yo di y ap fè **devlopman** ; poutan sitiyasyon an ap **anvlimen** chak jou.
8. Pou nou **devlope** peyi a, fòk nou **vle** sa **vrèman vre**.

Dosye sosyokiltirèl

❖ **Pandan w ap li.** Tradui fraz sa yo ki anba a an angle. Itilize glosè a ki nan fen liv la oswa yon diksyonè pou w kapab tradui fraz yo kòmsadwa.

1. *Pou fè diri kole ak pwa sèch pou uit moun ou bezwen de ti mamit diri blan oswa jòn.*
2. *Lè w ap kuit diri kole ak pwa sèch, premye sa ou fè se lave pwa a epi mete l bouyi. Pinga ou mete sèl nan pwa a lè w ap bouyi l.*
3. *Dezyèm bagay ou fè lè pwa a fin bouyi, se mete luil doliv cho pou fri zepis yo. Mete chodyè ou cho ak luil la ladan l. Ansuit, mete lay la ak zonyon an fri.*
4. *Kite diri a bouyi jouk dlo a sèch san ou pa kouvri chodyè a. Lè dlo a fin sèch nèt, fòk ou brase diri a yon dènye fwa.*
5. *Dènye bagay ou fè se toufe diri a pou l kapab byen kuit. Gen moun ki kouvri chodyè a ak yon papye aliminyòm avan yo mete kouvèti a.*
6. *Kite chodyè a sou yon ti dife byen piti pandan dis a kenz minit konsa. Apre sa, ou mèt sèvi diri a paske l pare.*

- **Lè ou fin li**. Reyini nou an gwoup pou reponn kesyon yo dapre tèks la. Reponn kesyon yo an kreyòl.

  1. Ki kalite diri ou bezwen pou kuit diri ak pwa sèch ? → **Ou bezwen diri blan oswa jòn.**
  2. Ki kantite pwa ou bezwen pou w kuit diri ak pwa sèch pou kat moun ? → **Ou bezwen demi mamit pwa sèch.**
  3. Ki sa ou fè avan lè w ap kuit diri ak pwa sèch ? → **Premye sa ou fè se lave pwa a epi mete l bouyi.**
  4. Lè w ap kuit diri ak pwa sèch, ki kantite sèl pou ou mete bouyi nan pwa a ? → **Ou pa dwe mete sèl nan pwa a lè w ap bouyi l.**
  5. Konbyen tan pwa sèch pran pou l kuit si ou pa t tranpe l avan ? → **An jeneral, pwa sèch pran omwen dezèdtan pou l kuit si ou pa t mete l tranpe nan dlo avan.**
  6. Èske pwa sèch kuit pi vit oswa mwen vit lè ou fin tranpe l ? → **Pwa sèch kwit pi vit lè ou fin tranpe l.**
  7. Ki lè pou ou mete diri a nan chodyè a ? → **Lè dlo a bouyi mete diri a nan chodyè a.**
  8. Pou ki sa ou bezwen brase diri a ? → **Ou bezwen brase diri a nan chodyè a omwen de fwa pou byen melanje diri a ak pwa a.**
  9. Pou ki sa ou bezwen toufe diri a ? → **Paske se sèl fason pou diri a kuit.**
  10. Pou ki sa ou dwe bese dife a anba diri a ? → **Ou dwe bese dife a anba diri pou l pa boule.**

CHAPIT UIT
Lasante, maladi ak lanmò

Answer key for exercises in chapter 8, Leson 1 : *Lasante ak lijyèn se Kòkòt ak Figawo!*

I. **Ann fè yon ti anatomi!**

✦ **ANNOU TCHEKE SI NOU KONPRANN DYALÒG LA**

➢ **Reponn kesyon yo an Kreyòl dapre dyalòg la.**

1. Pou ki sa Filip bezwen Wozlò soti nan saldeben an? → **Paske Filip prese, li bezwen ale.**
2. Èske Wozlò anvi ba Filip saldeben an? Pou ki sa? → **Paske Wozlò fenk antre nan saldeben an.**
3. Ki sa Wozlò te koumanse fè lè Filip mande saldeben an? → **Wozlò te fenk kòmanse lave figi l.**
4. Ki sa k fè Filip leve ta konsa maten an? → **Filip leve ta maten an, paske dòmi twonpe l, epi revèy la pa t sonnen maten an.**
5. Èske Wozlò bay Filip saldeben an? → **Wi, Wozlò bay Filip saleben an.**
6. Ki bò pat la ye? → **Pat la sou lavabo a, bò kote bwòsdan yo.**
7. Ak ki sa Filip konn abitye fè bab li lèmaten? → **Filip konn abitye fè bab li ak lam razwa yo.**
8. Ak ki sa Filip fè bab li maten an? Pou ki sa? → **Maten an, Filip fè bab li ak razwa elektrik la paske lam razwa yo fini.**
9. Ki sa Filip ap fè an dènye pou l ka fini epi soti? → **Filip ap penyen tèt li.**
10. Ki bò Filip mete savon likid la ak ti sèvyèt Wozlò a? → **Li mete yo menm kote ak chanpou a.**

ANNOU PRATIKE

A. Asosiyasyon - Marye kolòn I ak II. Suiv egzanp lan.

1. __d__ pise
2. __j__ koute
3. __b__ manje
4. __e__ lang
5. __g__ mache
6. __h__ montre
7. __f__ reflechi
8. __c__ pran odè
9. __a__ gade
10. __i__ touche

a) je
b) bouch
c) nen
d) kòk oswa bouboun
e) goute
f) tèt
g) pye
h) dwèt
i) men
j) zòrèy

B. **Pati nan kò moun!** - Chwazi sa ki korèk la pami mo ki anba yo pou ou reponn. Itilize atik defini kòrèk la pou ou reponn menm jan ak egzanp lan ki anba a.

Egzanp: Yo itilize yon bwòsdan pou yo netwaye yo.
Repons: *Se dan yo.*

poumon – dwèt – cheve – lang – kè – nen – dan – zòrèy – je – bab – vant

1. Se ògàn sa a ki pèmèt ou pran gou manje. → **Se *lang lan.***
2. Yo sèvi ak yon bwòstèt pou yo bwose l. → **Se *cheve yo.***
3. Se ògàn sa a ki pèmèt ou gade televizyon oubyen li yon yon liv. → **Se *je yo.***
4. Se ògàn sa a ki pèmèt ou moulen manje avan ou vale l. → **Se *dan yo.***
5. Se ògàn sa a ki fè ou kab pran odè oswa respire. → **Se *nen an.***
6. Yo itilize yon razwa ak krèm razaj pou koupe yo. → **Se *bab yo.***
7. Se ògàn sa a ki pèmèt koute ou radyo oswa tande bri. → **Se *zòrèy la.***
8. Se ògàn sa a k ap ponpe san nan kò moun san rete. → **Se *kè a.***
9. Se ògàn entèn sa yo ki pèmèt kò n itilize oksijèn ki nan lè a. → **Se *poumon an.***
10. Nou itilize yo pou nou kenbe plim lè n ap ekri. Ou kab mete bag ladan yo tou. → **Se *dwèt yo.***

C. **Aktivite nan maten** – Chwazi mo oswa ekspresyon ki pi apwopriye a nan lis ki anba a pou w konplete chak fraz ki anba yo. Suiv egzanp lan.

pye – bwose – bouch – ponyèt – nen – kò – je – tèt – dwèt – sèvyèt – senti - tande

Egzanp: Maten an, Filip pa _____ son revèy la.
Repons: Maten an, Filip pa ___*tande*___ son revèy la.

1. Lè Filip louvri ___*je*___ l maten an, li wè l gentan fè nevè dimaten.
2. Lè Filip leve, li mete sandal nan ___*pye*___ l pou l al nan saldeben an.
3. Lè misye rive nan saldeben an li ___*bwose*___ dan l epi li lave je l.
4. Apre sa, li benyen. Lè l fini, li siye kò l ak yon ___*sèvyèt.*___
5. Pandan Filip ap abiye, li mete yon sentiwon nan ___*senti*___ l.
6. Lè Filip fin abiye, li mete yon mont annò nan ___*ponyèt*___ li.
7. Answit li pran dejene. Filip pa pran odè kafe a paske ___*nen*___ l bouche.
8. Avan Filip ale, li mete chapo sou ___*tèt*___ li.
9. Apre sa a, li anbrase Wozlò sou ___*bouch*___ epi l ale.
10. Lè Filip rive nan travay, Wozlò rele l pou di l li bliye mete bag la nan___*dwèt*___ li.

D. **Pwodwi pou lijyèn kòporèl** – Reponn kesyon yo menm jan ak egzanp lan ki anba a pou ou di sa w bezwen pou fè lijyèn kòporèl.

Egzanp: Ki sa ou bezwen pou w fè bab ou?
Repons: *M bezwen razwa, krèm razaj ak dlo.*

1. Ki sa w bezwen pou ou savonnen kò w? → **Ou bezwen savon oubyen savon likid.**
2. Ki sa w bezwen pou ou rense kò w? → **Ou bezwen dlo.**
3. Ki sa w bezwen pou ou siye kò w? → **Ou bezwen sèvyèt.**

151

4. Ki sa w bezwen pou w fè twalèt ou? → **Ou bezwen dlo ak savon.**
5. Ki sa w bezwen pou ou raze w? → **Ou bezwen lam razwa, oswa razwa elektrik oswa krèm razwa.**
6. Ki sa w bezwen pou w bwose cheve w? → **Ou bezwen yon bwòstèt.**
7. Ki sa w bezwen pou w lave cheve w? → **Ou bezwen dlo ak chanpou.**
8. Ki sa w bezwen pou w penyen tèt ou? → **Ou bezwen peny.**
9. Ki sa w bezwen pou w lave je w? → **Ou bezwen dlo, ak savon.**
10. Ki sa w bezwen pou w bwose dan w? → **Ou bezwen bwòsdan ak pat.**

E. **Lijyèn kòporèl** - Reponn kesyon yo menm jan ak egzanp lan ki anba a pou ou di sa w kab fè ak pwodwi sa yo.

Egzanp: Ki sa ou kab fè ak yon razwa elektrik?
Repons: *M kab raze m. / M kab fè bab mwen.*

Ki sa w kapab fè ak... ?
1. razwa elektrik→ **M kapab raze bab mwen.**
2. bwòsadan→ **M kapab bwose dan mwen.**
3. dlo→ **M k kapab benyen. / M kab lave cheve m. / M kapab fè manje.**
4. sèvyèt→ **M kapab siye kò mwen.**
5. chanpou→ **M kapab lave cheve mwen.**
6. bwòstèt→ **M kapab bwose cheve m.**
7. krèm razaj→ **M kapab raze plim mwen.**
8. savon→ **M kapab benyen.**
9. peny→ **M kapab penyen, demele cheve mwen.**
10. rad→ **M kapab abiye.**
11. ti sèvyèt→ **M kapab foubi kò mwen lè m ap benyen.**
12. losyon→ **M kapab pase sou po mwen.**

F. **Definisyon pati nan kò moun** – Travay ak yon lòt etidyan pou w kreye pwòp definisyon pa w pou mo sa yo ki anba a. Apre sa a, li definisyon yo pou patnè w la. Li dwe devine mo ki koresponn avèk chak definisyon. Se pou n chanje wòl apre chak kesyon.

Egzanp: Li pèmèt ou pran odè epi respire. Se ki ògàn li ye?
Repons: *Se nen an*

1. tèt→ **Se pati nan kò moun kote yo mete chapo.**
2. ponyèt→ **Li fè pati manm siperyè nan kò moun kote yo mete braslè ak mont.**
3. pye→ **Li fè pati manm enferyè nan kò moun kote yo mete chosèt ak soulye.**
4. dwèt → **Li fè pati manm siperyè nan kò moun kote yo mete bag.**
5. bab→ **Ou jwenn li nan figi gason. Yo konn raze yo lè yo pouse twòp.**
6. dan→ **Moun gen 32 nan ògan sa a. Yo pèmèt nou moulen manje epi mòde.**
7. lang→ **Se yon ògan ki nan bouch nou ki pèmèt nou pale epi goute manje.**
8. bouch→ **Se yon kavite nan figi moun ki pèmèt nou alimante kò a.**
9. je→ **Se yon ògan ki nan figi nou ki pèmèt nou wè epi gade.**
10. cheve→ **Se yon ògan ki nan tèt nou. Fòk nou penyen oswa bwose yo.**

> 11. zòrèy→ **Se yon ògan ki nan tèt nou ki pèmèt nou tande epi koute.**
> 12. poumon→ **Se yon ògan ki anndan kò nou ki pèmèt nou respire.**

II. The possessive construction pa

ANNOU PRATIKE

A. **Fòm kout posesif yo** – Itilize fòm kout posesif yo pou ou ranplase fòm long yo. Suiv egzanp lan.

   Egzanp: - Se machin pa li a.   →   **Repons:** *Se machin pa l la.*

   1. Se chadèk pa mwen an. → **Se chadèk pa m nan.**
   2. Se zoranj pa li a. → **Se zoranj pa l la.**
   3. Se mango pa nou an. → **Se mango pa n nan.**
   4. Se fwomaj pa w la. → **Se fwomaj pa w la.**
   5. Sa se rezen pa mwen an. → **Sa se rezen pa m nan.**
   6. Sa se legim pa nou an. → **Sa se legim pa n nan.**

B. **Fòm pliryèl la** – Itilize fòm pliryèl posesif yo pou ou ranplase fòm sengilye yo.

   1. Se kay pa mwen an. → **Se kay pa mwen yo.**
   2. Se chifon pa w la. → **Se chifon pa w yo.**
   3. Se tablo pa li a. → **Se tablo pa li yo.**
   4. Se òdinatè pa nou an. → **Se òdinatè pa nou yo.**
   5. Se radyo pa yo a. → **Se radyo pa yo yo.**
   6. Se kaye pa m nan. → **Se kaye pa m yo.**
   7. Se poul pa mwen an. → **Se poul pa mwen yo.**
   8. Se chèz pa li a. → **Se chèz pa li a.**
   9. Se règ pa yo a. → **Se règ pa yo a.**
   10. Se liv pa n nan. → **Se liv pa n nan.**

C. **Se zafè pa l.** Se pa ki moun? Itilize pwonon kòrèk la pou ranplase non ki gen tras anba yo a. Suiv egzanp lan.

   Egzanp: - Se diri pa <u>Adriyen</u>.   →   **Repons:** *Se diri pa l.*

   1. Se seriz pa <u>Mimoz</u>. → Se seriz pa ***l***.
   2. Se manje pa <u>ti gason an</u>. → Se manje pa ***l***.
   3. Se rezen pa <u>Andre ak Chal</u>. → Se rezen pa ***yo***.
   4. Se janbon pa <u>madmwazèl la</u>. → Se janbon pa ***l***.
   5. Se vyann pa <u>Lisi ak Pòl</u>. → Se vyann pa ***yo***.
   6. Se kodenn pa <u>elèv yo</u>. → Se kodenn pa ***yo***.

D. Ann pale Kreyòl kapwa! - Itilize de mo ki ansanm yo anba a pou ou eksprime posesyon menm jan ak egzanp lan ki anba a. Itilize bon pwonon an pou ou ranplase si nesesè.

Egzanp: - Razwa/ Filip → **Repons:** *Razwa a se kin a i.*

1. Makiyaj/Wozlò → **Makiyaj sa a se kin a i.**
2. Savon /ou→ **Savon sa a se kin a w.**
3. chanpou/yo. → **Chanpou a se kin a yo.**
4. rad/mwen→ **Rad la se kin a m.**
5. bwòsdan/Mari→ **Bwòsdan an se kin a i.**
6. Règ/ Jak ak Aleksi→ **Règ la se kin a yo.**

III. Consonant blends: /w/ and /y/

CD 3- 10– Yon ti dikte. Koute epi ekri fraz sa yo ki gen /w/ ak /y/ ladan yo.

1. **Panyòl yo** pa konn danse **yanvalou**.
2. **Nèg** bèl **wotè** a fè **wanga** dèyè madan **Wa**.
3. **Yonyon** an achte **yon vye papay** pouri.
4. **Yanik** al **watè** dèyè **yon vye kay kraze** ki nan raje a.
5. Se nan mache yo vann **zonyon, vyann ak wowoli**.
6. Dirijan **kowonpi** se **youn** nan pi **gwo pwoblèm peyi** a genyen.
7. **Griyo** ki fèt ak **kwann** po kochon se bon **bagay**.
8. **Yanyan** toujou **kwit gwo chodyè lyann panye**.

Answer key for exercises in chapter 8, Leson 2 : *Pwoblèm sante !*

I. Ki jan w santi kò w?

✦ **ANNOU TCHEKE SI NOU KONPRANN DYALÒG LA**

➢ **Reponn kesyon yo an Kreyòl dapre dyalòg la.**

1. Pou ki sa Filip al kay doktè? → <u>**Filip al kay doktè paske li malad byen mal.**</u>
2. Ki sa k fè Filip pa kab manje ak bwè? → <u>**Gòj li tèlman ap fè l mal.**</u>
3. Ki sa k rive Filip lè l fòse manje oswa bwè? → <u>**Lè l fòse manje oswa bwè yon bagay , li vomi l menm kote a.**</u>
4. Èske Filip konn krache san lè l ap touse? → <u>**Wi, li konn krache san lè li rete.**</u>
5. Èske gen moun lakay Filip ki soufri maladi tibèkiloz? → <u>**Non, pa gen moun lakay Filip ki fè maladi sa a.**</u>
6. Ki moun Filip konnen ki te soufri maladi sa a? → <u>**Yon anplwaye nan biwo a ki te rele Alèks.**</u>
7. Depi ki lè moun nan mouri ? → <u>**Moun nan mouri depi plis pase de zan.**</u>

154

8. Ki maladi ki te touye Alèks? → **Tibèkiloz.**
9. Dapre doktè a, ki maladi Filip soufri: tibèkiloz oswa sida? → **Dapre doktè a, Filip soufri maladi tibèkiloz.**
10. Konbyen medikaman doktè a preskri Filip? → **Li preskri Filip twa medikaman.**

ANNOU PRATIKE

A. Asosiyasyon - Marye kolòn I ak II. Suiv egzanp lan.

1. __c__ dantis
2. __g__ mal tèt
3. __k__ mal dan
4. __b__ mal vant
5. __c__ mal do
6. __e__ mal gòj
7. __h__ kakarèl
8. __j__ grip
a) __i__ anrimen
9. __f__ maladi

b) stomach ache
c) back ache
d) dentist
e) sore throat
f) illness
g) headache
h) diarrhea
i) cold
j) flu
k) toothache

B. Wete mo ki depaman an! – Fè yon tras anba mo ki depaman an. Suiv egzanp lan.

Egzanp: medikaman, renmèd, <u>maladi</u>, tretman

1. doktè, dantis, enfimyè, <u>pasyan</u>
2. anrimen, <u>renmèd</u>, gripe, touse
3. mal tèt, <u>mal vini</u>, mal gòj, mal vant
4. mal dan, kakarèl, mal do, <u>malfwendeng</u>
5. <u>grip</u>, aspirin, grenn, siwo
6. dispansè, lopital, klinik, <u>doktè fèy</u>
7. doktè fèy, renmèd fèy, <u>enfimyè</u>, bòkò
8. kansè, <u>lasante</u>, tibèkiloz, sida

C. Koze lasante ak maladi – Chwazi mo oswa ekspresyon ki pi apwopriye a nan lis ki anba a pou w konplete chak fraz ki anba yo. Suiv egzanp lan.

malad – preskripsyon – anrimen – aspirin – antòs – sante – lopital – piki – dyare – enfimyè – mal dan– nen

Egzanp: Ou al lopital lè w _____.
Repons: Ou al lopital lè w __malad__.

1. Ou al kay dantis lè ou gen __mal dan__.
2. Travay yon __enfimyè__ se ede doktè.
3. Ou kab pran yon __aspirin__ lè ou gen mal tèt oswa lafyèv.
4. Yon __preskripsyon__ se yon lis medikaman doktè preskri.

5. Se lè li _____**anrimen**_____ larim konn koule nan nen l.
6. Mari vire pye li pandan l ap jwe baskètbòl; li fè yon _____**antòs**_____
7. Filip pa pran odè kafe a paske_____**nen**_____ l bouche.
8. Lè yon moun pa malad, li an bòn _____**sante**_____.
9. Lè yon moun malad byen grav, se _____**lopital**_____ yo mennen l.
10. Filip al nan twalèt souvan; kaka misye dlo; li gen _____**dyare**_____.

D. Devinèt sou koze maladi ak lasante! – Devine sou ki sa fraz anba yo ap pale. Itilize bon atik defini an pou w reponn menm jan ak egzanp lan ki anba a.

Egzanp: Se moun ki itilize renmèd fèy pou geri malad.
Repons: *Se doktè fèy la*

1. Se yon medikaman ou pran lè ou gen lafyèv ak tèt fè mal. → **Se aspirin.**
2. Lè moun gen maladi sa a, yo al nan twalèt souvan. → **Se dyare.**
3. Se yon maladi ki fè kò moun vin cho anpil. → **Se lafyèv.**
4. Se yon maladi ki fè larim koule nan nen moun. → **Se anrimen.**
5. Lè moun gen maladi sa a, yo touse anpil. → **Se grip.**
6. Se yon bagay ou pran lè w malad; se nan famasi ou achte sa a. → **Se medikaman.**
7. Se kote sa a yo mennen moun ki malad byen grav. → **Se lopital.**
8. Ou fè maladi sa a lè w vire pye ou oswa lè w frape cheviy ou. → **Se antòch.**
9. Se moun ki la pou ede doktè a fè travay li. → **Se enfimyè.**
10. Se yon lis renmèd doktè preskri w lè ou malad. → **Se preskripsyon.**

E. Ann fè yon ti konvèsasyon! - Travay ak yon lòt elèv nan klas la: Youn ap poze kesyon; lòt la ap reponn. Se pou nou chanje wòl apre chak kesyon ak repons.

ANSWERS VARY FOR THIS OPEN QUESTION EXERCISE

1. Kouman ou santi kò w jodi a?
2. Eske ou konn malad souvan?
3. Ki dènyè fwa ou te malad?
4. Ki kote ou te ale lè w te malad la: kay doktè oswa lopital?
5. Ki maladi ou te genyen?
6. Ki medikaman ou te pran lè ou te malad la?
7. Ki renmèd ou konn pran lè ou gen lafyèv?
8. Ki sa ou konn fè pou trete tèt ou lè ou gripe?

II. Prepositions and nouns with agglutinated articles

ANNOU PRATIKE

A. <u>Prepozisyon oswa Advèb?</u> – Di si mo ki gen tras anba li a nan chak fraz se yon prepozisyon oswa yon advèb. Suiv egzanp lan.

   Egzanp 1: Yo pral <u>nan</u> sinema pita.   →   **Repons:** *Prepozisyon*
   Epgzan 2 Mimoz di Adriyen pou l mache devan.   →   **Repons:** *Advèb*

1. Nou prèske rive; kay la tou <u>pre</u>. → **Advèb.**
2. Filip te al <u>nan</u> dispansè a. → **Konjonksyon.**
3. Pwofesè a mande tout elèv sot <u>deyò</u>. → **Konpleman sikonstansyèl ki endike kote.**
4. Chofè a fèk vire <u>adwat</u>. → **Konpleman sikonstansyèl ki endike kote.**
5. Direktè a mete Adriyen ajenou <u>nan kwen an</u>. → **Konpleman sikonstansyèl ki endike kote.**
Li pral <u>ann</u> Ewòp apre demen. → **Prepozisyon.**
6. Magazen an <u>adwat</u> restoran an. → **Advèb.**
7. L ap mache <u>arebò</u> lari a. → **Advèb.**
8. Anita kanpe <u>lòtbò</u> a. → **Kompleman sikonstansyèl ki endike kote.**
9. Chen an ap kouri <u>dèyè</u> chat la. → **Advèb.**

B. **Nan klas Kreyòl la** – Chwazi mo ann italik ki pi apwopriye a pou ou pale sou pozisyon moun ak bagay ki nan klas kreyòl la. Suiv egzanp lan.

   Egzanp: An jeneral, pwofesè a kanpe *devan/dèyè* etidyan yo pou li fè travay li.
   Repons: An jeneral, pwofesè a kanpe ***devan*** etidyan yo pou li fè travay li.

1. Etidyan yo chita *anndan/anba* klas la. → Etidyan yo chita ***anndan*** klas la.
2. Pwofesè a toujou chita *sou/arebò* chèz la. → Pwofesè a toujou chita ***sou*** chèz la.
3. Mwen chita *lwen/kote* lòt etidyan yo. → Mwen chita ***kote*** lòt etidyan yo.
4. Pwofesè a toujou ap ekri *sou/agoch* tablo a. → Pwofesè a toujou ap ekri ***sou*** tablo a.
5. An jeneral etidyan yo rantre *nan/anfas* klas la a dizè nan maten. → An jeneral etidyan yo rantre ***nan*** klas la a dizè nan maten.
6. An jeneral, pwofesè a toujou chita *adwat/anfas* klas la. → An jeneral, pwofesè a toujou chita ***anfas*** klas la.
7. Pwofesè a konn chita *dèyè/anwo* biwo a. → Pwofesè a konn chita ***dèyè*** biwo a.
8. Pita , etidyan yo pral *ann/an* Ayiti. → Pita , etidyan yo pral ***ann*** Ayiti.

C. Ki kote Adriyen prale? – Itilize mo ki nan parantèz yo ak yon prepozisyon, si se nesesè, pou ou repon chak kesyon sa yo ki anba a. Suiv egzanp yo.

Egzanp 1: Ki kote Filip prale? (Ayiti)
Repons 1: Filip pral ann Ayiti. / Filip pral Ayiti.
Egzanp 2: Ki kote Filip prale? (klinik la)
Repons 2: Filip pral nan klinik lan.

1. Ki kote Filip prale? (dispansè a) → **Filip pral nan dispansè a.**
2. Ki kote Filip prale? (lopital la) → **Filip pral nan lopital la.**
3. Ki kote Filip prale? (Frans) → **Filip pral an Frans.**
4. Ki kote Filip prale? (lamès) → **Filip pral lamès.**
5. Ki kote Filip prale? (mache) → **Filip pral mache.**
6. Ki kote Filip prale? (lavil) → **Filip pral lavil.**
7. Ki kote Filip prale? (lekòl) → **Filip pral lekòl.**
8. Ki kote Filip prale? (legliz la) → **Filip pral nan legliz la.**
9. Ki kote Filip prale? (Itali) → **Filip pral an Itali.**
10. Ki kote Filip prale? (magazen an) → **Filip pral nan magazen an.**

D. Ki kote yo ye? – Gade desen klas la byen epi konplete fraz ki anba yo dapre sa ou wè nan klas la. Ou pa gen dwa itilize menm prepozisyon an de (2) fwa. Suiv egzanp lan.

Egzanp : Pwojektè a kwoke _____ plafon an.
Repons : *Pwojektè a kwoke __nan__ plafon an.*

1. Òdinatè a ___**sou**___ bifèt la.
2. Devedepleyè a ___**nan**___ bifèt la.
3. Valiz la ___**anba**___ biwo a.
4. Revèy la kwoke ___**nan**___ mi an.
5. Madmwazèl la kanpe ___**devan**___ tablo a.
6. Tablo a ___**adwat**___ pòt la.
7. Elèv la kanpe ___**devan**___ madmwazèl la.
8. Kalkilatris la ___**sou**___ biwo a.
9. Chèz yo ___**dèyè**___ biwo a.
10. Bifèt la ___**agoch**___ postè yo.

Deskripsyon – Gade desen tab la epi fòme kèk fraz ak de mo ki anba yo dapre sa ou wè nan desen an. Ou pa gen dwa itilize menm prepozisyon an de fwa. Suiv egzanp lan.

Egzanp : Valiz/tab → **Repons** : *Valiz la sou tab la.*

1. valiz/òdinatè → **Valiz la adwat òdinatè a.**
2. kreyon/tab → **Kreyon an sou tab la.**
3. kaye/plim → **Kaye a anba plim nan.**
4. gwo kaye/ ti kaye → **Gwo kaye a anba ti kaye a.**
5. kalkilatris/tab → **Kalkilatris la sou tab la.**
6. règ/kaye yo → **Règ yo agoch kaye yo.**
7. liv/kreyon yo → **Liv yo dèyè kreyon yo.**
8. òdinatè/kalkilatris → **Òdinatè a lwen kalkilatris la.**

III. **Prepozisyon "an"/"ann"**

❖ **CD 3- 13 – Yon ti dikte.** Koute epi ekri fraz sa yo ki gen "an" ak "ann" ladan yo.

1. M ap viv **ann Almay**, men se **ann Ayiti** pou m al mouri.
2. Gwo zotobre **ann Izrayèl** yo pral **ann Irak**.
3. Madanm ki abite **an Florid** la **an penpan** papa !
4. Avyon an soti **ann Iran** li prale **an Frans**.
5. Moun ki **ann afè** toujou ap antre lakay yo **an katimini**.
6. Nou gen kèk zansèt ki soti **ann Ewòp**, men se **ann Afrik** pi fò soti.
7. **Ann ete** mwen rete viv Kanada, men **ann ivè** mwen ale **an Florid**.
8. Yo pral **ann Ayiti ann avril**.

Answer key for exercises in chapter 8, Leson 3 : *Lasante se richès!*

I. **Ki sa pou n fè pou rete an bòn sante?**

✦ **ANNOU TCHEKE SI NOU KONPRANN DYALÒG LA**

➢ **Reponn kesyon yo an kreyòl dapre dyalòg la.**

1. Ki pwoblèm Wozlò genyen? → **Depi lè l fin fè pitit la, kò li chanje nèt, li toujou fatige epi l wè l ap gwosi seryezman.**
2. Ki sa Wozlò ta renmen Malèn fè pou li? → **Li ta renmen pou Malèn ba li sekrè sou kòman pou li rete anfòm.**
3. Ki kondisyon Wozlò dwe ranpli pou sa Malèn di l yo kab reyalize? → **Wozlò dwe genyen disiplin.**
4. Èske Wozlò dòmi pandan uitèdtan chak jou? → **Non, li pa dòmi tout tan sa a chak jou.**
5. Èske Wozlò toujou pran dejene? → **Non, li pa toujou pran dejene.**
6. Ki sa Wozlò konn manje nan maten an jeneral? → **An jeneral, li konn manje pen ak ze.**
7. Ki jan Wozlò ta dwe manje lèmaten pou l kab rete anfòm? → **Li ta dwe manje anpil fwi.**
8. Ki kalite bwason Wozlò ta dwe bwè lèmaten? → **Li ta dwe bwè plis dlo.**
9. Konbyen fwa nan semenn nan Wozlò ta dwe fè egzèsis? → **Li ta dwe fè egzèsis omwen senk fwa nan semenn nan.**
10. Pandan konbyen tan Wozlò ta dwe fè egzèsis? → **Li ta dwe fè egzèsis pandan 30 minit.**

ANNOU PRATIKE

A. **Kèk konsèy pou ou rete anfòm** - Di si fraz ki anba yo se **bon** oswa **move** konsèy pou yon moun k ap chache rete an sante. Suiv egzanp lan.

Egzanp: Fòk ou bwè anpil wonm ak byè. → **Repons:** *Se yon move konsèy.*

1. Fòk ou fè egzèsis fizik plizyè fwa nan semenn nan. → *Se yon bon konsèy.*
2. Fòk ou bwè anpil bwason alkolize. → *Se yon move konsèy.*
3. Fòk ou evite manje anpil grès ak zepis. → *Se yon bon konsèy.*

4. Fòk ou toujou mete anpil sik ak sèl nan manje w. → *Se yon move konsèy.*
5. Ou ta dwe manje plis legim pase vyann wouj. → *Se yon bon konsèy.*
6. Se pou w bwè anpil likid tankou dlo ak te. → *Se yon bon konsèy.*
7. Se pou w bwè kafe maten, midi e swa. → *Se yon move konsèy.*
8. Ou dwe fè espò omwen senk fwa pa semenn. → *Se yon bon konsèy.*
9. Fòk ou fimen tabak ak mariwana, pran dwòg epi bwè tafya w nèt ale. → *Se yon move konsèy.*
10. Se pou w dòmi omwen uitèdtan chak jou. → *Se yon bon konsèy.*

B. Pou rete an bòn sante – Chwazi mo oswa ekspresyon ki pi apwopriye a nan lis ki anba a pou w konplete chak fraz ki anba yo. Suiv egzanp lan.

legim – relaksasyon – tabak – lasante – renmèd – mikwòb – grès – kafe – kay doktè

Egzanp: Mwen megri paske m manje plis_____ pase vyann.
Repons: Mwen megri paske m manje plis _ *legim*_ pase vyann.

1. Si ou vle pèdi pwa, fòk ou evite manje anpil **_grès_**.
2. Ou kab fè yoga oswa **_relaksasyon_** pou ou kontwole estrès ou.
3. Fòk ou evite bwè **_kafe_** leswa si w vle byen dòmi.
4. Ou pa dwe pran dwòg tankou mariwana ak **_tabak_** si w vle rete anfòm.
5. Se pou w al **_kay doktè_** regilyèman si w vle rete an bòn sante.
6. Dapre Ayisyen, **_lasante_** se pi gwo richès ki genyen.
7. Gen yon pwovèb ki di, ret trankil se **_renmèd_** kò.
8. Gen yon lòt pwovèb ki di, **_mikwòb_** pa touye Ayisyen.

ANSWERS VARY FOR THIS OPEN QUESTION EXERCISE

C. Pou w kab rete anfòm, fòk ou...! – Itilize youn nan vèb ki anba yo ak lòt mo pou w konplete fraz sa yo. Fòk ou di omwen de bagay pou chak fraz. Suiv egzanp lan.

fè – evite – manje – bwè – dòmi – pran – kontwole – ale kay

Egzanp: Pou w kab santi w mwen fatige, fòk ou...
Repons : *Pou m kab santi m mwen fatige, fòk mwen fè egzèsis fizik epi byen dòmi.*

1. Pou w kab rete an bòn sante, fòk ou...→
2. Pou w kontwole estrès ou, fòk ou...→
3. Pou w kab gen plis enèji, fòk ou...→
4. Pou w kab santi w anfòm, fòk ou...→
5. Pou w kab megri, fòk ou...→
6. Pou w kab santi w byen, fòk ou...→

D. Ann fè yon ti konvèsasyon! - Travay ak yon lòt elèv nan klas la: Youn ap poze kesyon; lòt la ap reponn. Se pou n chanje wòl apre chak kesyon ak repons.

<u>**ANSWERS VARY FOR THIS OPEN QUESTION EXERCISE**</u>

1. Èske ou siveye sante w?
2. Konbyen tan ou dòmi chak jou?
3. Èske ou konn bwè tafya?
4. Èske ou konn fimen?
5. Konbyen vè dlo ou konn bwè pou jounen an?
6. Èske ou konn santi w fatige souvan?
7. Eske ou manje anpil fwi ak legim?
8. Konbyen fwa pa semenn ou fè egzèsis fizik?

II. Serial verb constructions

ANNOU PRATIKE

A. Di si vèb an seri oswa lòt kalite vèb? – Analize fraz ki anba yo pou w kab di si vèb ki ladan yo se vèb an seri oswa lòt kalite vèb. Suiv egzanp lan.

Egzanp 1: Mimoz voye Filip al lave machin nan → **Repons:** *Vèb an seri*
Egzanp 2: Andrea konn aprann timoun li ak ekri. → **Repons:** *Lòt kalite vèb*

1. Direktè a voye Adriyen al pase yon semenn lakay li. → ***Vèb an seri***
2. Yo manje, bwè vant deboutonnen. → ***Lòt kalite vèb***
3. Elèv yo kouri antre nan klas lè yo wè direktè a. → ***Vèb an seri***
4. Adriyen konn monte bekàn byen. → ***Lòt kalite vèb***
5. Fi a al chache mango yo pote vini ba li. → ***Vèb an seri***
6. Filip konn kuit manje pi byen pase Wozlò. → ***Lòt kalite vèb***
7. Mari fèk sot jwe baskètbòl. → ***Lòt kalite vèb***
8. Se pou w mennen Sabin vin wè m. → ***Vèb an seri***
9. Timoun nan kab aprann li ak ekri si l vle. → ***Vèb an seri***
10. Lui al pran machin nan pote vini ba yo. → ***Vèb an seri***

B. Jwenn vèb ki manke a nan seri a! – Chwazi pami vèb ki nan lis anba a pou w ranpli espas vid yo. Suiv egzanp lan.

ban – antre – voye – pete – jete – tounen – gade – kouri – al – pote – mennen

Egzanp: Pote sak diri a _____ mwen. → **Repons:** *Pote sak diri a ban mwen.*

1. Lè papa m vini, m ap chita ***gade*** w k ap pran baton.
2. Lè yo bay siyal la, de karateka yo ***pete*** goumen.
3. Li kouri ***antre*** anndan kay la lè lapli koumanse tonbe.
4. Adriyen voye tout jwèt li yo ***jete*** nan poubèl.
5. Yo ***voye*** m chache doktè ; doktè rive avan m.
6. Krab la ***kouri*** desann nan twou a lè l wè moun yo.
7. Se pou w ***mennen*** timoun yo vin wè m nan lopital la.
8. Filip anvi ***al*** wè yon fim nan sinema.
9. Li kase tèt kouri ***tounen*** lè l kontre ak chen move a.
10. Ou mèt ***pote*** òdinatè a tounen paske l pa bon.

C. Ann fè yon ti tradiksyon ! – Tout fraz ki anba yo genyen vèb an seri ladan yo lè yo tradui an Kreyòl. Tradui yo an Kreyòl menm jan ak egzanp lan.

Egzanp: Bring me the bag of rice please.
Repons: *Pote sak diri a ban mwen silvouplè.*

1. The boy threw all his toys away. → **Ti gason an voye tout jwèt li yo jete.**
2. He wants to go and watch a movie tonight. → **Li vle al gade yon fim aswè a.**
3. The rat went into the hole. → **Rat la kouri antre nan twou a.**
4. You have to return the book you bought. → **Ou dwe pote liv ou te achte a tounen.**
5. They were angry so they started a fight. → **Yo te tèlman fache yo kòmanse batay.**
6. She ran back when she saw the dogs. → **Li kouri tounen lè li wè chen yo.**
7. The lazy boy is watching them working. → **Ti gason parese a chita gade yo k ap travay.**
8. My father sent me to go and get some water. → **Papa m voye m al chache yon ti dlo.**
9. He ran into the house. → **Li kouri antre nan kay la.**
10. I want you to bring my son to visit me. → **M vle w mennen pitit gason m nan vin vizite m.**

III. Prepozisyon "o"/"oz"

🔊 **CD 3-16 – Yon ti dikte.** Koute epi ekri fraz sa yo ki gen "o" ak "oz" ladan yo.

1. Mwen prale **o Kebèk,** men se **oz Antiy** m ap viv.
2. Gen plis Ayisyen **oz Etazini** pase **o Kanada.**
3. Madanm nan se moun **Okadè.** Se mari l ki moun **Otwou.**
4. Kamyon an soti **Okap** li pral **Okay.**
5. Ou blije pase **o Koto** pou w ale **Oz Angle.**
6. Li te fèt **o Senegal,** men li gen fanmi k ap viv **o Mawòk.**

IV. Annou koute

🔊 **CD 3-17 –** *Yon reklam pou yon medikaman kont lagrip*

Ou pa santi w anfò m; Ou gen doulè soti nan pye rive jouk nan tèt ; Ou gen mal tèt, mal do ak lafyèv; Ou pa kab vale anyen paske gòj ou ap fè w mal; Ou santi w fèb. W ap touse epi etènye toutlasentjounen; Larim ap koule nan nen w tankou larivyè k ap desann ; Se gripe w gripe. Ou pa bezwen pèdi tan w al kay doktè. Lagripam ap mete w kanpe sou de pye militè w an de tan twa mouvman. Lagripam se yon medikaman ki bon pou tout sentòm lagrip. Ou pa bezwen peskripsyon pou w achte Lagripam. Li pa koute chè epi w ap jwenn li nan tout famasi. Pran Lagripam jodi, leve tou nèf demen. Lagripam se medikaman pa n nan !

❖ **Lè ou fin koute.** Fòme gwoup twa etidyan pou reponn kesyon konpreyansyon yo.

1. Ki kalite enfòmasyon ou jwenn nan kòmansman reklam nan. → **Enfòmasyon sou sentòm lagrip.**
2. De ki maladi y ap pale nan reklam nan? → **Y ap pale de lagrip.**
3. Dapre reklam nan, èske ou bezwen al kay doktè pou maladi sa a? → **Non.**

4. Ki sa pou w fè lè w gen maladi sa a ? → **Pran Lagripam.**
5. Kouman yo rele medikaman ki bon pou maladi sa a? → **Lagripam.**
6. Ki sa medikaman sa a fè pou ou lè w pran l? → **Lè w pran l jodi, ou leve tou nèf demen.**
7. Èske ou bezwen preskripsyon pou w achte l? → **Non.**
8. Ki kote ou kab jwenn li achte? → **Ou ap jwenn li nan tout famasi.**
9. Èske medikaman sa a koute anpil lajan? → **Non, li pa koute chè.**
10. Konbyen tan medikaman sa a pran pou l ba ou soulajman? → **An de tan twa mouvman. Sa vle di byen vit.**

Answer key for exercises in chapter 8, Leson 4 : *Veye lanmò!*

✤ ANNOU TCHEKE SI NOU KONPRANN DYALÒG LA

> **Reponn kesyon yo an Kreyòl dapre dyalòg la.**

1. A ki lè Filip mouri? → **Filip mouri a 3 zè.**
2. Ki maladi ki touye Filip? → **Sanble se enfeksyon li te fè nan poumon ki touye l.**
3. Ki kote Filip te mande pou yo antere l lè l mouri? Pou ki sa? → **Filip te mande pou yo antere l Okay paske se la l te fèt.**
4. Nan ki vil veye a ap fèt ? → **Veye a ap fèt Okay tou.**
5. Pou ki sa Wozlò vle fè tout bagay Okay? → **Wozlò vle fè tout bagay Okay pou li pa depanse twòp lajan.**
6. Ki ponp finèb Wozlò vle bay fè lantèman an? → **Li vle bay ponp finèb Jerizalèm fè lantèman an.**
7. Ki moun ki pral okipe koze tonm nan? → **Se ponp finèb la ki ap okipe koze tonb lan.**
8. Pou ki sa legliz Sakrekè se yon bon chwa pou antèman an? → **Paske legliz sa a pre simityè a ak ponp finèb la, epi moun nan kòtèj la p ap mache twòp pou y al nan simityè a.**

ANNOU PRATIKE

A. VRÈ oswa FO? – Di si fraz ki anba yo **vrè** oswa **fo**. Suiv egzanp lan.

Egzanp: Chapèl finerè se kote yo ekspoze kadav la. → **Repons:** *vrè*

1. Yon sèkèy se yon bwat an bwa yo mete mò a avan yo antere l. → **Vrè**
2. Kòtèj finerè a se legliz kote yo chante lantèman an. → **Fo**
3. Simityè se kote ki gen anpil tonm ak kavo pou antere mò. → **Vrè**
4. Kondoleyans se yon ekspresyon yo itlize lè moun ap marye. → **Fo**
5. Yon tonm se yon kote ki nan simityè a pou antere mò a. → **Vre**
6. Ponp finèb se kote yo antere moun mouri. → **Fo**
7. Tèt kavo a se la yo ekri non moun ki mouri a ak lòt enfòmasyon. → **Vrè**
8. Yon vèv se yon moun ki pèdi papa l. → **Fo**
9. Yon kòbiya se yon machin ki fèt pou pote mò lè antèman. → **Vrè**
10. Yon veye se yon seremoni yo fè apre antèman an. → **Fo**

B. **Lanmò ak lantèman** – Chwazi mo oswa ekspresyon ki pi apwopriye a nan lis ki anba a pou w konplete chak fraz ki anba yo. Suiv egzanp lan.

Lantèman – lanmò – kòtèj finerè – tèt kavo – simityè – sèkèy – sèvis finerè – kòbiya – andèy – mouri – kondoleyans

Egzanp: Wozlò gen lanmò donk li oblije fè _____.
Repons: Wozlò gen lanmò kidonk li oblije fè **_lantèman_**.

1. Akoz de tibèkiloz, Filip ___**mouri**___ a twazè yè apremidi.
2. Se nan legliz Sakrekè y ap fè ___**sèvis finerè**___ a.
3. Sanble ap gen anpil moun nan ___**kòtèj finerè**___ a paske Filip te popilè anpil.
4. Fòk yo mete mò a nan yon ___**sèkèy**___ avan yo mete nan tonm nan.
5. Machin nwa ki pote kadav la se ___**kòbiya**___ yo rele l.
6. Se nan ___**tèt kavo**___ a yo toujou ekri non ak laj moun ki mouri a.
7. Mari Wozlò mouri; li oblije mete rad nwa paske l ___**andèy**___.
8. Gen anpil tonm ak kavo nan ___**simityè**___; se la Bawon Samdi rete ap veye mò yo.
9. Tout fanmi ak zanmi Wozlò ap vin di l ___**kondoleyans**___ paske mari l mouri.
10. Gen yon pwovèb ki di dòmi se ti frè ___**lanmò**___.

C. **Devinèt sou koze lanmò ak lantèman!** – Devine de ki sa fraz anba yo ap pale. Si nesesè, itilize atik defini kòrèk la pou reponn menm jan ak egzanp lan ki anba a.

Egzanp: Se gwo bwat yo mete mò a ladan an avan yo mete l nan tonm nan.
Repons: *Se sèkèy la.*

1. Se yon veyikil ki fèt pou pote sèkèy lè antèman. → **Se kòbiya.**
2. Se yon ekspresyon yo di bay moun ki gen lanmò. → **Se kondoleyans.**
3. Kote sa a gen anpil tonm ak kavo; se la yo antere mò yo. → **Se simityè.**
4. Se kote sa a yo ekspoze kadav la avan antèman an. → **Se nan legliz la.**
5. Se yon seremoni yo konn fè nan kay avan lantèman an. → **Se veye a.**
6. Se yon seremoni yo fè nan yon legliz avan yo ale nan simityè. → **Se lantèman.**
7. Se kote yo ekri non ak laj moun ki mouri a nan simityè a. → **Se tèt kavo a.**
8. Se kote yo benyen epi abiye mò a pou lantèman an. → **Se nan ponp finèb la.**

D. **Ann fè yon ti konvèsasyon!** - Travay ak yon lòt elèv nan klas la: Youn ap poze kesyon; lòt la ap reponn. Se pou nou chanje wòl apre chak kesyon ak repons.

ANSWERS VARY FOR THIS OPEN QUESTION EXERCISE

1. Èske ou al nan yon antèman deja?
2. Ki moun ki te mouri nan fanmiy ou?
3. Èske ou konn kriye lè ou al nan antèman?
4. Ki sa ou fè lè ou al nan veye lanmò?
5. Èske ou pè mouri? Pou ki sa?

II. Interjections

ANNOU PRATIKE

A. Ki entèjeksyon? – Konplete fraz sa yo ki anba a ak entèjeksyon kòrèk la. Pran sans fraz yo byen pou w kab itilize entèjeksyon ki pi apwopriye a. Suiv egzanp lan.

O! – pòdjab! – O Bondye! - Mezanmi! – Woy! – Anmwe! – Way!

Egzanp: _____ apa ou kraze òdinatè a. → **Repons: _O!_** *apa ou kraze òdinatè a.*

1. ___Mezanmi!___ gade moun nan lopital la.
2. ___Way!___ gen yon bagay ki pike nan do m.
3. ___Woy!___ gade kouman li fè m sezi.
4. ___Anmwe!___ Men timoun nan mouri wi.
5. ___pòdjab!___ gade ki jan l mèg.
6. ___O Bondye!___ ala mizè pou malere.

B. Entèjeksyon yo? – Li kesyon yo epi chwazi bon repons lan.

1. *Ki entejeksyon nan twa sa k anba yo ki pa eksprime sipriz?*

   a. Mezanmi!
   b. O!
   c. Ay!

2. *Ou nan gwo lapenn paske papa w ou mouri, ak ki entèjeksyon w ap sèvi ?*

   a. Wow!
   b. Anmwe!
   c. Pòdjab!

3. *"Pòdjab!" se yon sinonim...*

   a. O!
   b. Adye!
   c. Way!

4. *Entèjeksyon 'ay' ak 'way' eksprime*

   a. Kontantman ak lajwa
   b. Sipriz
   c. Doulè

5. *Fèk gen yon moun ki mache sou pye, ki entèjeksyon w ap itilize nan kontèks sa?*

   a. Adye!
   b. O!
   c. Ay!

6. *Ou fè dis sou dis pou egzamen an, ak ki entèjeksyon w ap sèvi ?*

   a. Pòdjab!
   b. Anmwe!
   c. Bon bagay!

7. *Yon bèt mode w nan pye; Ki sa ou ap di?*

   a. Olala!
   b. Mmm !
   c. Way!

8. *Entèjeksyon 'O!' se sinonim...*

   a. Mezanmi!
   b. ay!!
   c. Adye!

III. **Prepozisyon "de"/ "d" ak detèminan "de"/ "dè"/ "dèz"**

A. CD 3-20 - Yon ti dikte. Koute epi ekri fraz sa yo ki gen prepozisyon "de"/ "d" ak detèminan "de"/ "dè"/ "dèz" ladan yo.

1. Pwofesè a mande elèv la de ki sa l ap pale.
2. Se nan depatman d Eta ameriken l ap travay.
3. Peyi d Ayiti chaje ak bèl plaj.
4. Doktè a ap pale de operasyon li sot fè a.
5. De ki moun Wobè ap pale?
6. Gen de moman m anvi tounen andeyò al travay tè.
7. Gen dè pawòl nou pa bezwen repete pou n ka evite kont.
8. Si w pa rive la a dez è tapan, mwen avèk ou, n ap dez òm pèdi

---

Dosye sosyokiltirèl
Folk and religious beliefs in Haiti

❖ **ANNOU LI**

You will read a text about folk and religious beliefs in Haiti. Apply the techniques and use the strategies you learned to understand the text.

❖ **Lè ou fin li**. Reyini nou an gwoup pou reponn kesyon yo dapre tèks la. Reponn kesyon yo an kreyòl.

1. Èske se vre 100 pousan Ayisyen se vodouyizan? → **Wi, se vre.**
2. Pou ki sa pawòl la di 100 pousan Ayisyen se vodouyizan? → **Paske Vodou a nan kilti prèske tout Ayisyen.**
3. Ki pèsepsyon anpil Ayisyen genyen sou Vodou? → **Gen anpil nan yo ki vrèman kwè ke Vodou se relijyon dyab li ye.**
4. Ki aspè nan Vodou a ki fè pati lavi prèske tout Ayisyen? → **Chante fòlklorik ak pwovèb yo.**
5. Pou ki sa anpil espesyalis di pito n pale de kilti vodou olye de relijyion vodou? → **Espeyalis yo di pito n pale de kilti vodou olye de relijyion vodou paske gen anpil prensip ak kwayans Vodou ki gen enpòtans nan domèn pwofàn nan menm jan ak nan domèn relijye a.**
6. Pou ki sa pifò Ayisyen gen anpil respè pou moun ki mouri yo? → **Yo gen anpil respè pou moun ki mouri yo paske yo kwè moun mouri toujou ap entèvni nan lavi kretyen vivan. Dapre yo, mò yo kab kominike ak moun ki vivan nan rèv oswa nan vizyon.**
7. Ki sa vodouyizan konn fè pou yo bay mò yo respè yo merite? → **Yo konn bay gede yo manje vant deboutonnen nan « seremoni manje mò » yo toujou òganize nan dat de (2) novanm.**
8. Kouman yo rele lwa ki responsab simityè a ak tout mò yo? → **Lwa a sa a rele Bawon Samdi.**
9. Ki jan yo rele madanm mèt simityè a? → **Madanm mèt simityè a rele grann Brijit.**
10. Ki sa madanm nan konn fè? → **Li konn geri moun ki malad oswa ki pral mouri lè yo fè maji nwa dèyè yo.**